Auxiliando a humanidade a encontrar a Verdade

MEDIUNIDADE DE CURA

Ramatís

MEDIUNIDADE DE CURA

Obra mediúnica
ditada pelo
espírito Ramatís
ao médium
Hercílio Maes

© 1963
Hercílio Maes

Mediunidade de Cura
Ramatís

Todos os direitos desta edição
reservados à
CONHECIMENTO EDITORIAL LTDA.
Caixa Postal 404
CEP 13480-970 — Limeira — SP
Fone/Fax: 19 34510143
www.edconhecimento.com.br
conhecimento@edconhecimento.com.br

Nos termos da lei que resguarda os direitos autorais, é proibida a reprodução total ou parcial, de qualquer forma ou por qualquer meio — eletrônico ou mecânico, inclusive por processos xerográficos, de fotocópia e de gravação — sem permissão, por escrito, do Editor.

Ilustração da Capa: Mário Diniz
Projeto Gráfico: Sérgio Carvalho
Colaboraram nesta edição:
Mariléa de Castro
Paulo Gontijo de Almeida
Sebastião de Carvalho

ISBN 85-7618-082-0 — 12ª EDIÇÃO - 2006

• Impresso no Brasil • Printed in Brazil
• Presita en Brazilo

Produzido no Departamento Gráfico de
CONHECIMENTO EDITORIAL LTDA
Fone/Fax: 19 34515440
e-mail: grafica@edconhecimento.com.br

Dados Internacionais de Catalogação na Publicação (CIP)
(Câmara Brasileira do Livro, SP, Brasil)

Ramatís (Espírito)
 Mediunidade de Cura / Ramatís ; obra mediúnica ditada pelo espírito Ramatís ao médium Hercílio Maes. — 12ª ed. — Limeira, SP : Editora do Conhecimento, 2006.

 ISBN 85-87619-82-0

 1. Espiritismo 2. Psicografia I. Maes, Hercílio, 1913-1993. II. Fuzeira, José. III. Título.

02-6477   CDD — 133.93

Índice para catálogo sistemático:
1. Cura mediúnica : Espiritismo : 133.91
2. Mediunidade de cura : Espiritismo 133.91

Ramatís

MEDIUNIDADE DE CURA

Obra mediúnica
ditada pelo
espírito Ramatís
ao médium
Hercílio Maes
Revista por
José Fuzeira

12ª edição — 2006

Outras obras de Ramatís editadas pela Editora do Conhecimento

Obras psicografadas por
HERCÍLIO MAES
- A Vida no Planeta Marte
e os Discos Voadores - 1955
- Mensagens do Astral - 1956
- A Vida Além da Sepultura - 1957
- A Sobrevivência do Espírito - 1958
- Fisiologia da Alma - 1959
- Mediunismo - 1960
- Mediunidade de Cura - 1963
- O Sublime Peregrino - 1964
- Elucidações do Além - 1964
- Semeando e Colhendo - 1965
- A Missão do Espiritismo - 1967
- Magia de Redenção - 1967
- A Vida Humana e o Espírito Imortal - 1970
- O Evangelho à Luz do Cosmo - 1974
- Sob a Luz do Espiritismo (Obra póstuma) - 1999

Obras psicografadas por
MARIA MARGARIDA LIGUORI
- O Homem e o Planeta Terra - 1999
- O Despertar da Consciência - 2000
- Jornada de Luz - 2001
- Em Busca da Luz Interior - 2001

Obra psicografada por
AMÉRICA PAOLIELLO MARQUES
- Mensagens do Grande Coração - 1962

Obs: A data após o título se refere à primeira edição

Meu tributo fraterno

Ao meu amigo e confrade Júlio Simó Costa, cuja amizade espiritual nos une através das vidas pretéritas, espírito laborioso e de bom ânimo, que, na existência atual, também tem sido o companheiro infatigável na investigação do enigma dos nossos destinos.

Curitiba, setembro de 1963

Hercílio Maes

Sumário

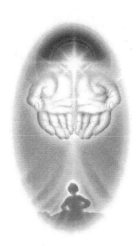

Algumas palavras do médium 11
Intróito (José Fuzeira) 13
Deve-se estudar o espiritismo? 23
Mensagem a um médium 24

1. A antiguidade do fenômeno mediúnico e sua comprovação bíblica 26
2. Algumas observações sobre os médiuns 42
3. Novos aspectos da saúde e das enfermidades 48
4. A assistência terapêutica dos espíritos e a medicina oficial da Terra 72
5. Aspectos do receituário mediúnico alopata 88
6. Os passes mediúnicos e o receituário de água fluidificada 99
7. Por que nem todos se curam pelo receituário mediúnico? 116
8. Os impedimentos que prejudicam os efeitos das medicações espíritas 123
9. A tarefa dos médiuns receitistas e os equívocos das consultas 137
10. Considerações sobre os pedidos de receitas apócrifas 145
11. Os médiuns de cura e os curandeiros 165
12. O receituário mediúnico dos "pretos-velhos", índios e caboclos 171
13. A terapêutica exótica dos benzimentos, exorcismos e simpatias 182
14. As receitas mediúnicas remuneradas 205
15. Ponderações a respeito do médium enfermo 219
16. A psicotécnica espírita nas operações cirúrgicas 226
17. A assistência mediúnica aos moribundos 239
A luz dos fatos dissipará as trevas da dúvida e da ignorância 251

Algumas palavras do médium

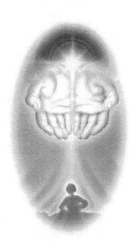

Prezados leitores

Rogo alguns momentos de vossa preciosa atenção a fim de explicar a razão da presente obra *Mediunidade de Cura*, a qual, em sua substância, é um complemento das que já foram publicados sob os títulos *Fisiologia da Alma* e *Mediunismo*.

Conforme o programa de trabalho psicográfico ditado por Ramatís e já enunciado na capa das obras anteriores, o signatário supunha que, em seguida à obra *Mediunismo*, teria de psicografar as suas mensagens referentes à Vida de Jesus, ou seja, *O Sublime Peregrino*. No entanto, para atender a dúvidas e indagações de muitos interessados no estudo da mediunidade, em seus diversos aspectos, como sejam os de passes mediúnicos, as curas, o receituário, a psicometria, a radiestesia e outros fenômenos da mesma origem, Ramatís sugeriu como trabalho de necessidade mais imediata, a confecção de uma obra suplementar, que abordasse certos detalhes ou minúcias dos mesmos e que ainda não foram abordadas nas obras anteriores. E ele, com a sua boa-vontade habitual, atenderia às indagações que, a tal respeito, lhe fossem apresentadas.

Assim nasceu mais esta obra *Mediunidade de Cura*, acrescentada ao programa já delineado, a qual, pelos seus objetivos, será de grande interesse e utilidade para os adeptos do espiritismo, especialmente para os médiuns. E será também bastante útil a muitos dos profitentes da medicina, pois seu conteúdo constitui uma valiosa contribuição que amplia o campo da etiologia e diagnose das enfermidades que atacam o homem; as quais, consideradas sob novos aspectos psíquicos, possibilitarão uma visão terapêutica de maior eficiência, em benefício da humanidade. Aos leitores que notem haver nesta obra uma espécie de repetição ou analogia com alguns temas já explanados nas obras anteriores, esclareço que tal fato é orientação do nosso próprio mentor Ramatís, pois ele adverte ser indispensável aos adeptos assimilarem, em toda profundidade e amplitude, as matérias abordadas, não apenas quanto aos seus aspectos mais evidentes, mas, também, em todos os efeitos que lhes são acessórios, pois a mediunidade sendo um fenômeno conjugado a causas do plano astral ou invisível, há necessidade de abrir todos os seus refolhos e trazer à superfície o seu conteúdo a fim de ser devidamente considerado e servir de orientação aos discípulos ou obreiros da Seara do Mestre.

Além disso, na época atual, a difusão e o interesse, cada vez maior, pelo espiritismo, já não permite que a sua fenomenologia seja trazida ao palco da opinião pública deixando suspensas ou sem resposta as interpelações que fazem as consciências mais exigentes, que, antes de crer, fazem questão de analisar o "corpo inteiro" do que lhes é apresentado como uma verdade digna de reverência ou acatamento.

Aliás, Ramatís, em suas obras, insiste, às vezes, em abordar sob novos ângulos um assunto já ventilado antes, visando, justamente, elucidar o leitor, de modo a dissipar quaisquer dúvidas que ainda estejam flutuando na sua mente.

É certo que tal método, para alguns leitores, talvez seja considerado um tanto prolixo ou cansativo; mas não seria justo que para satisfazer os adeptos mais esclarecidos, se prejudicasse a maioria, omitindo esclarecimentos de fenômenos ou problemas complexos que não podem ser definidos e aceitos analisando somente a sua superfície.

Esta orientação de Ramatís tem em vista possibilitar a todos que o lêem uma compreensão integral das matérias explanadas em suas obras, as quais atendem à finalidade prática e objetiva de bem esclarecer para bem evangelizar!

Hercílio Maes

Intróito

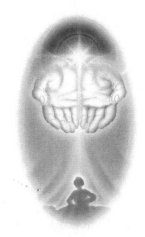

Esta obra, *Mediunidade de Cura*, que, pela sua extensão fenomênica, também poderia ter o título de "Mediumpsicoterapia", expõe, estuda e esclarece um problema humano de alta relevância, o qual, pela sua amplitude de ordem coletiva, interessa à humanidade inteira. É o problema das enfermidades que afligem o homem, porém, identificadas e definidas em suas causas e efeitos sob fundamentos de uma etiologia e terapêutica que ultrapassam e ampliam profundamente os conhecimentos de patologia considerados até agora pela ciência médica.

Assim, o revisor desta obra, por sugestão de seu autor, Ramatís, antepõe às páginas de seu texto algumas elucidações de real interesse, tanto para o homem, em particular, como especialmente, para a ilustre classe médica, no sentido de despertar seu empenho em pesquisar e considerar novos elementos que a habilitam a preservar, com maior eficiência, a saúde dos habitantes do nosso orbe.

É que, embora a medicina já tenha vencido grande parte das doenças perigosas e atenuado os efeitos nocivos de outras, ainda existem algumas, tais como o câncer, a lepra, a tuberculose, o pênfigo foliáceo, conhecido sob o nome de "fogo selvagem" e também certas endemias como a malária, que continuam fazendo milhões de vítimas. Além disso, em diversas regiões de alguns países, especialmente no Oriente, tem havido surtos de moléstias graves, de etiologia ainda não identificada. Portanto, o homem continua a sofrer rudes embates contra a saúde do seu corpo físico.

Dizemos corpo "físico" porque a própria ciência acadêmica não tardará em certificar que o homem-alma possui também um corpo fluídico denominado perispírito.

Assim, o objetivo principal desta obra não é somente expor e esclarecer as particularidades do singular fenômeno da mediunidade curadora, mas demonstrar também que a causa originária das enfermidades que afligem a humanidade está afeta a uma origem essencialmente psíquica. Porém, este aspecto do problema exige um estudo específico, cujas deduções habilitarão o homem a conhecer a causa positiva de suas enfermidades. E então, ele certificará que está também em suas mãos, e não apenas nos produtos ou remédios dos laboratórios farmacêuticos, atenuar os efeitos malignos das doenças que o atormentam.

Aliás, a terapêutica de "higiene mental" como recurso equilibrante da saúde perfeita já está sendo bastante divulgada por inúmeras obras de psicologia prática, acessíveis ao grande público. E além disso, continuam a ser realizados diversos conclaves de psiquiatria destinados a investigar, justamente, a relação existente entre os efeitos mórbidos de certas doenças e os recalques ou efervescências mentais do indivíduo. E o campo destes estudos tende a ampliar-se cada vez mais.

Contudo, por enquanto, o problema saúde-doença ainda constitui um labirinto de fenômenos psicofísicos não investigados em toda contextura ou profundidade. E esta obra, abrindo os refolhos de tais fenômenos e analisando suas minúcias, contribuirá para que a medicina fique habilitada a obter maior eficiência na sua função preventiva de assegurar à Família humana o máximo usufruto dessa riqueza sem igual, que se chama saúde.

No entanto a medicina, nesse setor, ainda tem um longo caminho a percorrer, porque quase todos os médicos são ateus; e como decorrência dessa convicção não acreditam na existência da alma ou espírito.

Ora, esta apatia negativa impede que a ciência médica se habilite a fazer uma profunda análise introspectiva da alma. Exame que lhe possibilitaria certificar que certas moléstias de caráter virulento são produto de graves "infecções morais" existentes na consciência da mesma; e que, por efeito de repercussão vibratória, afetam o seu perispírito e também o corpo físico que lhe está sujeito.

Por conseguinte, embora sejam úteis e eficientes os recursos preventivos de vacinas e a profilaxia contra certas endemias e epidemias, e igualmente benéficas as medicações específicas na cura das moléstias comuns, existem, entretanto, causas patogênicas de teor psíquico e um tanto complexas, as quais já é tempo de merecerem atenção e serem identificadas e definidas pelos profitentes da medicina, mas sem lhe oporem o biombo de quaisquer idéias preconcebidas.

Porém, de qualquer modo, a ciência médica, na sua marcha evolutiva, terminará reconhecendo o poder curativo dos fluidos magnéticos e consagrará a magnetoterapia como uma fonte de novos recursos em benefício da saúde. E, por absurdo que pareça, especialmente no setor da neurologia, virá a utilizar, também com eficiência, a terapêutica singular das vibrações ou sonoridades musicais, pois em certos estados patológicos a música, pela sua repercussão emotiva, de fundo espiritual, tem o poder de agir no campo psicofísico, provocando reações sedativas sobre o sistema nervoso, circulatório e glandular, que favorecem a recomposição sadia das células e a dinâmica endocrínica, beneficiando assim o ritmo fisiológico e vital de todo o organismo.[1]

Como elucidação complementar da etiologia adstrita a causas psicopatológicas convém esclarecer o seguinte: O perispírito é o estatuário invisível que modela o nosso corpo desde o embrião fetal até à sua completa estruturação física, pois ele possui órgãos similares ao mesmo, porém, de funções mais refinadas, os quais são "moldes ou matrizes" dos órgãos do corpo humano, estruturados, portanto, à sua "imagem e semelhança". E então, se o dito corpo-perispírito estiver com alguns de seus órgãos afetados por fluidos cáusticos provenientes de emoções

---

[1] Nota do Revisor: Os psiquiatras P. Fraisse, R. Husson e R. Frances, mediante suas experiências, certificaram que a ação e índole das partituras musicais influem sobre as funções fisiológicas do corpo. É que existe uma espécie de regulamentação dos ritmos biológicos conforme o esquema temático e dinâmico da música.
O psiquiatra Pontvick criou em Estocolmo um instituto de "musicoterapia" e os seus clientes têm obtido ótimos resultados. Ele afirma que a música age sobre o nosso equilíbrio mental, psíquico e até fisiológico, e que ela pode, de certo modo, catalisar a expansão de nossa personalidade.

tóxicas da alma, neste caso, o corpo de carne que ele tiver de modelar no casulo do ventre materno herdará essas deformações classificadas de congênitas.

Admitindo, por exemplo, que uma alma, devido a distúrbios de ordem moral praticados por ela em suas existências pretéritas, esteja "condenada" a reencarnar "vestindo" um corpo privado da faculdade da vista, nesta contingência o seu perispírito modelará tal corpo com essa deficiência orgânica, pois tal prova é uma espécie de "fatalismo"[2] decorrente da lei cármica de causa e efeito, que rege o universo moral.

Assim, desta interdependência psicorgânica existente entre o perispírito e o nosso corpo físico, resulta que os pensamentos negativos da alma, como sejam, por exemplo, as emoções

---

2 Nota do Revisor: Este caso, podemos justificá-lo com o seguinte exemplo: Na Casa da Criança "André Luiz" (em São Paulo), abrigo de crianças sofredoras de anomalias orgânicas irreparáveis, existe um menino que nasceu sem olhos e além disso é débil mental, mudo e paralítico. Em face de um martírio tão excepcional, foi indagado numa sessão espírita idônea qual a causa de uma expiação tão cruel e impressionante. E o guia espiritual esclareceu: "Esse irmão, em uma de suas existências pretéritas, foi um general romano, que comandou algumas batalhas. E uma das suas atitudes de ódio e vingança feroz consistia em mandar arrancar os olhos a alguns dos inimigos aprisionados".
Porém, existem outros casos de aspectos idênticos, como sejam: Maria Antonieta, mulher do rei Luiz XVI, da França, morreu na guilhotina durante a revolução francesa de 1789, porque, tendo sido, em encarnação anterior, Herodias, mulher de Herodes, ela, por intermédio de sua filha Salomé, exigiu que ele mandasse degolar João Batista. E João, por sua vez, resgatou o débito que contraíra quando, na sua encarnação de Elias, mandou degolar os profetas de Baal.
É a lei cármica de causa e efeito ou choque de retorno, subordinada ao imperativo ou determinismo de quem com ferro fere, com ferro será ferido.
Porém, convém esclarecer: Não se conclua que a reparação de um crime só possa ser conseguida pelo criminoso passando ele por um novo crime. Um assassino, por exemplo, também saldará essa dívida sacrificando sua vida no salvamento das vítimas de um incêndio ou por outro ato de abnegação idêntica.
Em síntese: Ninguém sofre sem motivo, pois Deus é infinitamente justo. No entanto, para a religião católica e outras, a disparidade existente entre a criatura que nasce aleijada e pobre de recursos e a que nasce cheia de saúde e desfrutando o conforto da riqueza, constitui uma incógnita insolúvel, pois ante a lógica da eqüidade da moral, a dita discrepância leva-nos a admitir que Deus, Nosso PAI, é injusto e parcial, visto determinar que uma parte de seus filhos surjam no mundo marcados pelo ferrete da desgraça, enquanto outros nascem instalados no berço da felicidade completa.
Ora, semelhantes desigualdades, se as considerarmos atendo-nos somente à superfície, destroem o infinito de bondade e de justiça do nosso Criador. No entanto, se as subordinarmos à lei das reencarnações proclamada pelo espiritismo, então a sua contradição moral é aparente, pois trata-se de conseqüências ou efeitos dos atos praticados pelo indivíduo-alma, em suas existências anteriores. Por conseguinte, não destorcem a linha reta da coerência, da Justiça e da Razão.

queimantes do ódio, a raiva, a vingança, o orgulho, o egoísmo e o ciúme geram fluidos irritantes que aderem ao perispírito formando "pústulas" de magnetismo tóxico, as quais, além de afetarem o seu metabolismo psíquico, perturbam e retardam a evolução espiritual da própria alma. Então, o perispírito, agitado pela "febre" provocada por essa saturação de fluidos infecciosos, verte-os para o corpo de carne; transfusão que se opera mediante o "duplo etérico", elemento intermediário que desempenha a função de uma espécie de "válvula de escape" por onde a alma expurga os resíduos tóxicos das emoções rudes em que ela se abrasou. E assim, esses fluidos corrosivos, uma vez transferidos para o corpo físico, produzem ou convertem-se em lesões mórbidas e virulentas, como sejam a lepra, o câncer, a tuberculose e outras moléstias de caráter mais benigno.

Ainda, como elucidação do novo quadro patológico que fixa os recalques de fundo psíquico como fatores responsáveis por certas moléstias do corpo, esclarecemos: — o homem, em seu conjunto, é um ser constituído pelo trinômio alma, perispírito e corpo físico.

A alma é o ego cósmico ou consciência viva e eterna a serviço de Deus e da Família Universal. O perispírito é o "corpo fluídico" da alma, constituído de matéria quintessenciada, que escapa a todos os nossos recursos de análise; porém, o integral comando fisiológico e sensorial da sua etereoplastia em relação ao corpo de carne leva-nos a concluir que esse corpo singular é produto de um caldeamento processado através de milhares de séculos, desde as espécies mais inferiores ou elementais até ao padrão do ser racional. E, por isso mesmo, as contingências atávicas fazem que, em diversas fases ou estágios da sua evolução psicobiológica, ainda se manifestem no homem certos recalques de paixões ou instintos animais, cuja gradação vai desde o selvagem feroz e antropófago até ao civilizado, no qual as taras animalescas só vêm à superfície da mente com intermitência, ou seja, quando despertadas pelo atrito de emoções agudas.

Quanto ao corpo físico, este é a vestimenta material ou o "escafandro" que a alma ajusta ao seu perispírito como veículo necessário para ela poder baixar e fixar-se nos mundos-escolas, a fim de, nesse ambiente, adquirir conhecimentos e virtudes que, pouco a pouco, lhe proporcionarão subir a Escada de Jacó da evolução espiritual até alcançar a hierarquia da angelitude.

Assim, à proporção que a alma, mediante reencarnações sucessivas, se espiritualiza, adquirindo, gradativamente, os atributos morais da santidade, o seu perispírito também se apura em diafaneidade; e então, os órgãos que compõem a sua contextura etérico-fisiológica vão perdendo o seu "peso" ou densidade etérica, terminando por se atrofiarem completamente, pois, se a função faz o órgão, a sua inércia termina por extingui-lo. E como decorrência de tal circunstância, a alma, devido à dinâmica de sua evolução, quando atinge a hierarquia angélica, o seu perispírito já se extinguiu integralmente; fenômeno que pode ser classificado como uma espécie de "segunda morte", pois havendo ela adquirido o grau de espiritualidade cósmica do "sétimo céu", já está isenta de reencarnações; por conseguinte, não mais precisa de utilizar um corpo-perispírito.

Ainda quanto à contextura psíquica da entidade homem, existe um outro elemento; porém, este, de emergência ou transitório, o qual desempenha a função de "canal" ou veículo de intercâmbio entre a alma (com o seu perispírito) e o corpo físico. Esse elemento é o "duplo etérico"; porém, este, após a morte do corpo de carne, desintegra-se gradualmente, extinguindo-se por completo.

Neste singelo intróito dirigimo-nos, pois, aos que exercem o sacerdócio da medicina, solicitando-lhes que, sem qualquer idéia preconcebida, leiam e meditem no conteúdo deste compêndio, pois a fenomenologia psicoterapêutica exposta no mesmo é uma espécie de janela que se abre, mostrando-lhes novos horizontes da ciência que abraçaram,[3] pois, além de habilitá-los a melhor servirem ao próximo, também lhes proporcionará fazerem jus às bênçãos daquele Médico singular, o Divino Jesus, que há dois mil anos, peregrinando pelas terras

---

[3] Aos ilustres médicos que desejem aprofundar-se na análise de outros problemas psicofisiológicos adstritos ao binômio corpo-espírito, sugerimos que leiam também a obra *Fisiologia da Alma*, **EDITORA DO CONHECIMENTO**, ditada, igualmente, pelo eclético mentor espiritual, Ramatís, cujas obras, dentro de vinte anos, além de serem traduzidas para os principais idiomas, terão suas revelações consagradas como autênticas e valiosas, pela própria ciência acadêmica do mundo inteiro.
Aliás, o médium Hercílio Maes já recebeu dezenas de cartas de médicos que, havendo lido a obra em apreço, lhe manifestaram terem colhido grande proveito intelectual e profissional, com as preciosas revelações e ensinamentos contidos na mesma.

da Palestina, exerceu a benemerência de curar os enfermos do corpo conjugando-a ao objetivo de curar as doenças da alma.

Os que vierem a aceitar as teorias e fenômenos relatados nesta obra como dignos de serem considerados e investigados, certamente, pouco a pouco, ajustarão seu critério profissional a uma terapêutica de mais vasta amplitude. Porém, infelizmente, tais vanguardeiros não escaparão aos motejos irônicos de alguns seus colegas cuja mentalidade não compreende que na ciência, em todos os seus setores, por mais altos que sejam os seus vôos, nenhum deles poderá ser tido como um "ponto final".

Aliás, quanto a essa incompreensão, sempre assim foi e sempre assim será, pois a própria História nos comprova que os grandes expoentes da ciência, como Pasteur, eminente microbiologista cujas descobertas científicas o impõem como benfeitor da humanidade, Harvey, o descobridor da circulação do sangue, Jenner, o criador da vacina contra a varíola, e outros de igual mérito, não escaparam à crítica jocosa de alguns "oficiais do mesmo ofício".

Assim, podemos antecipar que algumas das revelações um tanto sibilinas contidas nesta obra a respeito de etiologia e de terapêutica no sentido de ampliar os conhecimentos do binômio saúde-doença darão motivo a contestações amorfas por parte de certos diplomados acadêmicos. Referimo-nos aos que, em face de uma doutrina ou fenômeno que desconhecem por completo, opõem o argumento bisonho do — é absurdo! Aliás, nas próprias controvérsias entre os que são tidos como sábios, o sim e o não que os separa a respeito de um mesmo problema comprovam que no círculo dos expoentes do conhecimento também existem "ignorantes", pois a verdade de uma qualquer proposição em debate é una; não podendo, portanto, ajustar-se a dois pólos contrários, o do sim e o do não que divide e coloca os opinantes em campos opostos.

Devemos ainda considerar o seguinte: Em face das incógnitas infinitas do Universo, o que a nossa ciência conhece é uma fração tão insignificante de sabedoria, que, em verdade, jamais existiu em nosso mundo qualquer homem que faça jus a ser classificado de sábio, no sentido extenso de tal significado.

Decerto, tem havido homens cuja inteligência ou talento destaca-os como expoentes do conhecimento. Contudo, mesmo em relação a esses, uma análise de profundidade leva-nos a concluir que o sábio é sábio estritamente na razão direta da época em que ele vive e na razão inversa da ignorância da maioria.

Desta regra, a única exceção é a de Jesus, pois trata-se de um espírito cujo grau de evolução já abrange e irradia fulgurações morais e intelectuais de amplitude cósmica.

Por conseguinte, os sábios que, por reverência de apreço, fazem jus a tal diploma são os que se revestem de absoluta modéstia e humildade. Entre os antigos destacamos o filósofo Sócrates, que deixou esta sentença de reflexão profunda: "quanto mais sei, mais sei que nada sei!" E de nossa época salientamos o eminente biologista Alexis Carrel, autor da famosa obra *O Homem, Esse Desconhecido*, na qual, ele, mediante um estudo analítico de profundidade, demonstra que os conhecimentos do homem atual constituem uma parcela insignificante de sabedoria, pois o muito que ignora a respeito dos fenômenos vitais de sua personalidade psicofísica comprova que ele, na realidade, ainda não conhece bem nem a si mesmo!

Efetivamente, na atualidade, as concepções de quase todos os homens de ciência, a respeito da entidade-homem, estão muito afastadas das realidades da psicologia superconsciencial, pois as investigações efetuadas por autoridades como os professores Charles Richet, Gustavo Geley, também as dos investigadores psicanalistas Wallace, César Lombroso, Frederic Myers e filósofos de projeção mundial como sejam William James, Henry Bergson e outros, comprovam, de modo absoluto, que o homem real não é o que a ciência clássica ou pragmática admite.

Além da sua consciência desperta, estritamente humana, o homem possui uma subconsciência profunda e ampla de conteúdo multiforme, que repercute nas atitudes de sua personalidade e até no seu destino, pois é constituída pelo acervo moral e intelectual acumulado em suas existências anteriores, cujas características se denunciam em suas posteriores encarnações. E tal fato é que justifica o pendor nato de certos indivíduos que, desde a infância, manifestam acentuada tendência e capacidade de assimilação para as artes e para outras profissões.

Como exemplo de tal contingência, citamos Mozart e Chopin, gênios da música, que, ainda crianças, já demonstravam engenho assombroso quanto à assimilação subjetiva e à técnica dos segredos dessa arte complexa. E também Beethoven, o famoso expoente da música sinfônica, cuja submemória lhe possibilitou escrever as suas sinfonias de mais alta inspiração, justamente depois de ter ficado surdo; comprovando, assim, que as sonoridades sublimes dos cânticos musicais que ele transmitia ao mundo vibravam na câmara acústica da sua memória superconsciencial; e com tal ressonância de harmonias que, para grafar as suas notas no papel, não precisou das teclas de um piano nem dos ouvidos do corpo físico, pois ele as captava mediante os ouvidos espirituais da sua alma!

Essa dita sub e superconsciência, devido à sua dinâmica de expansibilidade, é que, por repercussão intuitiva, instiga o sábio a ocupar-se em descobrir um determinado invento ou em decifrar certa incógnita científica. E, às vezes, a solução do caso aflora ou acende-se na mente do pesquisador como uma idéia ou inspiração relâmpago; e o seu imprevisto faz que ele próprio fique assombrado da revelação surgida ante seus olhos. E devido a tal circunstância, alguns famosos cientistas têm confessado que uma determinada descoberta que fizeram foi obra do "acaso". Entre estas, citamos a descoberta dos Raios X, obtida por Conrado Roentgen, e a da penicilina, revelada pelo sábio Alexander Fleming.

Este fenômeno reflexo da intuição é o fundamento em que se apóia a filosofia do eminente pensador francês Henry Bergson.

Por conseguinte, o homem não pode ser configurado ou definido sob as limitações físicas de um cérebro e de um sistema nervoso, como se as emoções da consciência, os atributos ou dotes morais do indivíduo e a faculdade retentiva da memória sejam fenômenos de gênese físico-biológica.

Finalmente: Em face da singularidade dos problemas que deixamos referidos, todos eles mais ampliados no texto da obra, é natural que muitos dos ilustres profitentes da medicina, atendo-se ao pragmatismo da ciência que "está em vigor", se desinteressem de considerar o seu conteúdo ou substância devido a tratar-se de uma obra cujo autor é uma entidade invisível "residente" no plano astral. Porém, a este respeito, permitimo-nos dizer: Não importa que uma nova doutrina ou sistema seja proposto e anunciado ao mundo pela voz de um espírito encarnado ou por outro já liberto da carcaça física do corpo humano. O que está em causa não é a "espécie" do veículo mental que transmite a revelação, mas sim a essência ou substância intrínseca contida nas suas proposições.

Qualquer conceito opinativo, afastado de tal critério, é uma definição insubsistente e fora do mais elementar bom-senso.

José Fuzeira

Deve-se estudar o espiritismo?

O espiritismo, além de apoiado por autoridades como William Crookes, R. Wallace, O. Lodge, Lombroso, Stainton Moses, Aksakoff, de Rochas, Gibier e outros, o número de livros, memórias e experiências a seu respeito é tão considerável, que não se justifica recusar as afirmações desses inumeráveis testemunhos sem ter feito um estudo prévio.

Aos que alegam: "Isto é impossível!", perguntamos: quem poderá fixar o limite do que é ou não é possível? Todas as conquistas da ciência sempre foram, antes, tidas como impossíveis.

Em vez de se desinteressarem, os sábios, os filósofos, os cientistas devem investigar os fatos afirmados pelo espiritismo. Se há muitos erros e ilusões, também, certamente, há muitas verdades. E estas verdades, quando sejam mais bem conhecidas, modificarão profundamente as fracas noções que temos a respeito do homem e do Universo.

Charles Richet[1]

---

[1] Autor da famosa obra *Tratado de Metapsíquica* e de outras, traduzidas nos principais idiomas Richet, catedrático de fisiologia de grande projeção no mundo científico, dedicou-se durante quarenta anos a estudos e trabalhos experimentais sobre os fenômenos espíritas, tendo chegado a conclusões positivas quanto à autenticidade de seus fenômenos.
O título *Deve-se Estudar o Espiritismo?* é o nome de um opúsculo de autoria do próprio Richet.

Mensagem a um médium

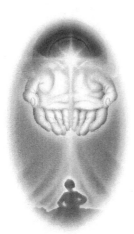

(Página de Emmanuel ditada ao médium Chico Xavier)

Meu amigo, que o Senhor te fortaleça o coração nos testemunhos da fé. Aceita as angústias da hora presente, convicto de que o sofrimento é a nossa única oficina de purificação individual. Sabemos que os espinhos da amargura te feriram fundo n'alma generosa e sensível. Entretanto, é nesses acúleos de dor que desabrocharão as rosas de tua felicidade porvindoura. Não condenes, não odeies, não revides. Guarda a fonte do amor que a Providência Divina te situou no espírito bem-formado. E porque as pedras do mundo te dilaceram as esperanças, não permitas se resseque, em teu íntimo, o manancial de pão celeste, que a mediunidade localizou em tua avançada capacidade de servir.

O missionário do bem não possui na Terra outro padrão maior que o Cristo, desprezado e crucificado no mais sublime ministério de renunciação. O médium, cônscio das elevadas obrigações que lhe cabem, sofre os antagonismos do meio, a incompreensão, muita vez, dos mais amados e, sobretudo, experimenta o constante assédio das forças desintegrantes das trevas que ainda cercam a maioria dos homens. Por trazer nova contribuição da verdade, aos domínios da revelação, paga doloroso tributo de sacrifício à indiferença dos semelhantes.

Não percas, portanto, a tua coragem e o teu valor, diante da tormenta. Refugia-te na prece e na confiança ativa, amparado pelos benfeitores que te assistem e segue para diante, com teu vaso de consolações, lenindo aflições e pensando feridas naqueles irmãos que, tangidos pelos padecimentos morais, se aproximam sequiosos da fonte de luz.

    Não te faltarão amigos abnegados que, de nossos círculos, velam por ti e por tua vitória no campo das provas a que foste chamado. Perdoa e prossegue. A luta angustiosa do mundo é o meio. Jesus é o fim. Não troques, meu irmão, os frutos sublimes da eternidade pelas flores efêmeras de um dia. Com a lâmpada acesa da oração, atingiremos o Alto. Rogando, pois, ao Senhor para que te não falhem as forças no bom combate, a fim de que continues valoroso e sereno até o triunfo final, sou o amigo e servo humilde

Emmanuel

1.
A antiguidade do fenômeno mediúnico e sua comprovação bíblica

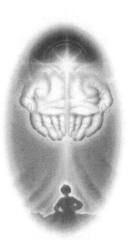

PERGUNTA: — *Alguns membros e adeptos de outras instituições espiritualistas, como o Esoterismo, a Teosofia, a Rosa-cruz ou a Ioga, censuram o espiritismo por ter popularizado demais a prática mediúnica. Alegam que isso vulgariza o intercâmbio espiritual com o mundo oculto, o qual só deveria ser efetuado em ambientes iniciáticos, sem as confusões, os exotismos, as mistificações e interferências anímicas de médiuns incultos e indisciplinados. Afirmam que isso também contribui para ridicularizar o esforço dos mentores espirituais em sua delicada tarefa de esclarecer os encarnados. E que o espiritismo deveria ser doutrina exclusivamente filosófica, sem difundir o intercâmbio mediúnico entre um público ainda ignorante ou apenas curioso. Que dizeis?*

RAMATÍS: — A mediunidade não foi inventada pelo espiritismo. É tão velha quanto o homem, pois é uma faculdade oriunda do espírito e não da matéria.[1] Portanto, existe desde que a primeira criatura (espírito encarnado) surgiu na Terra e os centros nervosos do seu corpo apuraram a sensibilidade dos seus sentidos. Então, o homem primitivo transformou-se em um instrumento que, pouco a pouco, apuraria as suas faculdades que o ajustariam a ser um traço-de-união entre o mundo oculto e o mundo físico.

É evidente que essa sensibilização do sistema nervoso do

---

[1] Vide Apresentação, capítulo inicial da obra *Grandes Vultos da Humanidade e o Espiritismo*, de Sylvio Brito Soares, edição da Federação Espírita Brasileira.

homem contribuiu para que as entidades do mundo invisível o utilizassem como veículo para se estabelecer um intercâmbio entre os dois planos.

No entanto, embora a criatura ignore, ela pressente que o seu aperfeiçoamento "psicofísico" depende muitíssimo da assistência e pedagogia do mundo espiritual. A humanidade tem sido guiada desde sua origem por leis do mundo oculto, que atuam com profunda influência no ser humano. Todas as histórias, lendas, narrativas de tradição milenária do vosso orbe estão repletas de acontecimentos, revelações, fenômenos e manifestações extraterrenas, que confirmam a existência da mediunidade entre os homens das raças mais primitivas.

A própria Bíblia, que serve de argumento tradicional para os sacerdotes combaterem o espiritismo, é entremeado de relatos e acontecimentos próprios do mundo oculto, nos quais intervêm anjos, profetas ou entidades sobrenaturais. Qualquer tribo, raça, povo ou civilização do presente ou do passado ainda conserva no seu folclore a tradição vivida por gênios, fadas, gnomos, deuses, silfos, bruxas, ondinas, salamandras, nereidas ou seres exóticos, que se divertem no mundo invisível e tanto ajudam como hostilizam a vida dos homens. Antigamente havia tratados sibilinos, métodos ocultos e práticas de magia sublime ou repulsiva, que os magos consideravam os processos mais eficientes para o homem entrar em contacto com os habitantes do mundo invisível. A magia era praticada junto aos rios, ao mar, no campo e na mata virgem, pois a Natureza sempre foi o palco adequado para desenvolver a vontade, a coragem e o espírito curioso do ser humano.

Entretanto, os fenômenos mediúnicos já se generalizaram de tal forma, no século atual, que se manifestam tanto aos homens que os desejam ou procuram, como entre aqueles que os detestam ou os temem por manifestações diabólicas. Malgrado o prestígio da ciência acadêmica do vosso mundo, os cientistas terrenos já não podem fugir à contingência imperiosa de estudarem a mediunidade, cada vez mais atuante no seio da humanidade terrena. Em países mais cultos, já se efetuam pesquisas e estudos sérios no gênero, embora ainda sob o rótulo de "parapsicologia", nomenclatura que atende aos superficialismos da vaidade acadêmica.

PERGUNTA: — E que dizeis quanto à possibilidade do estudo do fenômeno mediúnico nas faculdades médicas do Brasil?

RAMATÍS: — O Brasil ainda está condicionado à influência obsoleta do Estado do Vaticano, representado pelo Clero Romano, ávido de bens terrenos e bastante influente na política e administração pública do país. O cientista brasileiro só em casos raros acha-se liberto da prerrogativa religiosa ou do preconceito acadêmico, desinteressando-se de submeter o fenômeno mediúnico ao estudo das faculdades superiores. Mas a verdade é que a ciência do mundo não poderá fugir à sua própria missão de sanear a prática da fenomenologia mediúnica, no futuro, quando os laboratórios também ajudarão a selecionar os médiuns verdadeiros e os charlatões, histéricos, mercenários ou enfermiços, que, por vezes, lideram movimentos no seio do espiritismo, mas sem possuir as credenciais exigidas para a tarefa.

E quando o fenômeno mediúnico se impuser definitivamente à ciência profana, os médiuns também se livrarão da tradicional excomunhão dos próprios sacerdotes, que, irritados pela mensagem sensata e inconfundível do espiritismo, ainda confundem o século XX com a época sombria da Inquisição, quando queimavam ciganos, bruxos ou esoteristas à guisa de afilhados de Belzebu! Considerando-se que o Criador permanece integrado em toda sua obra, é evidente que Ele também opera através da ciência do mundo material como um dos recursos benfeitores para a mais breve felicidade de seus filhos.

PERGUNTA: — Mas é evidente que o despertamento do "homem interno" pela disciplina esotérica e a exigência moral superior que formam as bases da iniciação nos templos iniciáticos são dignas de acatamento. Não é assim?

RAMATÍS: — Embora louvando a iniciação tradicional que, desde épocas remotas, gradua o discípulo estudioso e disciplinado para receber o seu mestre ou "guru", no momento de seu despertamento espiritual, devemos advertir que a humanidade terrena atingiu atualmente o período do seu mais grave e doloroso reajuste cármico. O século apocalíptico em que viveis e a época profética do "Fim dos Tempos" reclamam abertura de todas as portas dos templos iniciáticos, pois o fenômeno mediúnico generaliza-se à luz do dia e se manifesta cotidianamente a todos os homens, independente de raça, casta, cultura ou situação financeira.

Quando o Alto convocou o espírito hábil, genial e laborioso de Allan Kardec, para codificar a doutrina espírita e disciplinar a prática mediúnica, já tencionava livrá-las dos sortilégios, das invocações lúgubres, das posturas melodramáticas, dos compromissos ridículos, da magia exaustiva e dos ritos extravagantes. Ainda no século passado só os iniciados mais felizes sabiam manipular os ingredientes mágicos e promover o "suspense", destinados a proporcionar o clima favorável para se manifestarem as entidades do outro mundo. Depois de exaustivos rituais e cantilenas cabalísticas, longo desperdício de tempo, emprego de drogas misteriosas e uso de instrumentos exóticos, eles então conseguiam algumas fugazes materializações de "larvas" ou entes do astral inferior, que se moviam e flutuavam à guisa de fenômenos importantes e assustadores. Sem dúvida, houve magos que também puderam vislumbrar algumas almas elevadas e seres resplandecentes, mas isso não lhes aconteceu por força dos ritos ou das práticas extravagantes, porém, devido ao seu próprio caráter nobre e à sua melhor graduação espiritual.[2]

---

[2] Nota do Revisor: É o caso dos velhos magos do passado, como Eliphas Levi, Papus e outros, que em sua época condenavam veementemente o espiritismo, conforme se pode verificar à página 162, da obra *A Chave dos Grandes Mistérios*, que diz: já desde muito tempo esta doutrina (espírita) ou antidoutrina, prepara o mundo para precipitá-lo numa anarquia universal. Porém, a lei de equilíbrio nos salvará e já começou um grande movimento de reações. Na página 187, lemos: Os médiuns são geralmente pessoas doentes e acanhadas. Ainda na página 189, consta o seguinte: Quem sabe quantas catalepsias, tétanos, loucuras e mortes violentas foram produzidas pela mania das mesas girantes?
Eliphas Levi, Papus e outros mestres da velha magia advertiam as pessoas de cérebro fraco para não lidarem com fenômenos ou forças ocultas, nem cultivarem idéias macabras, ante o perigo de formarem clichês mentais ou idéias fixas, estratificadas no cérebro pelo medo ou pela fascinação mórbida. No entanto, eles mesmos publicaram obras repletas de figuras teratológicas e de imagens demoníacas, passíveis de causarem graves perturbações aos seus leitores mais sugestionáveis.
Aliás, as próprias autoridades eclesiásticas da Igreja Católica também são muito imprudentes quando citam as imagens horripilantes e repulsivas do temido reino de Satanás, pois criam na mente dos próprios católicos os estigmas dessas idéias enfermiças, fruto do medo e do terror do Inferno. Comprovando os nossos dizeres, aconselhamos os leitores a consultarem a obra mediúnica *Ação e Reação*, ditada por André Luiz a Chico Xavier, capítulo IV, principalmente o trecho entre as páginas 50 e 52, quando os espíritos socorrem uma infeliz desencarnada, em

PERGUNTA: — *Sem desmerecermos as vossas considerações, cremos que o espiritismo não é de muito interesse para a ciência acadêmica, uma vez que a mediunidade é fenômeno exclusivo do mundo oculto.*

RAMATÍS: — Embora o fenômeno mediúnico seja manifestação intrínseca do mundo espiritual invisível, ele se manifesta entre os homens de acordo com a sensibilidade, a cultura, a moral, a capacidade nervosa e a dependência do compromisso assumido pelos médiuns antes de se encarnarem. No entanto, a sua técnica nas relações entre os "vivos" e os "mortos" poderá melhorar consideravelmente, assim que houver maior cooperação da própria ciência terrena, ajudando a eliminar as excrescências mórbidas e os fatores nocivos e ridículos do falso mediunismo. Aliás, inúmeros cientistas e homens de letras, desde o aparecimento do espiritismo, já contribuíram salutarmente para livrá-lo de muita superstição e ritos indesejáveis.[3]

É certo que, atualmente, já não existem as fogueiras da Idade Média, quando as autoridades eclesiásticas torravam os médiuns por considerá-los feiticeiros mancomunados com o diabo; mas, infelizmente, ainda permanecem acesas as chamas do sarcasmo, da calúnia, do despeito e da injúria! Num extremo, os cientistas envaidecidos pelos seus pruridos acadêmicos atacam os médiuns e clamam contra o perigo de uma psicose espírita coletiva; noutro lado, o sacerdócio organizado os excomunga de seus púlpitos, injuriando-os diante da imagem do próprio Jesus, que foi um defensor do amor incondicional!

Mas ninguém poderá deter a marcha evolutiva do espiritismo, pois os bons médiuns de hoje já dominam os mesmos fenômenos que antigamente exaltavam os profetas, os oráculos, as pitonisas, os astrólogos, as sibilas e os magos. Graças, pois,

cuja mente conturbada enraizara-se a figura do demônio Belfegor, que tanto a apavorara durante a sua existência carnal. Realmente, o demônio Belfegor é uma pintura executada por certo pintor, a pedido de clérigos católicos, com a finalidade imprudente de impressionar os pecadores. No entanto, essas figuras satânicas ainda mais contribuem para o desequilíbrio mental e terror incontrolável dos fiéis católicos que, depois, atravessam o túmulo completamente apavorados por essas convicções afirmadas pela sua religião.
3 Nota do Revisor: Entre eles destacamos Gabriel Delanne, Ernesto Bozzano, Aksakof, de Rochas, William Crookes, Oliver Lodge. No Brasil, deve-se distinguir o movimento do espiritismo, quanto à manutenção dos princípios kardecistas.

ao espírito sensato, laborioso e inteligente de Allan Kardec, as relações mediúnicas entre os encarnados e os desencarnados já se efetuam desembaraçadas das complicações, das verborragias e dos desperdícios de tempo, que eram essenciais à velha magia.

Acresce, ainda, que o homem do século XX vive cada vez mais desesperado e descrente da possível ventura no mundo material, cujas dificuldades e desventuras avolumam-se dia a dia, arrasado pela angústia e pelo temor da guerra atômica! As estatísticas terrenas comprovam o aumento constante de neuróticos e desequilibrados, malgrado o avanço espetacular da ciência moderna lançando satélites e foguetes interplanetários, e do progresso técnico da medicina, capaz de transplantar rins e outros órgãos, mudando-os de um organismo para outro.

O terrícola já não esconde o seu desânimo e a sua decepção quanto a melhor sorte na crosta do seu mundo físico. Ele sente falta de um ritmo confortador e tranqüilo que só pode ser proporcionado pela paz espiritual duradoura; o que jamais ele conseguirá pela ciência acadêmica ou pelas religiões ainda sob comando de outros homens, também infelizes e até descrentes do que predicam em público. Eis por que o século em que vos encontrais é realmente o clima eletivo para a divulgação e receptividade de uma doutrina tão sedativa e confortadora quanto o espiritismo, que orienta a prática de um mediunismo sadio, sem ritos exaustivos ou práticas misteriosas.[4]

---

[4] Nota do Revisor: Realmente, consultando a ***Magia Prática*** de Papus, desde o capítulo XII até ao XVII e a "Conclusão" final, verificamos que o mestre escreveu longamente sobre os métodos, ritos, objetos e arrazoados cabalísticos, para, depois, lograr um insuficiente contato com o Invisível. Na referida obra enumeram-se espadas, estiletes, bastões, xícaras, tinteiros, queimador de ervas, velas, sal, tinta mágica, giz, rolos de cordas, calças, sapatos, meias e avental branco, tudo isso acompanhado de fórmulas químicas, talismãs com símbolos astrológicos e hieróglifos misteriosos, além de extensas citações de grego e latim. Depois do banho purificador à base de essências " crismadas", das posturas dramáticas dentro do círculo de corda ou de giz, das esgrimas de espadas revoluteando no ar sob o eco das frases cabalísticas e "mantrans" de vibração mágica, então se desenhava, por vezes, na penumbra do aposento consagrado, alguma forma horripilante, ameaçadora ou mesmo triste, que Papus depois aponta em suas obras sob as mais graves e severas reflexões.
Não temos o direito de condenar esses brilhantes magos do passado, que ainda recorriam aos fumigadores, à queima de ervas aromáticas e aos ritos fatigantes sob as influências astrológicas favoráveis, a fim de obter uma "pitada" de ectoplasma exsudado do próprio corpo etérico da Natureza . Sem dúvida, naquele tempo, eles não podiam prever o sucesso do médium de "fenômenos físicos", que no século XX pode fornecer ectoplasma de sua própria intimidade etérica, e assim produzir os fenômenos de materializações, voz direta, transporte, levitações ou intervenções

PERGUNTA: — *Onde tiveram início as primeiras manifestações da mediunidade e qual foi o povo que primeiramente as revelou ao nosso mundo?*

RAMATÍS: — As civilizações como as da Atlântida, Lemúria, China, Hebréia, Egito, Pérsia, Caldéia, Cartago, Assíria, Grécia, Babilônia, Índia, Germânia ou Arábia, comprovam, pela sua história, lendas ou pelo seu folclore, que os fenômenos mediúnicos surgiram em todos os recantos do orbe terráqueo, quase ao mesmo tempo e sem privilégios especiais. Eles se manifestaram em todos os agrupamentos humanos. A fenomenologia mediúnica foi evidenciada até nos objetos e nos propósitos guerreiros desses povos primitivos, tendo-os influenciado seriamente, embora a sua realidade esteja velada pelo simbolismo das tradições lendárias.

Os escandinavos, principalmente os "vikings", narram os seus encontros com deuses, bruxas, sereias e entidades fascinadoras, que surgem das brumas misteriosas perseguindo-os durante as noites de lua cheia. Na própria música desse povo transparece a tonalidade da indagação oculta ou expectativa fantasiosa cujas melodias sugerem coisas incomuns e surpreendentes à vida do homem físico.

As histórias e as lendas musicadas por Wagner em suas peças sinfônicas ou óperas magistrais confirmam o espírito de religiosidade e a crença no mundo invisível por parte dos povos germânicos e anglo-saxões. Eles rendiam sua homenagem aos deuses, aos gênios, aos numes, e os consideravam habitantes de um mundo estranho muito diferente do que é habitado pelos homens.[5]

---

cirúrgicas sob o comando dos espíritos desencarnados. E o mais importante é que, atualmente, não se manifestam apenas as entidades lúgubres, ameaçadoras ou indesejáveis, mas os homens também entram em contato com os seus familiares falecidos e com as entidades de excelente estirpe espiritual, cujas fulgurações e luzes siderais comprovam sua elevada origem.

5 Nota do Revisor: Realmente, os temas fundamentais das óperas musicadas por Wagner são todos estribados em acontecimentos sobrenaturais, traindo em seu profundo simbolismo iniciático ou religioso a existência de um mundo espiritual. *A Cavalgada das Walkírias*, por exemplo, conta a história das deusas que recolhiam os guerreiros germânicos nos campos de batalha e depois os levavam para o Walhala, ou seja, ao reino da Glória!

Em *Siegfried*, o herói busca a verdade, vence o dragão, símbolo da natureza inferior do homem, e mais tarde destrói Mine, personagem conhecido no rito iniciático como o corpo denso ou a matéria ilusória. O tema em sua profundidade adverte que o poder do espírito só pode ser conseguido depois de ele dominar a carne, ou seja,

Aliás, o Brasil também é rico de lendas e histórias sobrenaturais, cuja origem se deve propriamente à faculdade mediúnica bastante desenvolvida dos brasileiros que, em geral, são prodigamente intuitivos desde o berço. Muito antes da codificação espírita, os silvícolas das plagas americanas já praticavam diversos ritos, que os dispunham ao intercâmbio mediúnico com o mundo invisível, pondo-os, assim, em contacto com os companheiros de tribo, já desencarnados. Eles também exerciam a mediunidade curativa, quer prescrevendo ervas selecionadas, como esconjurando os maus espíritos pelo processo mágico dos exorcismos coletivos. Previam as variações do tempo, a época favorável para a melhor plantação e colheita; auscultavam os sinais do mundo oculto e pressentiam os lugares epidêmicos ou impróprios para sua existência. Os pajés mais tarimbados prenunciavam a morte dos caciques, o nascimento dos bons guerreiros ou a marcha belicosa das tribos adversas, advertindo, com êxito, sobre o resultado das porfias sangrentas.

As lendas brasileiras são férteis de fenômenos mediúnicos. No cenário das matas enluaradas surge o "boitatá" lançando fogo pelas narinas; nas encruzilhadas escuras aparece o fantasmagórico "saci-pererê", saltitando numa perna só e despedindo fulgores dos olhos esbraseados; na pradaria sem fim, corre loucamente a mula-sem-cabeça, ou na penumbra das madrugadas

---

o instinto animal. Em *Crepúsculo dos Deuses*, Wagner trata de um assunto profundamente análogo ao *Apocalipse*, de João Evangelista, lembrando a expectativa da seleção da humanidade na hora cruciante do fim dos tempos. Tannhäuser conta a história da alma imperfeita encarnada pelo herói principal da obra, enquanto Elisabeth, a heroína da peça, simboliza a alma pura proibida de ligar-se ao amor impuro humano e maculado pelos estigmas das paixões do mundo material. Mas é o *Lohengrin*, uma das mais belas composições wagnerianas, a obra musical de maior expressão iniciática, cujo resumo, já no prelúdio do 1º ato, revela a mensagem de ascensão espiritual do ser a outros mundos superiores.

Lohengrin, o magnífico cavaleiro, surge deslizando à superfície do lago tranqüilo, conduzido por majestoso cisne branco, decidido a salvar Elsa, vítima de Telramund, o símbolo do Mal. Aliás, o cisne branco e imaculado representa um dos símbolos mais eletivos da iniciação espiritual, ave que domina os diversos elementos da vida física, pois ela nada majestosamente sobre a água ou submerge o seu longo pescoço para explorar o leito do rio; vive também à superfície sólida ou voa seguramente. Ela domina a terra, a água e o ar, simbolizando o próprio espírito depois que se despoja das ilusões da matéria para viver somente no reino da Glória! O tradicional canto do cisne ainda simbolizava, antiga iniciação, o juramento do discípulo despedindo-se, em definitivo, dos tesouros, das gloríolas, dos poderes e das paixões físicas. Significava, enfim, a morte simbólica do homem animal e o renascimento jubiloso do homem espiritual.

nevoentas, os mais crédulos dizem ouvir os gemidos tristes do negrinho do pastoreio.

Embora sejam histórias modeladas pela lenda e fantasia, no âmago dessas narrativas folclóricas domina o fenômeno mediúnico inconfundível a comprovar a vida imortal.

PERGUNTA: — A prática do intercâmbio mediúnico também não poderia ser vulgarizada pelos demais movimentos espiritualistas, em vez de o considerarem quase uma ocupação exclusiva do espiritismo?

RAMATÍS: — Quer os médiuns kardecistas de "mesa", durante as comunicações, copiem os notáveis tribunos, expondo em linguagem culta e castiça o pensamento dos desencarnados; quer os "cavalos" de umbanda cuidem dos filhos do terreiro, transmitindo os conselhos dos "pais" em linguagem simples ou arrevesada; quer os esoteristas em suas "sessões brancas" se digam inspirados para as prédicas doutrinárias; e os teosofistas confiem unicamente nos seus mestres tradicionais, ou os discípulos iniciáticos aguardem o seu "mestre" na hora de sua maturidade espiritual, isso tudo, enfim, não passa de "fenômenos mediúnicos", embora varie o ambiente de sua manifestação e seja diferente o rótulo de cada conjunto religioso ou espiritualista.

Mas foi o Alto e não o homem terreno quem atribuiu ao espiritismo a vigilância e o controle da manifestação mediúnica na Terra, além da divulgação dos seus postulados de esclarecimento da vida imortal e renovação moral do homem. A codificação espírita é a responsável pela prática mediúnica mais sadia e sensata nas relações entre os "mortos" e os "vivos", atendendo ainda à promessa de Jesus, quando advertiu que enviaria o "Consolador" para derramar-se pela carne dos homens, das mulheres e das crianças.

Desde que o espiritismo não é uma iniciativa destinada exclusivamente a especulação filosófica "extraterrena", mas ainda deve zelar pelo exercício eficiente e sensato da mediunidade entre os homens, então, realmente, lhe cabe vulgarizar o intercâmbio com os "mortos" para melhor esclarecimento dos "vivos". O médium difere do tradicional adepto filiado aos templos iniciáticos, porque deve enfrentar as suas provas e tentações à luz do dia, entre as suas atividades e vicissitudes cotidianas. O discípulo da iniciação oculta deve provar suas virtudes e vontade através dos símbolos e das reações provocados pelos "testes" iniciáticos. O médium, no entanto, enfrenta as mais duras provas no convívio da família, no ambiente de trabalho, nas suas relações cotidianas, nas obrigações sociais e pelas deficiências da saúde.

Conforme já dissemos, o espiritismo foi inspirado pelo próprio Mestre Jesus para esclarecer os homens, cabendo-lhe atender desde os cérebros mais cultos até aos mais pobres de entendimento intelectual. Assim como o Divino Amigo desceu à Terra para servir a "todos" os homens, o espiritismo também assumiu a responsabilidade crítica de atender toda a humanidade, sem qualquer exceção de seita religiosa, casta social ou privilégio e cultura.

PERGUNTA: — Alguns críticos afirmam que a fenomenologia mediúnica sob os auspícios do espiritismo só atende a um sentido espetacular, uma vez que os fenômenos do mundo oculto impressionam os sentidos físicos do homem, mas de modo algum despertam a sua natureza angélica. Que dizeis?

RAMATÍS: — Não opomos dúvida a que a fenomenologia mediúnica, considerada exclusivamente como espetáculo incomum aos sentidos humanos, não é suficiente para modificar o raciocínio do homem impenitente. Na verdade, os fenômenos mediúnicos podem convencer o homem de sua imortalidade, sem no entanto o converter à vida moral superior pregada pelos mais abalizados instrutores do reino angélico. Justamente por isso, o Evangelho é a base ou o cimento indestrutível da codificação espírita porque o homem, além de reconhecer-se imortal, deve também angelizar-se através da mensagem do Cristo. Que vale a convicção salutar de sua imortalidade, se ele não se prepara para usufruir a ventura espiritual depois da morte física?

Evidentemente, o espiritismo não é culpado porque muitos dos seus adeptos não lhe seguem os princípios de libertação espiritual e renovação moral, preferindo apenas usufruir-lhe os fenômenos que só afetam os sentidos físicos. Aliás, Jesus solucionou muito bem esse assunto quando, atendendo à queixa de Pedro contra a multidão ingrata, disse-lhe, categórico: "Que te importa, Pedro, que não me sigam? Segues-me tu?"

PERGUNTA: — *Também ouvimos alguns adversários da doutrina espírita alegarem que a generalização da prática mediúnica sensibiliza prematuramente o homem, colocando-o em relação e contacto desvantajoso com o astral inferior, quando ele ainda não desvendou os meios de defesa psíquica contra o assédio perigoso dos espíritos perversos e mistificadores. Que dizeis?*

RAMATÍS: — Não vos deve ser estranho o fato de que nenhuma criatura precisa "desenvolver" sua mediunidade, para depois ligar-se ao mundo oculto inferior! Os asilos de loucos estão repletos de indivíduos egressos de todas as religiões e condições humanas, que de modo algum exercitaram sua mediunidade ou participam de qualquer movimento espírita. Eles arruinaram-se pela sua índole moral deficiente, pelo vício, pela fraqueza espiritual ou pelo débito cármico do passado, e não por qualquer "exercício mediúnico".

Qualquer estatística, no vosso país, é suficiente para comprovar-vos que os hospícios, os asilos e as demais instituições de doentes mentais estão lotados por criaturas de todas as idades, religiões, cultura, doutrinas e nacionalidade. Embora os cientistas e adversários religiosos ainda acoimem o espiritismo de "fábrica de loucos", eles ficariam surpresos verificando que os espíritas, na verdade, constituem menor número de inquilinos das casas de alienados.

O contacto perigoso com os espíritos inferiores não é fruto exclusivo da freqüência aos trabalhos de "mesa kardecista", ou dos terreiros de umbanda, mas depende muitíssimo da natureza dos pensamentos e das emoções dos homens. A corrupção moral, o vício degradante, a paixão inferior, a lascívia mental ou verbal, são atitudes desfavoráveis que sensibilizam mediunicamente qualquer pessoa para ligá-la às entidades das sombras. Enquanto Rasputin, sem freqüentar qualquer trabalho de desenvolvimento mediúnico, punha-se em contacto diário com os espíritos diabólicos, Francisco de Assis, atuando noutra faixa vibratória, podia comunicar-se com Jesus!

Não vemos motivo de censuras porque o espiritismo pesquisa, estuda, controla e divulga o fenômeno mediúnico e as relações com os desencarnados, quando realmente isso constitui a base prática dos seus princípios doutrinários em conexão com os ensinamentos da Lei do Carma e da Reencarnação. Tratando-se de doutrina que não depende de rituais, compromissos religiosos ou iniciáticos, nem firma sua divulgação nos ingredientes da magia terrena, mas sim, na elevação moral na vida prática, o espiritismo é realmente o mais credenciado movimento espiritualista para popularizar os fenômenos de contacto com o Além-túmulo. E não deve ser responsabilizado pelas incongruências, diatribes, tolices, leviandades ou interesses mercenários dos médiuns inescrupulosos, ignorantes ou charlatões, que lhe exploram o veio espiritual.

Em obra anterior,[6] já dissemos que a mediunidade de prova é um ensejo, espécie de "aval" concedido pelo Alto ao homem demasiadamente comprometido em suas existências anteriores. Mas é do seu dever cumprir a tarefa mediúnica de modo honesto, sublime e caritativo, cabendo-lhe a responsabilidade moral na boa ou má aplicação dos bens cedidos pela magnanimidade dos seus guias. O certo é que, no "lado de cá", ainda não possuímos uma polícia especializada com o dever de sanear o serviço dos médiuns na seara espírita. Temos de curvar-nos à própria vontade do Criador, quando respeita o livre-arbítrio de seus filhos, embora a Lei depois os discipline para seu próprio bem.

Seria tão absurdo os adversários condenarem o espiritismo, só porque ainda vicejam à sua sombra os médiuns e os adeptos inescrupulosos, assim como teríamos de execrar a medicina, em face dos médicos sacripantas que exploram a dor à guisa de negócio lucrativo, ou então acusarmos a Igreja Católica devido à existência dos clérigos venais.

PERGUNTA: — Alhures, tendes afirmado que a Bíblia já registra, há milênios, os fatos mediúnicos entre os homens. Poderíeis citar-nos alguns exemplos elucidativos dessa afirma-

---

[6] Nota do Médium: Vide capítulo "Considerações sobre a mediunidade natural e de prova" da obra *Mediunismo* de Ramatís, **EDITORA DO CONHECIMENTO**.

ção, a fim de ampliarmos o nosso conhecimento a respeito desse assunto, tão importante para nossos estudos?

RAMATÍS: — Embora os acontecimentos mediúnicos descritos na Bíblia estejam velados pelo simbolismo da raça hebraica ou pela poesia religiosa, em verdade, eles são fenômenos mediúnicos tão específicos e positivos quanto aqueles que Allan Kardec e outros autores espíritas enumeraram em estudos. Em face da exiguidade do espaço de que dispomos nesta obra, citaremos alguns dos principais fenômenos mediúnicos insertos no Velho e no Novo Testamento, que provam a manifestação da mediunidade naquela época, isentando a doutrina espírita de havê-los inventado para fim doutrinário.

O fenômeno mediúnico de "materialização" e de "voz direta", por exemplo, é indiscutivelmente registrado em I Samuel, capítulo 28, versículos 11, 12 e 15, quando Saul, em vésperas de enfrentar dificultosa batalha sob o seu comando, resolve consultar uma célebre pitonisa da época, a fim de ouvir a alma de Samuel, poderoso comandante dos exércitos de Israel, já falecido e sepultado em Ramatha, sua pátria.[7] Eis, então, como a Bíblia relata os fatos através dos versículos já citados: "e disse-lhe a mulher: Quem queres tu que te apareça? Disse Saul: Faze-me aparecer Samuel. E a mulher, tendo visto aparecer Samuel, deu um grande grito e disse a Saul: Por que me enganaste tu? Disse pois Samuel (o espírito materializado) a Saul: Por que me inquietaste fazendo-me vir cá?"

Em Jó, capítulo 4, versículos 13, 15 e 16, diz o profeta: "No horror de uma visão noturna, quando o sono costuma ocupar os sentidos dos homens, ao passar diante de mim um espírito, os cabelos de minha carne se arrepiaram. Parou alguém diante de mim, cujo rosto eu não conhecia, um vulto diante dos meus olhos, e eu ouvi uma voz como de branda viração". Em ambos os casos comprova-se perfeitamente a materialização de espíritos e o fenômeno de "voz direta", que melhor se confirma na seguinte frase: ..."e eu ouvi uma voz como de branda viração".

No "II Livro dos Reis", capítulo 6, versículos 5 e 6, o profeta Eliseu produz o fenômeno de levitação, muito conhecido

---

[7] Nota do Médium: Vide capítulo "A palavra do Morto", da obra *Lázaro Redivivo*, ditada pelo espírito do Irmão X a Chico Xavier. Edição da FEB.

nas sessões espíritas de fenômenos físicos, conforme o seguinte relato: "Aconteceu, porém, que um, cortando uma árvore, caiu na água o ferro do machado: e ele gritou e disse: Ai, meu senhor! Que este mesmo o tinha emprestado (o machado). E o homem de Deus (o profeta Eliseu), indagou: Onde caiu? E ele mostrou o lugar. Cortou pois Eliseu um pau, e o lançou no mesmo lugar e o ferro saiu nadando". Não há dúvida alguma sobre o fato, pois em tal caso a "levitação" se comprova de modo espetacular, quando o ferro do machado emergiu à superfície do rio e à luz do dia.

O fenômeno de materialização ainda se confirma, outra vez na seguinte narrativa de Lucas, Cap. 1, v. 11, que assim diz: "E apareceu a Zacarias um anjo do Senhor, posto em pé na parte direita do altar do incenso". Conforme narram os apóstolos, noutros trechos bíblicos, um anjo materializou-se também a Maria, avisando-a de que seria a mãe do Senhor.

A mediunidade de "transporte" está perfeitamente implícita nos relatos de Ezequiel, o profeta (cap. 3, v. 14), quando assim se expressa: "Também o espírito me levantou, e me levou consigo; e eu me fui, cheio de amargura e indignação do meu espírito; porém, a mão do Senhor estava comigo, confortando-me". Da mesma forma, Felipe (Atos, cap. 8, v. 39 e 40), assim explica: "E tanto que eles saíram da água, arrebatou o espírito do Senhor a Felipe, e o eunuco não o viu mais. Porém, continuava o seu caminho cheio de prazer. Mas Felipe se achou em Azot, e, indo passando, pregava o Evangelho em todas as cidades até que veio a Cesáreia".

A premonição também foi largamente exercida nos tempos bíblicos, pois a Bíblia é pródiga desses relatos proféticos, nos quais se profetiza a vinda de grandes seres. Malaquias, cap. 4, v. 5, prediz a vinda de Elias: "Eis que vos enviarei o profeta Elias, antes que venha o grande e horrível dia do Senhor". Isaías também foi um clarividente incomum, prevendo, quase um milênio antes, a vinda de Jesus e expondo minúcias que, mais tarde, serviriam para identificar o tipo sublime do Mestre, conforme se verifica no capítulo 7, v. 14 e 15, do seu livro: "Pois por isso mesmo o Senhor vos dará este sinal. Eis que uma virgem conceberá, e parirá um filho, e será chamado o seu nome Emanuel (Deus conosco). Ele comerá manteiga e mel, até que saiba rejeitar o mal e escolher o bem". Isaías profetizou o nascimento de Jesus de uma virgem, isto é, o primeiro filho concebido de uma virgem só pode ser aquele que é gerado na primeira união conjugal. O Mestre, portanto, nasceu de uma virgem, mas sem desmentir as leis físicas imutáveis do Criador, ou sem violentar o processo genético peculiar do mundo em que viveis. A clarividência de Isaías ainda mais se confirma quando ele indica que Jesus seria alimentado a manteiga e mel, isto é, seria vegetariano, preferindo o mel como um dos seus alimentos prediletos.

Ainda na Bíblia é possível comprovar-se de modo indiscutível o mecanismo justo e eqüitativo da Lei do Carma e os processos da Reencarnação, que atualmente se entrosam como ensinamentos espíritos, sendo bastante examinar-se a parte referente à vinda do profeta Elias e de João Batista, quando assim diz: (Mateus, cap. 17, v. 11 a 13). "Porque todos os profetas e a lei até João profetizaram. E se vós quereis bem compreender, ele mesmo é Elias, que há de vir." E (Mateus, cap. 17, v. 11 e 13): "E Jesus, respondendo-lhes, disse-lhes: Em verdade, Elias virá primeiro, e restaurará todas as coisas; Mas digo-vos que Elias já veio, e não o conheceram (...) Então entenderam os discípulos que lhes falara de João Batista".

Através desses relatos tradicionais, a própria Bíblia confirma-nos a idéia da reencarnação naqueles tempos memoráveis e ainda endossa-nos o conceito retificador da Lei do Carma, em que "a colheita é sempre de acordo com a sementeira". No I Livro dos Reis, cap. 18, v. 40, Elias ordena aos discípulos: "Apanhai os profetas de Baal, e não escape um só deles. E tendo o povo os agarrado, Elias os levou à torrente de Quizon, e ali os matou". Assim, Elias mandou-os degolar junto ao rio Quizon, inculpando-se perante a Lei do Carma pela espécie de morte bárbara que ordenou aos sacerdotes de Baal e candidatando-se a sofrer igual sorte no futuro. Na verdade, é a própria Bíblia que nos comprova o resgate dessa dívida cármica de Elias, quando depois de renascer na Terra, sob a figura do profeta João Batista, ele também foi degolado no reinado de Herodes, a pedido de Salomé. Cumprira-se assim a Lei do Carma em sua implacável justiça redentora, uma vez que Elias, o degolador de outrora, depois de reencarnado como João Batista, também sofre idêntica prova cármica sob a lei de "quem com ferro fere, com ferro será ferido", malgrado tenha sido ele o precursor do próprio Messias.[8]

---
[8] Nota do Revisor: Em aditamento a Ramatís, sobre os fenômenos mediúnicos relatados pela Bíblia, citamos Lucas, cap.24, v. 37, no qual se comprova também a vidência dos apóstolos à guisa de "médiuns espíritas", em que se diz: "Mas eles (os apóstolos) após a ressurreição do Mestre, achando-se perturbados e espantados, cuidavam que viam algum espírito". Isso prova que há muito tempo os apóstolos já viam espíritos, pois doutro modo eles não poderiam pressupor um fato possível se já não o conhecessem anteriormente.

2.
Algumas observações sobre os médiuns*

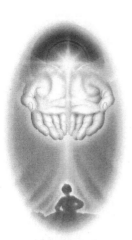

PERGUNTA: — *Considerando a vivacidade, a presteza e a segurança do vosso médium atual, que também atende nas mesmas condições ao receituário mediúnico; e já havendo conseguido curar enfermidades gravíssimas nessa tarefa terapêutica, indagamos: — a sua mediunidade é apenas intuitiva?*

RAMATÍS: — Conforme já explicamos em obra anterior, o nosso sensitivo tem plena consciência das idéias que lhe transmitimos; e em virtude de uma perfeita e recíproca sintonia ou afinidade entre nós, ele redige as nossas mensagens e o receituário mediúnico com presteza e fidelidade, podendo mesmo interromper a comunicação durante alguns momentos e atender a outros serviços ou obrigações profanas; e depois retornar a psicografar, sem que isso afete os resultados da sua tarefa mediúnica. Porém, o que ele prescreve é quase sempre medicação homeopática de seu conhecimento, pois sendo médium intuitivo, mas consciente, ele não pode indicar remédios que desconheça. E os terapeutas desencarnados cingem-

---

* Nota do Médium: Em face da enorme quantidade de cartas a nós dirigidas, cujos missivistas solicitam que a nossa mediunidade também seja explicada no campo do receituário mediúnico, sentimo-nos no dever de solicitar a Ramatís suas considerações sobre o assunto que se enfeixa no presente capítulo. Alguma cousa ele já disse em obras anteriores; mas agora aborda outros aspectos. Aliás, recomendamos ao leitor o exame do capítulo XI da obra *Mediunismo*, onde Ramatís aborda o tipo de nossa mediunidade de modo a auxiliar os médiuns intuitivos e inspirativos, para lograrem mais êxito e segurança no desempenho do seu serviço mediúnico.

-se, naturalmente, aos remédios cujos nomes estão decorados ou averbados em sua mente.[1]

Através do contacto perispiritual, às vezes superamos a sua receptividade mental, fazendo que ele funcione como um receptor e nós como o transmissor telepático. Embora o fenômeno ocorra entre um espírito desencarnado e outro encarnado, a sua eficiência é igual à obtida entre vós, por dois exímios telepatas.

No entanto, a mediunidade de maior amplitude no sensitivo é a da "transmentação", denominação feliz de conhecido escritor espírita ainda encarnado.[2]

No caso em apreço, nós não falamos propriamente ao ouvido físico do nosso médium, mas, sim, por conjunção mental, exceto em algumas ocasiões muito raras, em que atuamos de modo semiconsciente. Quando se trata de receituário mediúnico, o espírito receitista escolhe no arquivo mental do médium a medicação que julga mais apropriada para o consulente. Então, atendendo a essa intuição mais forte, sobre determinado remédio, o sensitivo escreve na receita justamente o nome do mesmo.

É um tipo de mediunidade cujo maior êxito e amplitude depende, essencialmente, de estudo incessante, libertação das algemas da ortodoxia religiosa; ausência de idéias preconcebidas

---

[1] Nota do Médium: Realmente, durante o receituário mediúnico, aflora-me de modo indiscutível o nome da medicação escolhida pelos médicos homeopatas desencarnados, que operam comigo; porém, trata-se de medicação que eu conheço. À medida que amplio o meu arsenal de medicamentos homeopáticos, verifico que também cresce o êxito do meu receituário mediúnico.

[2] Nota do Médium: Edgard Armond, cap. "Transmentação", pág. 58, da obra *Mediunidade*, 9ª edição, da Lake, cujas características transcrevemos abaixo:
1º) não há transmissão telepática, como ocorre nas formas conscientes e semiconscientes já estudadas;
2º) não há incorporação física, como exteriorização do Espírito do médium, como ocorre na forma inconsciente;
3º) não é indispensável a presença do Espírito comunicante que, às vezes, atua a distância;
4º) o médium não perde sua capacidade ambulatória nem há inibição de qualquer natureza para o lado do seu corpo físico;
5º) o médium não é submetido a sono sonambúlico e nenhuma interferência anímica se pode dar;
6º) opera-se uma substituição, ou melhor, uma sobreposição da mente individual do médium pela do Espírito comunicante, que fica, assim, com inteiro domínio físico do médium, pelo comando dos centros cerebrais e anímicos.
Torna-se, portanto, evidente que, para esta forma de mediunidade, exigem-se médiuns dotados de sensibilidade apurada e de perfeito equilíbrio psíquico. É uma mediunidade de exceção ou mais comum entre artistas, pintores, músicos, poetas e outros cuja função é produzirem obras destacadas, de caráter universalista.

ou de prevenção contra esta ou aquela doutrina espiritualista.

O médium "transmentativo", estudioso e avesso ao sectarismo, é de espírito idêntico ao dos artistas, músicos ou pintores, cuja mente se entreabre para todas as expressões da vida; e, por isso, pode dispensar os recursos das concentrações especiais ou "correntes psíquicas", como garantia de sucesso em seu intercâmbio conosco. Nos momentos de psicografar, o nosso médium procura sintonizar-se o melhor possível à nossa faixa vibratória. Então, ele obtém de nós as melhores elucidações possíveis às perguntas que redige; permitindo-nos também associar novas indagações, às quais nós mesmos respondemos, a fim de que a questão em foco seja esclarecida sem dar lugar a quaisquer dúvidas.

PERGUNTA: — Qual o motivo mais importante, da parte do vosso médium, nesse gênero de mediunidade "transmentativa", que lhe tem permitido receber um conjunto de comunicações valiosas, abordando problemas invulgares, cujo racionalismo, no entanto, pela sua lógica convincente, está despertando interesse em diversos países?

RAMATÍS: — O nosso sensitivo, após constantes meditações, durante alguns anos, subordinou a sua faculdade mediúnica de psicógrafo a um caráter panorâmico, impessoal e didático, desinteressando-se de enveredar pelos meandros de feição individual ou pela curiosidade tão ao gosto dos terrícolas. O seu trabalho tem, pois, a finalidade essencial de captar mensagens espirituais de interesse para a humanidade, ou seja, ampliar o campo ideológico de todos os homens, no sentido de interessá-los nos problemas da vida do espírito imortal.

O nosso médium é um sensitivo de intuição consciente; portanto não pode exprimir-se ou escrever na mesma grafia que os "mortos" adotavam quando viviam na matéria. No entanto, a sua mediunidade, repetimos, permite-lhe captar toda a substância das idéias que projetamos na tela da sua mente. Porém, como a singularidade das nossas revelações ou problemas contradizem certas premissas da vossa ciência e contrariam dogmas seculares do sectarismo religioso, é muito sensata a sua atitude de submeter nossos comunicados a uma revisão de coordenação lógica e máxima clareza expositiva feita por outrem que também disponha de certa receptividade às nossas induções e, além disso, expresse o nosso intuito fraterno de fazer que o leitor, ao considerar as facetas dos nossos estudos, não se limite à "vantagem" de haver tomado conhecimento de novas revelações, mas apreenda e sinta que o objetivo essencial das mesmas é despertar-lhe a consciência de modo que, ante a luz de novos horizontes, o seu espírito se apure em sentimentos e virtudes que o integrem, cada vez mais, no roteiro do Evangelho de JESUS!

Aliás, todo médium deve auscultar e submeter a certo controle os "produtos" da sua mediunidade. Mesmo porque nenhum sensitivo mediúnico está absolutamente imune de ser mistificado, pois do "lado de cá" também existem consumados "prestidigitadores" de fenômenos psíquicos e hábeis sofistas da palavra falada e escrita, capazes de iludirem o médium de boa-fé e conduzi-lo a certos equívocos.

Não contestamos que o nosso médium também incorra em deficiências. Às vezes também se julga autor das idéias e dos pensamentos que registra no papel, descrendo, assim, de terem sido inspirados por nós. Noutros casos, ele se crê um plagiário por associar assuntos de obras alheias que já leu; e quando tal acontece, ao recordar-se onde "ouviu ou leu" aquilo que lhe ditamos, ele sente-se amargurado. Ignora, no entanto, que nós mesmos, os desencarnados, nada criamos de novo no Cosmo. Nós apenas damos curso às concepções e conhecimentos dos nossos antepassados, vestindo suas idéias com a roupagem da época atual. Somos, por vezes, uma espécie de lente ampliadora das idéias daqueles que nos precederam, tal qual eles, por sua vez, já o foram de seus antecessores.

Porém o nosso médium, ao examinar, posteriormente, o que escreve sob nossa intuição, verifica haver tratado de assuntos que lhe são desconhecidos e ter aduzido conclusões até opostas à sua opinião.

À semelhança da bolota, que se desenvolve no solo sujeita a crescer naturalmente por efeito da sua dinâmica genética, ele sabe que se cultivar cuidadosamente a sua faculdade mediúnica, então também conseguirá tornar-se uma espécie de carvalho generoso, cuja sombra amiga beneficiará muitos viandantes necessitados de repouso.

Assim como o modesto veio d'água, nascido e vertido da encosta do Peru, depois de sulcar prodigamente o extenso solo ressequido por onde passa e contornar obstáculos imensos, transforma-se no caudaloso Amazonas, o médium também precisa transpor e vencer as pedras que surgem no caminho do seu aprendizado e aperfeiçoamento mediúnico. No entanto, se quiser vencer mais facilmente as decepções, os desânimos na sua caminhada evolutiva sobre a face do planeta, o talismã milagroso para conseguir esse objetivo é integrar-se, de alma e coração, no roteiro luminoso do Evangelho de JESUS!

Constitui um caso muito raro o do médium que pode exercer diversas faculdades ao mesmo tempo,[3] pois a sua maioria compõe-se de intuitivos. Assim, no caso do receituário, o nosso sensitivo também só atende nos limites que não ultrapassem a sua capacidade mediúnica consciente, conjugado à bagagem terapêutica que é de seu conhecimento, pois não sendo médium mecânico, sonambúlico ou de incorporação, ele não pode receitar medicações que lhe sejam desconhecidas nem fazer diagnósticos de profundidade.

No caso do médium mecânico, os espíritos terapeutas acionam o braço do médium à altura do seu plexo braquial e trabalham movendo-o como se ele fosse uma espécie de caneta "viva", podendo, então, receitar sem utilizar como veículo o cérebro humano. Quanto ao nosso sensitivo, seus sucessos terapêuticos são devidos mais propriamente ao treino e à confiança que já adquiriu no intercâmbio conosco. No entanto, ele seria improdutivo e claudicante na sua função mediúnica, caso pretendesse solucionar problemas e assuntos particulares dos seus comunicantes ou dos consulentes terrícolas.

PERGUNTA: — Desde que o vosso médium é apenas intuitivo consciente, então qual é o segredo do sucesso de vossas mensagens, que retratam um estilo, conhecimentos e concepções muito além da sua capacidade e cultura? Conhecemo-lo em suas deficiências humanas e sabemos da sua incapacidade para discernir e redigir dissertações a respeito de certos problemas bastante complexos, que constam das

---
[3] Nota: Cremos que Chico Xavier, foi o médium que melhor se ajustou a essa enunciação de Ramatís.

diversas obras já editadas sob vosso nome.

RAMATÍS: — Tal resultado é fruto de disciplina, estudo, devotamento e trabalho incessantes. Durante o contacto perispiritual a sua receptividade mental, sintonizando-se à nossa freqüência vibratória, faz que o seu trabalho psicográfico deslize com firmeza. É, enfim, um veículo que não nos opõe qualquer resistência. E sua confiança absoluta nas respostas que lhe transmitimos também contribui para a perfeição da sua tarefa e da nossa. Ele escreve de acordo com a sua grafia comum e veste nossos pensamentos com o vocabulário de seu conhecimento e sem trair a nossa idéia.

O médium intuitivo é algo semelhante a um vidro colorido, pois dá a sua cor própria à luz que transmite. Tal qual o pintor experiente e devotado, o nosso médium usa das "tintas" do mundo material para reproduzir os quadros que projetamos em sua mente perispiritual. Aliás, muitos médiuns de bom quilate espiritual estiolam suas faculdades pelo temor de serem mistificados ou recuam diante do serviço muito antes de alcançarem o domínio completo da sua capacidade mediúnica. Entretanto, o caminho seguro para o médium intuitivo desenvolver essa faculdade é a perseverança, o estudo e o anseio de querer ser útil na evangelização da humanidade. Aguardar o "milagre" da perfeição mediúnica, obtendo-a de um jato, isto não é possível, pois a subida dos degraus da evolução exige esforços próprios.

3.
Novos aspectos da saúde e das enfermidades*

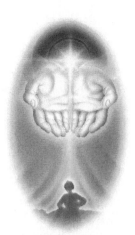

PERGUNTA: — Que dizeis sobre a saúde física e a saúde espiritual, quanto à sua estreita relação ou dependência recíproca durante a vida do espírito encarnado?

RAMATÍS: — A Administração Sideral classifica como virtudes todos os pensamentos e atos dignos e nobres que o homem pratique; e como pecados, todos os seus pensamentos e atitudes opostas ou contrárias ao bem.

Considerando, então, que, todos os atos têm como causa ou matriz, o pensamento (do espírito), torna-se evidente que os pecadores são enfermos da alma.[1] E, ao contrário do que estabelece a ética da maioria das religiões, as suas transgressões não ofendem a Deus; mas a eles próprios, exclusivamente.

Sob tal contingência, o organismo carnal que a generosidade do PAI faculta ao espírito para redimir-se, sofre o impacto compulsório de enfermidades cruciantes, pois o corpo humano até mesmo depois de "cadaverizado" é uma espécie de

---

* Nota de Ramatís: Perdoe-me o leitor mais esta digressão sobre a saúde e a enfermidade, assunto já abordado em nossas obras anteriores, mas o Alto recomenda que devemos insistir em indicar aos terrícolas quais são as causas mórbidas ocultas e responsáveis pela sua própria desventura no mundo físico. Já é tempo de o homem certificar-se e convencer-se de que a saúde do seu espírito imortal é que regula e mantém o equilíbrio da saúde do corpo físico transitório. Aliás, na velha Grécia, de Sócrates, Apolônio de Tyana, Platão, Pitágoras e outros renomados pensadores helênicos, já se encarava seriamente o conceito de "alma sã em corpo são", como uma advertência da influência benfeitora ou maléfica, que a mente exerce sobre o organismo carnal.

1 — Nota do Médium: Vide capítulos "A Saúde e a Enfermidade" e a "Influência do Psiquismo nas Moléstias Digestivas", da obra *Fisiologia da Alma*, de Ramatís.

"fio-terra" a descarregar na intimidade da terra a "ganga" de fluidos tóxicos que estava aderida à contextura delicadíssima do perispírito.

Durante os momentos pecaminosos, o homem mobiliza e atrai, do mundo oculto, os fluidos do instinto animal, os quais, na sua "explosão emocional", convertem-se num resíduo denso e tóxico, que adere ao corpo astral ou perispírito, dificultando então ao homem estabelecer ligação com os espíritos do plano superior, devido ao abaixamento da sua vibração mental. E se ele não reage, termina por embrutecer-se. Porém, mais cedo ou mais tarde, a consciência do pecador dá rebate; e então, o espírito decide recuperar-se e alijar a "carga tóxica" que o atormenta. Mas, nesta emergência, embora o pecador, já arrependido, esteja disposto a uma reação construtiva no sentido de purificar-se, ele não pode subtrair-se aos imperativos da lei cármica (causa e efeito) do Universo Moral, ou seja: — a recuperação da saúde moral do seu espírito enfermo só poderá ser conseguida mediante aquele esmeril que se chama Dor e o lapidário que se chama Tempo. E, assim, como decorrência de tal determinismo, o corpo físico que ele veste agora, ou outro, em reencarnação futura, terá de ser, justamente, o dreno ou válvula de escape para expurgar os fluidos deletérios que o intoxicam e o impedem de firmar a sua marcha na estrada da evolução.

As toxinas psíquicas, durante a purificação perispiritual, convergem para os tecidos, órgãos ou regiões do corpo; mas insistimos em explicar que esse expurgo deletério, processado do perispírito para a carne, produz as manifestações enfemiças de acordo com a maior ou menor resistência biológica do enfermo. Entretanto, os técnicos do Espaço podem acelerar ou reduzir o descenso dos fluidos mórbidos, podendo também transferi-los para serem expurgados na existência seguinte ou então serem absorvidos nos "charcos" do Além, se assim for de conveniência educativa para o espírito em prova. De qualquer modo, a provação será condicionada ao velho provérbio de que "Deus não dá um fardo ou uma cruz superior às forças de quem tem de carregá-la".[2]

---

[2] Nota do Médium: A respeito desse provérbio popular, os espíritos relatam a história de certa mulher que, depois de admitida à presença do Anjo do Destino, queixou-se amargamente da injustiça de Deus, por fazê-la carregar, na Terra, uma cruz de peso superior às suas forças. Atenciosamente, o Anjo mandou-a entrar no

PERGUNTA: — *Poderíeis explicar-nos mais algumas fases desse expurgo de fluidos psíquicos, que aderem ao perispírito depois dos descontroles do espírito?*

RAMATÍS: — Embora a tradição católica tenha criado a idéia de um inferno incompatível com a bondade de Deus, mais tarde os próprios autores dessa lenda religiosa amenizaram a punição infernal, criando um purgatório, ou seja, uma estação de fogo expiatório, entre o céu e o inferno. Conforme explicam os dogmas católicos, os pecadores lançados no inferno jamais se livrarão do fogo eterno, enquanto os condenados às chamas do purgatório são mais felizes, pois gozam de "sursis" concedido por Jesus, depois dos insistentes pedidos e apelos de Nossa Senhora, ou então, se libertam mediante o número de missas rezadas na Terra pelos sacerdotes católicos. Enquanto não há nenhuma possibilidade de fuga ou de perdão para o pecador condenado ao fogaréu infernal, as almas do purgatório terminam alcançando o céu assim que cumprirem as penalidades de suas sentenças ou se beneficiarem pela recomendação oficial do Clero do mundo terreno.

Embora a mente fantasiosa dos sacerdotes ou líderes católicos considere o inferno e o purgatório locais adrede preparados para as almas dos homens expiarem os seus pecados do mundo, ambos os casos simbolizam as situações e os efeitos que o homem vive em si mesmo depois de pecar, ante a necessidade de expelir para a carne os resíduos psíquicos venenosos, que acumulou no seu perispírito.

Nessa vertência cruciante de venenos para a matéria, que os hindus chamam a "queima do carma", a dor atroz escalda a carne e a febre ardente incendeia o sangue, criando na mente humana a idéia do purgatório ou do inferno, cujo fogo corresponde ao estado de comburência psíquica durante a purificação perispiritual. Em conseqüência, o espírito já vive na Terra o seu purgatório, cujo fogo pungente queima-lhe a carne no alastramento da doença, seja o câncer, a morféia, a tuberculose

---

recinto onde se guardavam os modelos de todas as cruzes destinadas aos encarnados e autorizou que ela escolhesse a cruz que mais lhe conviesse. Depois de experimentar diversas cruzes nos seus ombros frágeis, a mulher, satisfeita, escolheu a que ela julgou melhor e mais adequada para carregar dali por diante. Diz a história que o Anjo, em seguida, mandou-a ler o nome da pessoa que deveria carregá-la; e, então, com grande espanto, a mulher identificou nela o seu próprio nome.

ou o "pênfigo selvagem", provenientes da drenação incessante dos tóxicos nocivos à estrutura da sua personalidade espiritual.

No entanto, há certa equivalência na concepção do purgatório católico, pois, na realidade, o homem que não consegue eliminar toda a carga fluídica deletéria do seu perispírito através do corpo físico, às vezes precisa aceitar o recurso extremo de purgar o saldo pernicioso nos charcos ou pântanos saneadores, de absorvência drástica, que existem no Além-túmulo.

PERGUNTA: — *Poderíeis explicar-nos alguns pormenores dessa purgação perispiritual nos pântanos ou charcos absorventes do Além-túmulo?*

RAMATÍS: — Quando o espírito não consegue expurgar todo o conteúdo venenoso do seu perispírito numa só existência física, ele desperta no Além sobrecarregado de magnetismo primário, denso e hostil. Em tal caso, devido à própria "lei dos pesos específicos", ele cai nas zonas astralinas pantanosas, ou seja, no reservatório oculto das forças instintivas responsáveis pela vida animal.

Depois de atraído para esses pântanos do astral inferior, onde predominam em contínua ebulição as energias primárias criadoras do corpo animal, ele é submetido à terapêutica obrigatória de purgação no lodo absorvente, embora tal processo lhes seja incômodo, doloroso e repugnante. Sob esse tratamento cáustico da lama astralina absorvente, eles se libertam, pouco a pouco, das excrescências, nódoas, venenos e das "crostas fluídicas" que nasceram no seu tecido perispiritual por efeito dos seus atos pecaminosos vividos na matéria. Embora sofram muitíssimo nos charcos astralinos, isso os alivia da carga mefítica acumulada na Terra, assim como o seu psiquismo enfermo, depois de chicoteado pela dor cruciante, desperta e corrige-se para viver existências futuras mais educativas ou menos animalizadas.

Tanto a Terra quanto o mundo astral que a rodeia e a interpenetra por todos os poros, são palcos de redenção espiritual para os espíritos enfermos livrarem-se dos detritos mórbidos produzidos pelas suas imprudências pecaminosas. Os charcos do astral inferior lembram os recursos de que se servem alguns institutos de beleza, na Terra, quando também usam a lama terapêutica para limpar a pele das mulheres e remover-lhes certas nódoas ou manchas antiestéticas. Há, também, certa analogia desses pântanos astralinos com a natureza absorvente de um tipo de barro e de areia terrena, que habitualmente são usados no processo de imersão dos enfermos para o tratamento do reumatismo.[3]

A verdade é que o homem é o autor exclusivo de sua glória ou desdita. O céu e o inferno não passam de suas criações íntimas e de acordo com o seu próprio comportamento espiritual. Mas o pecador pode ressarcir-se rapidamente dos pecados de sua vida atual ou pregressa, desde que se devote, em definitivo, à prática das virtudes recomendadas por Jesus, as quais dispensam o uso das energias animais adversas e livram o espírito das purgações dolorosas que se fazem através do corpo de carne ou nos charcos corretivos do Além-túmulo.

Daí o motivo por que o Evangelho ainda é o compêndio de terapêutica mais certa para o espírito encarnado recuperar a saúde espiritual, uma vez que Jesus, o seu autor, além do mais sábio dos homens e o mais digno instrutor moral da humanidade terrena, foi, também, o Médico inconfundível das enfermidades do espírito.

PERGUNTA: — Conforme temos lido em certas obras mediúnicas, os bons espíritos sempre procuram livrar dos charcos os pecadores que ali sofrem. Porventura isso não elimina a tese de que os pecadores, com saldo de fluidos tóxicos provindos da Terra, precisam submeter-se ao processo do lodo terapêutico absorvente, para sua purificação? Quer-nos parecer que a sua libertação prematura, dos charcos, dispensa-os de tal necessidade levada ao extremo. Não é assim?

RAMATÍS: — Os espíritos socorristas só retiram dos charcos purgatoriais os pecadores que já estão em condições de uma permanência suportável nos postos e colônias de recuperação perispiritual adjacentes à crosta terráquea. Assim como o homem sujo e encharcado de lama não gozará de conforto entre os lençóis alvos de um leito principesco, os espíritos saturados

---

3 Ramatís provavelmente refere-se às "areias monazíticas" que se acumulam prodigamente nas orlas marítimas do Espírito Santo e realmente têm curado inúmeras enfermidades de natureza reumática.

de venenos perispirituais também não serão venturosos pela sua transferência prematura dos pântanos repugnantes para as regiões paradisíacas!

PERGUNTA: — Poderíeis mencionar quais os estados pecaminosos mais responsáveis pela convocação de energias primárias e daninhas, que depois enfermam o homem pelas reações do seu perispírito contra a carne?

RAMATÍS: — São as atitudes e estados mentais "antievangélicos" denominados "pecados", conforme é da tradição católica ou protestante. Citaremos como principais, o orgulho, avareza, ciúme, vaidade, inveja, calúnia, ódio, vingança, luxúria, cólera, maledicência, intolerância e hipocrisia; ou então de amargura, tristeza, amor-próprio ofendido, fanatismo religioso, ociosidade, prepotência, egoísmo, astúcia, descrença espiritual; ou, ainda, as consequências nefastas das paixões ilícitas ou dos vícios perniciosos.[4]

Conforme a natureza mais ou menos grave desses pecados, o homem também usa maior ou menor cota de energias provindas das regiões ocultas da vida animal; disso resultam-lhe, também, alterações correspondentes na sua saúde corporal, produzindo-se os surtos enfermiços, agudos ou crônicos. Aquele que ofende a sua própria integridade espiritual, também deve suportar os efeitos indesejáveis do expurgo dos resíduos deletérios provindos de sua infração pecaminosa, assim como o embriagado há de sofrer os efeitos molestos dos venenos alcoólicos que ingere durante a sua imprudência. Em suma: quando o homem peca, ele aciona pensamentos ou emoções de baixa freqüência vibratória e impregnados do magnetismo denso e agressivo das subcamadas do mundo oculto. Depois que tal energia inferior filtra-se pela mente alterada ou flui pelo corpo astral perturbado, ela assume um aspecto mórbido ou constitui-se numa combinação "quimiofluídica" tóxica e ofensiva ao perispírito do homem.

---

[4] Nota do Médium: Observe-se que Ramatís fez questão de mencionar todos os pecados mais graves à nossa integridade espiritual, enquanto, nas entrelinhas e para bom entendedor, ele adverte a cada leitor do seu provável pecado ou defeito, que pode lhe amargurar a existência pela mobilização de fluidos perniciosos e enfermiços. No entanto, em oposição a essa "tabela de pecados", Ramatís tem-nos elucidado quanto às virtudes que devem ser cultivadas para a nossa melhor graduação espiritual.

PERGUNTA: — *Poderíeis dar-nos um exemplo comparativo extraído da própria vida material, para elucidar melhor esse assunto?*

RAMATÍS: — Em rude analogia, diríamos que os pecados exigem um combustível pesado, de odor desagradável e resíduo denso, algo semelhante ao óleo cru usado nos motores de explosão, enquanto as virtudes requerem apenas energia sublimada, de fácil volatilização, tal qual o motorzinho elétrico, que se move com a carga de 110 volts sem deixar vestígios residuais.

Isso também sucede de modo algo parecido com o residual fluídico inferior, que resulta dos pecados do homem, quando, depois de imantar-se à tessitura apurada do perispírito, precisa ser expurgado para a carne. No entanto, a energia dos fluidos ou vibrações emitidas pelas virtudes como o amor, a ternura, a alegria, a mansuetude, a humildade, o perdão, o altruísmo, a benevolência, a filantropia, a castidade e outras, não deixam no perispírito quaisquer resíduos que precisem ser drenados para o corpo, sob o processo doloroso das enfermidades. Já o fluido grosseiro e hostil, procedente dos instintos da vida animal, torna-se virulento; e depois, quando baixa para a carne, aloja-se na pele, causando chagas, afecções cutâneas ou eczemas; e se, no seu curso mórbido, depara com órgãos ou região orgânica mais debilitada, então se condensa e se aloja, seja no pulmão, no intestino, no pâncreas, no fígado, rins, estômago, no baço, nos ossos, ou mesmo no sistema linfático, endócrino ou sanguíneo.

Há criaturas que são vítimas de graves urticárias ou de manifestações eczemáticas após violenta discussão; noutras, a pele se pontilha de manchas escuras ou pretas, a que o povo atribui os efeitos das "doenças do coração". Em algumas, a pele muda de cor, torna-se úmida, excessivamente seca ou esfarela-se; às vezes, é demasiadamente sensível sob o mais leve toque; doutra feita, a epiderme mostra-se apática a qualquer contacto exterior. Tais sintomas cutâneos também podem depender da diversidade dos estados psíquicos do homem atrabiliário, perverso, ciumento ou colérico. A pele humana é como a tela viva a refletir para o exterior do mundo físico as condições íntimas, do próprio ser. Aliás, os modernos dermatologistas hindus, familiarizados com os ensinamentos ocultos, já conseguem identificar as causas boas ou más, responsáveis pelas afecções cutâneas dos seus pacientes, motivo porque eles também os doutrinam, em espírito, mostrando-lhes a necessidade de harmonia psíquica para lograrem a cura mais breve.

Em verdade, as energias primárias ou instintivas do mundo animal encontram-se adormecidas na intimidade da própria alma porque se trata do residual de forças que já lhe serviram quando da estruturação do corpo físico.

Os "pecados", ou seja, as atitudes, os pensamentos ou as emoções de ordem animal despertam essas forças e as excitam, fazendo-as aflorar à superfície do perispírito. Embora o termo não se ajuste perfeitamente à nossa idéia, diríamos que esses fluidos vigorosos e elementais terminam por "coagular" na intimidade do perispírito quando inflamados pelos impactos de emoções deprimentes e violentas.

PERGUNTA: — Esse residual psíquico e tóxico do homem e que, depois, adere ao perispírito, é carga proveniente dos seus pecados cometidos na existência atual ou também é herança mórbida de suas vidas pretéritas?

RAMATÍS: — A carga fluídica nociva aderida ao perispírito, tanto é decorrente da existência atual, como também resulta de herança deletéria que o espírito não pôde expurgar completamente pelos corpos de suas vidas anteriores, nem expelir, de todo, nos charcos absorventes do Além-túmulo. Se os vossos médicos fossem clarividentes, conseguiriam penetrar na intimidade psíquica do homem e certificar-se da presença desses fluidos primários, os quais, excitados por emoções agudas ou desatinadas, podem resultar em conseqüências fatais.[5]

---

[5] Nota do Médium: Em Curitiba, na Travessa Oliveira Belo, tivemos a triste surpresa de ver um nosso amigo cair ao solo, morto por uma síncope devido a uma acalorada discussão com um seu adversário político. Outro caso foi o da Sra. H. S. M., residente em nosso bairro, a qual, após violenta discussão com a sogra, a quem ela odiava, tombou, fulminada por um colapso cardíaco.
Há também o caso dos torcedores fanáticos pelo futebol, fulminados, às vezes, nas próprias arquibancadas dos estádios, conforme sucedeu em 1954 quando o Brasil perdeu o campeonato mundial. Ocorrem-nos ainda diversos casos idênticos quando, há muitos anos, se realizou em New York a luta de boxe entre Joe Louis (a Pantera Negra) e o lutador alemão Schmeling. Entre os espectadores que acompanharam, pela televisão e pelo rádio, esse combate, ocorreram nada menos de 35 mortes por efeito de ataques cardíacos.
O que deixamos referido demonstra que todo o impacto emocional descontrolado e supercarregado de magnetismo efervescente constitui um perigo para a integridade

PERGUNTA: — *Considerando o que já tendes explicado, deduzimos que existem vírus eletivos para cada espécie de fluido psíquico nocivo; e, por sua vez, cada "tipo" de pecado também produz um fluido mórbido específico. Não é assim?*

RAMATÍS: — Realmente, cada pecado produz um fluido mórbido específico e também existem vírus eletivos aos mesmos. Por exemplo: — Os fluidos pecaminosos que a alma já traz aderidos ao seu perispírito desde suas existências pregressas, e que são resultantes dos pecados da calúnia, da vingança, do ódio, da crueldade e de atitudes demoníacas, que resultam em desgraças para o próximo, ao serem expurgados para o corpo carnal, são focos deletérios que nutrem o ultravírus causador do câncer, ainda não identificado pela vossa medicina. Trata-se de um residual fluídico tóxico e avassalante, cuja ação é lenta mas implacável, pois às vezes fica incubado no perispírito durante séculos até ser expurgado definitivamente através da carne.

É uma "carga" funesta que faz o espírito sofrer atrozmente no Além-túmulo, requerendo, quase sempre, a intervenção dos psicólogos siderais, no sentido de ser provocado um "despejo" mais intenso, que consiga aliviar o perispírito. Então, quando se processa essa descarga para o corpo físico, o seu impacto ataca o núcleo das células tenras, em crescimento, deformando-lhes a estrutura vital e fisiológica e predispondo-as a deformações horríveis e bastante dolorosas, embora sem denunciar focos parasitários.

Durante o alastramento indiscriminado desse residual mórbido, que alimenta o ultravírus cancerígeno, surgem ou formam-se tumores malignos, conhecidos da medicina por sarcomas, epiteliomas ou neoplasmas, porque destroçam o tecido epitelial ou conjuntivo. E se ataca a medula óssea pelo fenômeno da hiperplasia, então resulta o aumento dos glóbulos brancos no sangue, dando causa à temida leucemia, ainda incurável. No entanto, apesar da diversidade de tais manifestações, é sempre a mesma energia tóxica do vírus cancerígeno, também ainda inacessível às pesquisas e identificação dos vossos laboratórios.

De forma idêntica, o homem que, em existências passadas, mobilizou os fluidos do egoísmo, da cobiça ou da apatia
___
física do homem.

espiritual, alimenta os bacilos de Koch e adquire a moléstia contagiosa da tuberculose, que o obriga a afastar-se da família e a ficar isolado do convívio humano, a fim de sofrer na atual existência, justamente, os efeitos indesejáveis do abandono e do desprezo que também votou ao próximo. A lei é implacável, mas é justa, pois "a cada homem será dado conforme as suas obras", ou a semeadura é livre, mas a colheita é obrigatória!

PERGUNTA: — Mas é fácil comprovar que a medicina já liquidou ou venceu diversas enfermidades que eram tidas como incuráveis, não?

RAMATÍS: — Reconhecemos que, através do extermínio dos vírus identificados pelos vossos laboratórios, a vossa medicina já conseguiu eliminar diversas doenças seculares, e também imunizar o homem contra contágios e recidivas de moléstias perigosas, graças à terapia benfeitora das vacinas. Porém, a cicatrização do terreno mórbido em que o vírus habitualmente se instala e prolifera, isto, só por si, não significa a cura definitiva, caso o enfermo ainda continue a "cultivar" em sua intimidade psíquica os fluidos tóxicos que dão origem à doença. Neste caso, se o enfermo se curar de uma determinada moléstia, os microrganismos patogênicos, enquanto não forem expurgados radicalmente, surgirão de novo, manifestados noutra enfermidade.

Apesar do esforço heróico da vossa ciência médica, no sentido de reduzir as doenças que atacam a humanidade, as suas tabelas patológicas anotam o aparecimento de novas moléstias. A "velha doença" já vencida, tempo depois logra a sua "desforra" e surge sob aspectos novos, às vezes, de maior virulência e de curso etiológico diferente devido a minar outros órgãos do corpo, obrigando então o médico a empreender esforços heróicos e pesquisas exaustivas em busca de identificar a nova causa mórbida. Aliás, de acordo com o conceito da terapêutica moderna, de que "o vírus só se estabelece onde encontra "terreno enfermiço",[6] fica provado que o micróbio é um agente conseqüente,

---

6 Nota do Revisor: Comunicação apresentada pelo dr. W. P. Mowry à Reunião Centenária do "Instituto Americano de Homeopatia", realizada em junho de 1944, na qual ele se referia a pesquisas efetuadas pelos "Institutos de Medicina Experimental" da Rússia, financiadas pelo Governo Soviético, com a conclusão incomum de que "os micróbios acompanham, mas não causam a moléstia". Sobre o assunto, vide o Jornal

pois a sua proliferação só ocorre depois de aparecer a doença".

Os vírus identificados nos laboratórios e responsabilizados por esta ou aquela enfermidade são microrganismos que também "lutam" pelo seu direito à vida e de procriarem no "seu mundo", cumprindo, aliás, as próprias leis do Criador.[7] Por conseguinte, a doença, em geral, é apenas uma condição adequada, que possibilita a tais germens proliferarem além de suas "cotas mínimas", pois eles existem no corpo humano em quantidade inofensiva.

Assim como há criaturas que vivem melhor no litoral, outras em zonas montanhosas ou nas matas, os micróbios também buscam estabelecer-se nas zonas ou setores cujo "terreno e clima" atendam plenamente às exigências nutritivas da sua espécie e de sua proliferação. As enfermidades iniciam, pois, o seu curso mórbido na mente, por emoções violentas subvertidas, salvo quando são oriundas de acidentes ou de deficiências fisiológicas ou anatômicas congênitas.

PERGUNTA: — Que nos dizeis quanto aos recém-nascidos que já vêm à luz do mundo estigmatizados por enfermidades ou deformações físicas, sem, no entanto, haverem pecado?...

RAMATÍS: — Já explicamos que certos espíritos, ao encarnarem-se, já são portadores de "carga fluídica" deletéria acumulada em suas existências pretéritas. Então, ele nasce com o corpo lesado por aleijões ou doenças congênitas, iniciando o seu expurgo saneador desde o berço. Mesmo durante o período uterino e à medida que as energias ocultas se condensam, para materializar o feto na figura humana, pode iniciar-se a "descarga mórbida" do perispírito para o corpo físico ainda tenro, o qual se transforma numa espécie de "mata-borrão" vivo e absorvente das manchas e nódoas existentes no espírito. Inúmeras doenças constitucionais do homem são válvulas de "despejo" ou purgação violenta de fluidos deletérios, que se processa com o objetivo de

---

do Instituto Americano de Homeopatia, de 15 de abril de 1945, e, também, sobre idêntico caso, o *British Medical Journal*, de 23 de junho de 1945.

7 Nota do Médium: Da obra *Instruções Psicofônicas*, ditada a Chico Xavier pelo espírito de Lourenço Prado, escritor espiritualista e autor de vários livros publicados pelo "Círculo Esotérico do Pensamento", extraímos do capítulo XXXVIII, págs. 158 e 160, os seguintes trechos: "Saúde é o pensamento em harmonia com a lei de Deus. Doença é processo de retificá-lo, corrigindo erros e abusos perpetrados por nós mesmos, ontem ou hoje".

possibilitar ao espírito, ao baixar à Terra, livrar-se, quanto antes, das toxinas perispirituais que o tornam enfermo.

PERGUNTA: — E que dizeis das criaturas abnegadas e virtuosas, que desencarnam torturadas por moléstias atrozes, tendo, no entanto, vivido uma existência digna, sem os pecados que dão origem aos fluidos tóxicos das doenças que as vitimaram?

RAMATÍS: — Efetivamente, falecem na Terra muitas criaturas boníssimas, serviçais e abnegadas até ao sacrifício e que, no entanto, são vítimas do câncer, morféia, tuberculose e outras moléstias cruciantes. Contudo, embora tais casos pareçam desmentir a tese das toxinas psíquicas baixadas do perispírito para a carne, tais exceções têm uma justificação. Trata-se de espíritos bastante endividados com a Lei Cármica. E então, atendendo aos conselhos dos seus guias, no sentido de submeterem-se ao sacrifício de uma limpeza drástica dos venenos que lhes intoxicam o perispírito, eles decidem-se a reencarnar, empenhados numa luta de expiação dolorosa na vida carnal, a fim de resgatarem mais depressa as suas dívidas contraídas em existências pretéritas.

Tais criaturas desligam-se dos bens do mundo, geram numerosa prole e, às vezes, até criam filhos alheios, órfãos. Devotam-se febrilmente a tarefas sacrificiais, imolando-se ao holocausto voluntário de servir e amar o próximo sem condições ou interesses secundários. E algumas, mesmo doentes, ainda buscam trabalho ou missões árduas, que causam espanto a quem as observa. Vítimas do câncer ou de quaisquer outras enfermidades cruciantes, tão resignadas e pacientes elas se mostram, que até parecem rejubilar-se ante a sua pesada "via-crucís".[8]

[8] Nota do Médium: Semelhante fato aconteceu com nossa sogra, criatura boníssima, serviçal e devotada ao próximo, mãe de 17 filhos e benfeitora de seus parentes. Vítima de um câncer atroz na bexiga, ela atingiu a sua desencarnação sem pronunciar uma só palavra de rebeldia contra Deus ou a própria vida. À noite, ela sufocava os gemidos para não acordar os familiares que lhe velavam o sofrimento; na hora derradeira de sua desencarnação e depois de tantas dores e padecimentos, só lhe ouvimos, em sinal de queixa contra o seu destino pungente, o seguinte: "Ai, meu Deus! já não suporto mais!" Um mês depois de desencarnada, graças à nossa vidência, pudemos vê-la feliz e radiosa, recortada por extensa aura de um azul-claro translúcido e celestial, cujas fímbrias emitiam reflexos prateados. Sua fisionomia rejuvenescera e o seu físico (obeso) ficara elegante e gracioso. No entanto, mais tarde soubemos que o seu espírito vinha-se preparando para essa prova severa do expurgo do fluido cancerígeno, que ela também mobilizara, no passado, pelo

PERGUNTA: — *Mas o heroísmo e o sacrifício incondicionais na existência humana, em favor alheio, não beneficia o espírito atenuando-lhe as provas atrozes?*

RAMATÍS: — Efetivamente, se a criatura, além de enfrentar a sua prova, ainda vive existência digna e laboriosa, dando tudo de si, em sacrifício incondicional a favor do próximo, ela fará jus ao auxílio dos espíritos assistentes aos que sofrem, os quais lhe amenizarão o sofrimento pela terapêutica magnética, sem, no entanto, anularem a prova a que ela está sujeita, pois trata-se de um resgate cármico. Suavizarão a dor, porém, sem destruir ou impedir o expurgo dos fluidos tóxicos do mal, pois este só pode ser extinto mediante a "limpeza" profilática que o destrua "pela raiz".

Os fluidos de natureza inferior, densos e nocivos, aderidos ao perispírito, são um fardo ou "carga" molesta e perturbadora do metabolismo perispiritual, e têm de ser expurgados através do corpo carnal, que funciona como uma espécie de "mata-borrão" vivo, a absorver esses fluidos venenosos, os quais, dessa forma, são despejados depois, no seio da terra, pela decomposição do cadáver. Mas o homem não deve queixar-se de tais provas dolorosas, pois ele próprio é quem lhes dá motivo. Protestando contra as mesmas, assemelha-se à criança, que, depois de haver atirado brasas incandescentes nos seus companheiros, grita e revolta-se contra o fato de as suas mãos terem ficado queimadas!

A dor e o sofrimento que atormentam o homem durante o período dessa limpeza psíquica não são um castigo determinado por Deus, mas apenas fruto ou efeito da reação natural e própria do tecido carnal afetado pela ação corrosiva de elementos nocivos. No entanto, o objetivo é purificar a alma.

Se o cascalho, a semente de trigo ou os bagos de uva tivessem a faculdade de sentir, decerto também se queixariam ao serem submetidos ao processo de alcançarem melhor pureza ou qualidade, transformando-se, respectivamente, mediante "provas" dolorosas, no cobiçado brilhante, na generosa farinha nutritiva e no vinho delicioso!

A carga fluídica deletéria acumulada no perispírito não

---

manuseio das forças negativas da magia, em prejuízo do próximo. No entanto, a sua redenção fora tão excepcional, que, sob a influência do seu espírito, hoje, sentimos renovar a nossa capacidade de estoicismo para enfrentar as dores do mundo e as vicissitudes morais sem as queixas ou mágoas comuns.

se vaporiza mediante um "passe de mágica". É um expurgo saneador útil ao espírito enfermo, e do qual não escapam a criança, o velho, o sacerdote, o bandido, a santa, a prostituta, o herói ou o sábio, porquanto, se na sua ficha cármica estiver averbado o débito de tal provação, a solução radical para eliminar a doença e obter a saúde é sanear a alma, livrando-a dos venenos psíquicos.

O homem que, num momento de insânia, atira-se ao charco repugnante de um pântano, mesmo que, depois, se arrependa do seu gesto imprudente e se entregue à oração e modifique seu temperamento impulsivo, nem por isso se livra do mau odor do seu corpo enlameado. E o recurso eficaz para ficar limpo é providenciar um banho salutar! Ora, o lodo fluídico do perispírito lava-se no "tanque de lágrimas" do próprio mundo onde foi produzido.

PERGUNTA: — Por que as mesmas energias provindas do instinto inferior, que causam prejuízos ao espírito do homem pecador, não afetam os animais?

RAMATÍS: — Já esclarecemos que esses fluidos primários convocados pelo espírito do homem nos seus momentos pecaminosos são, todavia, energias vitais e próprias da vida instintiva ou animal. Elas são condenáveis e nocivas ao homem porque, sendo ele espírito dotado de razão, que já lhe permite distinguir o bem e o mal, o certo e o errado, deve evitar incorrer em deficiências ou atos paralelos à condição animal. O "pecado", nesse caso, é conseqüência de o homem ainda mobilizar, num estado de vida superior, as mesmas forças que, nos animais, são um estado natural do seu estado evolutivo ainda elementar. Ao selvagem não é pecado ser antropófago, pois ele ainda não possui o discernimento capaz de compreender a ignomínia da ação que realiza sem requintes de maldade; mas o homem civilizado que praticar a antropofagia, será um "pecador" porque esse ato é impróprio e ofensivo ao seu grau espiritual muito mais evoluído, ou seja: — o grau de responsabilidade do indivíduo está na razão direta do seu discernimento intelectual e moral. Sob o mesmo princípio, atualmente, não é pecado os "civilizados" comerem carne, pois o seu instinto biológico, condicionado há milênios, ainda pede essa espécie de alimentação para atender ao seu sustento nutritivo. Entretanto, no futuro, quando o homem tiver adquirido mais alta capacidade moral e espiritual, ele compreenderá que é grave delito devorar a carne de seu irmão inferior.

Eis por que as mesmas forças genéticas que serviram para modelar o corpo de carne do homem das cavernas, como veículo indispensável ao desenvolvimento da sua consciência espiritual, podem causar-lhe distúrbios e doenças, se ele as utilizar agora, em atitudes contrárias à ética de um ser superior. Assim, é natural o animal encolerizar-se, ser cruel, astucioso ou ferozmente egoísta para manter a sua sobrevivência física, porquanto essa sua tara é instintiva, visto ele não ser ainda dotado de raciocínio. Porém, o homem, já consciente de si mesmo na Vida Cósmica, deve repudiar esses impulsos primários do seu ego, que lhe serviram há milênios para a confecção do seu veículo carnal quando ele ainda era um ser ligado ao "espírito-grupo" coordenador da sua espécie.[9]

O homem pecador jamais pode protestar contra o seu sofrimento redentor, pois desde a sua infância sabe que as virtudes pertencem ao mundo angélico e os pecados são próprios do reino instintivo ou animal. Além disso, em todas as épocas, o Alto tem enviado à Terra diversos líderes da espiritualidade superior a fim de ensinarem ao homem e aos povos os caminhos da paz e da fraternidade. Buda, Confúcio, Lao-Tsé, Hermes, Krisna, Zoroastro, Maomé, João Huss, Gandhi, Ramakrishna, Francisco de Assis, Kardec e, acima de todos, o sublime Jesus, há milênios vêm preparando o homem terreno, no sentido de orientá-lo para a sua mais breve libertação da vida animal.

PERGUNTA: — *Mas os animais também enfermam de*

---

[9] Nota do Revisor: Sobre esse assunto algo complexo para os iniciantes do espiritualismo reencarnacionista, vide o seguinte: cap. III, "Ciências Especializadas", pergunta 79, "Como interpretar nosso parentesco com os animais", da obra *O Consolador*, de Emmanuel a Chico Xavier, edição da Livraria da Federação Espírita Brasileira; cap. XI, "Dos Três Reinos", pergunta 592, "Os Animais e o Homem", do *Livro dos Espíritos* de Allan Kardec; cap. XVII, "Sobre os Animais", da obra *Emmanuel*, págs. 87 a 92; Sección VIII, pergunta 163 a 170 de Preguntas Concernientes a los animales, principalmente a pergunta: "Que és un Espíritu-grupo, donde está y a que se parece?", da obra *Filosofia Rosacruz en Preguntas y Respuestas*, edição da Editorial "Cultura", Huerfanos 1165, Santiago de Chile.

moléstias como a tuberculose, o câncer e afecções eczemáticas, sem que, no entanto, se trate de expurgação de toxinas psíquicas sobre o seu corpo físico. Que dizeis?

RAMATÍS: — Não há dúvida de que os animais, embora não produzam toxinas psíquicas próprias do raciocínio ou do sentimento humano perturbado, também podem adoecer de câncer, tuberculose ou afecções graves da pele. Porém, isto só acontece aos que são caçados nas matas e domesticados porque a alimentação que depois lhes é ministrada é imprópria ao seu tipo biológico milenário; e então, produz-lhes graves carências vitamínicas. Além disso, os maus-tratos e as exigências de comportamento que o homem lhes impõe perturbam-lhes os impulsos naturais do seu instinto. O animal segregado do seu "habitat" selvático é compelido a reações irascíveis de ciúme, inveja e agressividade represada. Os diversos estados contraditórios a que ele fica obrigado, sob o comando do homem, atacam o seu "psiquismo elementar" da consciência em formação.

Olhai o cão surrado, de olhar febril, temeroso e farejando as latas de lixo e recuando, em fuga, diante do primeiro homem que lhe surge à frente, pronto a escorraçá-lo a pontapés! Observai os animais de "corte": o carneiro derrama lágrimas sob o cutelo do magarefe; a vaca-mãe chora e lambe o solo, lastimosamente, onde ainda palpita o sangue do vitelo sacrificado; os bois e os porcos gemem, inquietos, nos currais e nos chiqueiros, às vésperas da matança encomendada para empanturrar o ventre insaciável do homem! Os cavalos e os burros servem o ser humano transportando cargas acima de suas forças e vencendo a empreitada compelidos pelo chicote; nas jaulas fétidas dos circos e dos jardins zoológicos, o leão, o tigre, a onça, o urso e o lobo, de olhos torvos, pêlo enfermiço e porte desconexo, giram em círculos, imbecilizados, pisando os alimentos deteriorados e farejando as grades que os separam da desejada liberdade.

Suas energias ocultas e dispostas pela Natureza para uma vida sadia na floresta, perturbam-se sob os impactos antagônicos das adaptações compulsórias, pois o animal domesticado às pressas, sem as graduações coerentes com o seu instinto selvagem, torna-se um desajustado no meio civilizado. Embora concordemos com a necessidade de se domesticarem as feras, beneficiando-as no apressamento evolutivo para condições mais perfeitas, o homem deve desenvolver-lhes essa transformação sem violentar todo o condicionamento biológico do animal. Qualquer mudança "ex-abrupto", ferindo-lhe o instinto e a própria emotividade em formação, mina-lhe o sustentáculo eletrônico das células e o predispõe ao contágio e à invasão dos miasmas enfermiços, que não existem no ambiente das selvas.

Deste modo, enquanto o homem produz um residual tóxico pela sua imprudência espiritual, o animal, confuso pelo comando atrabiliário do civilizado, também agrega fluidos perturbadores à sua estrutura "fisiomagnética", tornando-se vulnerável às investidas de quaisquer vírus eletivos ao terreno mórbido que surgir na sua carne.

Mas o homem paga bem caro a sua negligência espiritual em subestimar o animal — seu irmão inferior — pois ao devorar-lhe as carnes nas mesas festivas ou nos churrascos epicurísticos, herda ou absorve os miasmas do animal abatido, gerados pelos fluidos selváticos no momento da sua agonia e morte sangrenta!

PERGUNTA: — *Qual é a diferença entre a alma ou consciência instintiva do animal, e a consciência espiritual ou psíquica do homem?*

RAMATÍS: — Nenhum ser vivo, na Terra, é "massa" inconsciente absoluta ou pasta nuclear impermeável aos fluidos e às energias do mundo oculto; a sua representação material é apenas uma fugaz aparência da realidade preexistente e modelada no invisível. Embora as aves, os animais ou os insetos não possuam consciência individual já definida, eles estão subordinados ao comando de uma consciência psíquica coletiva, ou grupal, muito conhecida dos teosofistas, rosa-cruzes, ocultistas e iogues, como o "espírito-grupo" diretor e coordenador de cada espécie inferior, em evolução.

A consciência instintiva aprimora-se pouco a pouco pela seleção e graduação do próprio animal na sua escala ascendente, até merecer o equipo cerebral que lhe favoreça atingir o porte humano. Depois de modelar o duplo etérico situado entre si e o corpo de carne, ela afina-se e apura-se, elaborando o veículo astral,[10] que, depois, serve-lhe para manifestar a sua

---

10 Nota do Revisor: O corpo vital ou "duplo etérico", situado entre o psiquismo e

própria emotividade.

Transferindo-se da espécie animal mais primitiva para a imediata mais evoluída, o psiquismo do animal sensibiliza-se na sua contínua ascese e progressão para alcançar o cérebro do selvagem, do hotentote ou do homem da caverna. Atuando através de um sistema anatomofisiológico mais evolvido, é possível à alma instintiva centralizar e memorizar as suas ações e reações durante o intercâmbio com os fenômenos da matéria, aprendendo a mobilizar a substância mental e despertando um entendimento ainda infantil, mas já de ordem racional e progressiva. E, à medida que desenvolve a sua consciência individual, desprende-se gradualmente do comando instintivo do "espírito-grupo" que comanda a sua espécie e que é a fonte primária de sua formação psíquica.

Nesse trabalho árduo, lento e milenário, a consciência instintiva, pouco a pouco, aprende a usar o órgão mental de transição, que, no futuro, lhe dará ensejo para treinar a razão incipiente e assim receber certos delineamentos com circunvoluções fisiológicas condicionadas à estrutura ou constituição do futuro cérebro humano.

PERGUNTA: — Há pouco dissestes que desde o nascimento do homem já existem no seu corpo os micróbios de todas as espécies de doenças, porém, em "cotas-mínimas", ou seja, em quantidade tão reduzida que os torna inofensivos. Poderíeis aclarar-nos melhor o assunto?

RAMATÍS: — A medicina explica em seus tratados didáticos que no organismo do homem já existem, desde o seu nascimento físico, os micróbios, vírus ou ultravírus, capazes de produzir todas

---

a carne do homem ou do animal, e que depois da morte de ambos dissolve-se no meio etereofísico, encontra-se ligado à altura do baço, através do "chakra esplênico", o principal centro de forças etéricas responsável pela purificação sanguínea e absorção das energias do ambiente "fisiomagnético"! O corpo astral ou veículo da emoção, fixa-se no fígado do homem; e, juntamente com o corpo mental, forma o conhecido perispírito da terminologia espírita. Daí, pois, o fato de que as angústias, preocupações, aflições, frustrações, a cólera, o ciúme, a inveja, inclusive os descontroles nervosos, afetam a região hepática à altura do plexo solar ou abdominal. Em face dos desatinos habituais da humanidade terrena, a maioria dos homens sofre do fígado e a sua vesícula é preguiçosa, sendo bastante comum o tradicional tipo hipocondríaco, que vive sob tensão emocional ou abatimento moral, escravo do metabolismo hepático. É por isso que os chineses, na antiguidade, antes dos negócios, quanto às preocupações alheias, num gesto de cortesia, indagavam primeiramente, se o competidor encontrava-se bom da "barriga", ou do fígado!

as espécies de doenças humanas. Porém, graças a essa quantidade ínfima de cada tipo de vírus existente, eles não causam incômodo, doenças ou afecções mórbidas, pois ficam impedidos de uma proliferação além da "cota-mínima" que o corpo humano pode suportar sem adoecer. No entanto, quando esses germens ultrapassam o limite de segurança biológica fixado pela sabedoria da Natureza, quer motivado pelo enfraquecimento orgânico, pelas perturbações psíquicas deprimentes, ou pelo contágio mórbido provindo do exterior, eles proliferam e destroem os tecidos do seu próprio "hospedeiro", resultando então as doenças.

PERGUNTA: — Podeis dar-nos algum exemplo mais específico da ação desses micróbios?

RAMATÍS: — Por exemplo: quando se reproduzem em demasia os bacilos de Koch, além da "quantidade-teto" normalmente suportável pelo corpo humano, a medicina então identifica um processo mórbido anormal, destrutivo e incontrolável, conhecido por tuberculose. Mas a verdade é que os bacilos de Koch, nesse caso, só ultrapassam a sua "cota-mínima" de vida permitida no organismo humano, desde que "algo" oculto, sorrateiro e ignorado a tempo, consiga abastecê-los ou apropriar o terreno para eles violarem a "fronteira" de segurança orgânica fixada prudentemente pelo instinto biológico do seu hospedeiro. Embora o médico, depois, faça a diagnose correta de uma doença chamada tuberculose, resultante especificamente da multiplicação patogênica já conhecida dos bacilos de Koch, o certo é que essa identificação clássica da medicina não basta para eliminar-lhes o alimento oculto, ou seja, o elemento básico responsável pela causa mórbida.

A prova mais evidente de que se trata de uma energia ou fluido mórbido só eletivo ou preferido pelos bacilos de Koch causadores da tuberculose, é que as demais coletividades microbianas continuam a viver no corpo humano em suas "cotas-mínimas" inofensivas, até que também lhes surja o ambiente adequado para proliferarem, dando ensejo a novos quadros enfermiços. Em suma: o morbo fluídico oculto, que serve para nutrir os bacilos de Koch, é prontamente rejeitado pelos bacilos de Hansen ou pelos espiroquetas de Shaudin; é, por sua vez, o alimento que serve de repasto aos últimos torna-se inócuo ou repudiado pelos primeiros.

Embora a doença tuberculose corresponda rigorosamente às minúcias e às pesquisas etiológicas da ciência médica terrena, ela varia em sua virulência e destruição peculiar, de doente para doente; e essa diferença depende muitíssimo do temperamento e das reações emotivas ou do comportamento espiritual do mesmo, inclusive quanto ao seu maior ou menor apego à vida instintiva da matéria. Há "doentes" e não "doenças", conforme é o conceito esposado pela própria medicina, pois enquanto alguns tuberculosos logram sua cura e a rápida calcificação pulmonar, outros menos afetados sucumbem prematuramente, vitimados pelo seu temperamento pessimista e hipocondríaco, que neutraliza ou anula os efeitos benéficos de toda e qualquer medicação curativa.[11]

PERGUNTA: — Em face da complexidade desse assunto, ser-vos-ia possível tecer mais algumas considerações a respeito das causas ocultas, que alimentam especificamente as diversas espécies de micróbios já existentes no corpo humano?

RAMATÍS: — O homem, nos seus momentos de subversão espiritual e conforme o pecado que o domina, também passa a alimentar um tipo específico de vírus, gerando determinada doença que a medicina depois classifica em sua tabela patológica conforme as características etiológicas e a presença virulenta identificada. Enquanto a cólera, a irascibilidade, a violência mental ou emotiva, produzem o campo fluídico mórbido para nutrir e alastrar as afecções cutâneas ou eczemáticas, a maledicência, a calúnia ou a magia mental, verbal ou física, geram tóxicos responsáveis pela vida do ultravírus que produz

---

[11] Nota do Médium: Referendando os dizeres de Ramatís, conhecemos dois casos de tuberculose no círculo de nossa amizade, em que tentamos coadjuvar no tratamento médico à base de estreptomicina, hidrazida e outras medicações apropriadas. O confrade SF, espírita inveterado e otimista, aceitava prontamente os nossos passes, e, por vezes, até relaxava o tratamento médico, merecendo as nossas censuras; ele brincava com sua doença e a encarava de modo inofensivo, convicto dos resultados benfeitores para o seu espírito pecador. Fazia "blague", apresentando-se como "SF, tuberculoso", à guisa de cartão de visita. Finalmente, aquilo que nos parecia excessivamente mórbido e digno de um estudo freudiano, conduziu-o a cura tão rápida, que surpreendeu os próprios médicos. Um outro enfermo, Sr. MBR, vítima de tuberculose menos grave, após o diagnóstico médico emagreceu rapidamente 11 quilos, fugiu da circulação, enterrou-se num quarto e, descrente do nosso conforto espiritual, embora abastecido de medicação maciça da medicina, faleceu 13 meses depois, num estado de abatimento desesperador e sem lograr a mínima calcificação pulmonar!

a moléstia cármica do "prejuízo ao próximo", conhecida como o câncer. Do mesmo modo, a indiferença, a egolatria ou o egoísmo, põem em movimento fluidos perniciosos, que depois adubam o terreno orgânico do homem e o predispõem para as enfermidades contagiosas, tal como a tuberculose.

É óbvio que o doente contagioso é obrigado a isolar-se da própria família e das relações comuns com o público, devendo submeter-se a tratamentos especiais em instituições apropriadas e que o segregam do convívio perigoso para com o próximo. Mas, em verdade, ele apenas colhe os efeitos gerados pelo seu egoísmo e egolatria nas vidas passadas, quando, apesar de boa saúde e posse de suas faculdades normais, preferiu devotar-se com excessivo amor ao seu próprio bem, pouco lhe importando os problemas aflitivos do próximo. De acordo com a lei cármica, de que o "homem colhe conforme a sua semeadura", o doente contagioso, isolado de suas relações com o resto do mundo, é o mesmo espírito egocêntrico e frio que, no passado, viveu exclusivamente em favor dele próprio. Considerando-se que o efeito enfermiço de hoje é o resultado exato de igual causa censurável no passado, o doente contagioso de hoje é aquele que vive obrigatoriamente a mesma condição gerada outrora por sua livre vontade e em desobediência à Lei do Amor e da Fraternidade.

No entanto, a mesma enfermidade corretiva ou redentora pode apresentar-se sob diversos aspectos e sem qualquer modificação no seu foco mórbido, porque isso depende muitíssimo do tipo orgânico ou natureza hereditária ou dos ascendentes biológicos, que o espírito incorpora na sua encarnação purificadora. Assim, o homem que, por efeito de sua herança biológica, nasce com os pulmões enfraquecidos, ou seja, com órgãos físicos mais deficientes, se ele alimentar recalques de egoísmo, egolatria ou fria indiferença para com a dor alheia, também, por equivalência, mobiliza fluidos que se acumulam depois nos pulmões, propiciando o terreno enfermiço para a multiplicação dos bacilos de Koch, além de sua "cota-mínima" inofensiva.

Cada tipo de coletividade microbiana limitada em sua "cota mínima" no corpo humano só prolifera perigosamente depois que recebe o seu alimento oculto, predileto e mórbido, baixado do perispírito devido às mazelas psíquicas da alma.

Tradicionalmente e por um imperativo cármico, o fluido do egoísmo e da egolatria, isto é, o que serve de repasto nutritivo para os bacilos de Koch, quando se expurga do perispírito para a carne "deveria" represar-se exclusivamente nos pulmões, dando curso à conhecida tuberculose pulmonar. No entanto, caso a vítima dessa incursão mórbida fluídica possua os pulmões perfeitos e resistentes a qualquer expurgo deletério do perispírito, a carga nociva então se desvia da área pulmonar e aloja-se no primeiro órgão, tecido carnal ou ósseo, que se apresente mais enfraquecido no corpo físico. Tem, pois, real fundamento o atual conceito médico de que "os micróbios acompanham, mas não causam a doença".

PERGUNTA: — *Que nos dizeis dessas criaturas sumamente sensíveis e admiráveis artistas, que também são vítimas de tuberculose, como no caso de Chopin? Porventura elas sofrem o expurgo de "fluidos egotistas" baixados do perispírito para a carne, quando nos parecem tão altruístas e desprendidas do mundo material?*

RAMATÍS: — Aliás, o tuberculoso típico de outrora consistia numa criatura pálida, febril, que tossia incessantemente; era o doente clássico dos pulmões! Uma espécie de "escolhido" ou predestinado da literatura romântica nos temas prediletos de teatro ou libretos de óperas, como "La Traviata", e "La Bohème", cujas heroínas, Violeta e Mimmi, expiram entre cânticos melodramáticos e tosses convulsas.

Chopin, alma hipersensível e de excessiva agudeza espiritual, foi um dos protótipos de tísicos românticos de outrora, cuja música melancólica e estranha, revela a saudade do espírito exilado ou então o mistério atraente do céu. A sua melodia era como a chama transparente estremecendo sob a brisa triste de um destino amargurado! No entanto, embora Chopin fosse um gênio materializando em sons a linguagem do Éden e a poesia do Além, ele também colhia na tuberculose os efeitos daninhos da excessiva egolatria de suas vidas pregressas, quando, vaidoso do seu talento excepcional, preferiu a "torre de marfim" do egoísmo e repudiou o contacto desagradável com o sofrimento humano! Se ele fosse vítima desse doloroso destino apenas por acidente ou imerecidamente, então Deus seria tão precário na sua justiça quanto a dos imperfeitos códigos humanos.

No entanto, as coletividades microbianas constituem um sustentáculo no seu mundo infinitesimal, para a estruturação da carne, e são também responsáveis pelo próprio vitalismo energético do todo orgânico. Elas encorpam-se, diminuem ou excitam-se, crescem ou adormecem, conforme também varia a conduta psíquica do ser humano, seja ele um Nero ou Chopin, Da Vinci ou Rasputin, Balzac ou Herodes! Cada pecado, já o dissemos, produz ou mobiliza um tipo de fluido mórbido específico, em conformidade com as emoções subvertidas da consciência.

Cada homem possui uma virtude dominante sobre as demais virtudes menores, assim como também é vítima de um pecado mais grave que prevalece sobre os demais pecadilhos inofensivos. Deste modo, o espírito do homem, em sua romagem terrena, pensa, emociona-se e age oscilando entre os extremos da faixa vibratória do "maior pecado" e da "maior virtude"! Sofre, goza, erra, aprende ou corrige-se, conforme o domínio do mais forte pecado que o algema ao "inferno" da consciência torturada, ou o eleva ao "céu" das virtudes angélicas.

PERGUNTA: — *No encerramento deste capítulo, gostaríamos que nos explicásseis por que variam as doenças entre os membros da mesma família, quando todos podem ser vítimas de igual deficiência orgânica biológica ou vulnerabilidade congênita?*

RAMATÍS: — Isso é a prova evidente de que a família humana não é apenas um conjunto de organismos instintivos manifestando as mesmas tendências e ancestrais biológicos, mas, sim, uma reunião de espíritos encarnados no mesmo grupo consanguíneo, diversificando-se pelas virtudes ou pecados, talento ou embrutecimento intelectual, condizentes com os seus graus espirituais.

A configuração carnal da parentela humana é a frágil cobertura das "consciências espirituais" tão diferentes entre si, que até as doenças variam conforme os pecados e as virtudes de cada um. Dar-vos-emos um exemplo rudimentar, porém elucidativo, para melhor raciocinardes sobre os nossos dizeres. Suponde três gêmeos nascidos igualmente com a mesma lesão nos rins, isto é, eles são congenitamente portadores de rins deficientes, e tais órgãos são os mais vulneráveis do seu organismo. Os três gêmeos findam sua existência terrena vitimados pela mesma destruição dos rins, porém, inexplicavelmente, um desencarna de tuberculose renal, o outro de câncer renal e o último de "nefropiose" ou "nefrelcose", isto é, supuração ou ulceração desses órgãos excretores do corpo.

Se os médicos fossem clarividentes e pudessem examinar a estrutura espiritual desses trigêmeos à hora do seu desencarne, eles verificariam, surpresos, que o primeiro falecera de tuberculose renal, porque acumulara nos rins os fluidos do egoísmo e da egolatria expurgados do perispírito e nutritivos dos bacilos de Koch; ao segundo, no entanto, acontecera o mesmo com os fluidos daninhos do pecado da maledicência, calúnia ou de prejuízo ao próximo, que alimentam o ultravírus cancerígeno; o terceiro, enfim, freqüentemente dominado por acessos de ira, cólera ou violência mental, descarregou sua carga mórbida e fluídica nos rins, causando ulceração ou supuração, que iriam culminar em eczemas, chagas, erupções e ulcerações na pele, caso o morbo fluídico atingisse a superfície corporal.

Usando ainda da terminologia médica do mundo e para maior elucidação do nosso exemplo, diríamos que os trigêmeos também poderiam falecer de "nefrorragia" sob os impactos dos fluidos do ódio; de "nefrocistose" sob o pecado do sarcasmo ou do deboche, que alimenta os cistos amebianos; de "nefromalacia", vitimados pelos fluidos da inveja, ou ainda de "nefroplegia", pelos fluidos da luxúria e de "nefroesclerose" do morbo psíquico do ciúme.[12]

---

[12] Nota do Revisor: Nefrorragia, hemorragia renal; nefrocistose, amebiana renal; nefromalacia, amolecimento dos rins; nefroplegia, paralisia dos rins; nefroesclerose, endurecimento dos rins.

4.
A assistência terapêutica dos espíritos e a medicina oficial da Terra

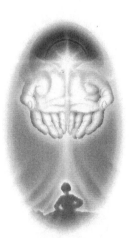

PERGUNTA: — Diversas vezes tendes afirmado que a principal finalidade do espiritismo é "curar" o espírito. Assim, indagamos o seguinte: Porventura os males do corpo físico não merecem que os bons espíritos nos ajudem a curar as doenças que afetam a nossa saúde?

RAMATÍS: — O espiritismo não tem como finalidade principal e urgente curar as doenças do corpo. Embora, sem alarde, coopere nesse setor de ordem humana, o seu objetivo relevante é ensinar, é orientar o espírito, no sentido de libertar-se de seus recalques ou instintos inferiores até alcançar a "saúde moral" da angelitude. Por conseguinte, não pretende competir deliberadamente com a medicina do mundo, conforme pressupõem alguns médiuns e neófitos espíritas.

Se esse objetivo fosse o essencial, então, os mentores que orientaram Allan Kardec na codificação da doutrina espírita certamente ter-lhe-iam indicado todos os recursos e métodos técnicos que assegurassem aos médiuns seguro êxito terapêutico no combate às doenças que afetam a humanidade.

O Alto inspira e coopera nas atividades terapêuticas utilizando os médiuns, mas sem qualquer intenção de deprimir ou enfraquecer a nobre profissão dos médicos, cujos direitos acadêmicos devem prevalecer acima da atuação dos leigos. Se assim não fora, então, a medicina teria de retornar à velha prática do curandeirismo supersticioso do tempo em que se exercia uma terapêutica empírica e um tanto rude.

Embora os espíritos benfeitores auxiliem por intuição os médicos dignos e piedosos, que se devotam a curar o ser humano, deveis considerar que os profissionais da medicina também constituem uma legião de missionários dos mais úteis à humanidade. Mesmo porque tais cientistas, além das suas funções comuns, ainda se dedicam a pesquisar elementos terapêuticos que vençam as moléstias rebeldes, de conseqüências fatais.

Além disso, a montagem de seus consultórios, dispensários ou laboratórios, que exigem gastos vultosos, confere-lhes o direito de se remunerarem de acordo com os seus préstimos e investimentos que são obrigados a fazer, em benefício dos próprios enfermos.

Eis por que o espiritismo não é destinado a concorrer com os médicos terrícolas, nem tem a pretensão de sobrepor-se à sua capacidade profissional. O alívio, o reajuste físico ou as curas conseguidos por intermédio da faculdade mediúnica têm por objetivo principal sacudir o ateísmo do enfermo, despertando-lhe o entendimento para os ensinamentos da vida espiritual.

Aliás, quando Jesus curava os doentes que iam ao seu encontro, o seu objetivo era curar os corpos para, indiretamente, despertar ou "curar" as almas. E a mediunidade de cura tem, igualmente, essa finalidade. Diversos espíritos de médicos desencarnados continuam, do "lado de cá", exercendo a sua função mediante assistência telepática aos seus colegas encarnados. E muitas vezes o êxito da sua atuação profissional teve a cooperação de um colega já desencarnado. Deste modo, muitos médicos, embora inconscientes do fenômeno, agem também como "médiuns". E, neste caso, conseguem obter maior êxito e eficiência de resultados do que o médium leigo em medicina. Mesmo porque o médico, ainda que não capte, com fidelidade, a intuição do espírito que o assiste, está habilitado a prescrever ao enfermo a medicação justa, devido aos seus conhecimentos fisiológicos e patológicos.

Além disso, os médicos, em geral, também são homens de consciência, pois, muitas vezes, sofrem angústia dolorosa ao perceberem que se está extinguindo a vida do paciente que se empenham em salvar com o mais devotado esforço que lhes é possível. Razão por que, embora lhes cumpra o dever de se empenharem em salvar a saúde e a vida dos seus doentes, a sua função de benfeitores da humanidade faz que eles sejam sempre assistidos pelo Alto.

Em tais condições, seria injusto que os médicos terrícolas tivessem de renunciar, cedendo à "competência gratuita" dos seus colegas já "falecidos".

A mediunidade de cura mediante o espiritismo, em sua profundidade, é uma cooperação de objetivo crístico, condicionada à evangelização do homem.

PERGUNTA: — Em face de vossas considerações, não seria, então, mais sensato desistir-se de utilizar o receituário mediúnico ou espírita?

RAMATÍS: — Nosso intuito é esclarecer-vos quanto ao lamentável equívoco de muitos adeptos espíritas confundirem a finalidade precípua do espiritismo, que é a de "curar o espírito enfermo", e não a de estabelecer-se na Terra uma organização mundial de assistência médica, de caráter espírita, destinada a cuidar, essencialmente, da saúde do corpo de seus habitantes.

Contudo, embora o receituário mediúnico não seja a razão primordial do espiritismo codificado por Kardec, é, conforme já acentuamos, um veículo benéfico que instiga o homem a despertar sua consciência para os deveres e responsabilidades do espírito imortal.

PERGUNTA: — Todos os espíritos de médicos desencarnados apreciam receitar do Além, através dos médiuns receitistas?

RAMATÍS: — Nem todos os médicos desencarnados gostam de receitar medicamentos ou efetuar diagnósticos; muitos deles até se desinteressam completamente de exercer sua profissão já desempenhada na Terra, a qual nem sempre lhes foi de completo sucesso ou mesmo de simpatia. Outros, embora se devotem a socorrer os encarnados sofredores, receiam assumir o compromisso de prescrever medicação pelos médiuns, porquanto, em geral, estes ainda são anímicos, inseguros ou ignorantes, com reduzida porcentagem dos que realmente se ajustam aos imperativos sensatos e lógicos do espiritismo.

PERGUNTA: — Dizem alguns espíritos que há médicos

materialistas bem melhor assistidos do que muitos médiuns de cura. Isso é verdade?

RAMATÍS: — O médico bondoso, honesto, criterioso e desapegado do preconceito acadêmico, quer ele seja espírita, católico, protestante ou ateu, é sempre acessível às boas intuições e à ajuda dos espíritos benfeitores, que então o orientam favoravelmente para tratar com êxito os seus pacientes. O auxílio do Alto não se restringe exclusivamente aos espíritas ou médiuns, mas, em particular, a todas as criaturas de bom caráter e devotadas aos objetivos espirituais superiores. Por isso, o médico não precisa aderir ao espiritismo, para só então merecer a assistência dos bons espíritos.

No entanto, os médiuns presunçosos, atrabiliários, avessos ao estudo ou mercenários, vivem cercados de almas inferiores e perturbados em suas intuições, o que os faz cometer os piores e ridículos desacertos. Quer eles trabalhem junto à mesa espírita ou participem dos terreiros ruidosos de umbanda, não passam de antenas vivas atraindo os espíritos gozadores, perversos ou mistificadores, enquanto os homens e os médicos bons e prestativos têm sempre a cooperação do Alto.

Infelizmente, certas criaturas mercenárias ainda usam a sua faculdade mediúnica para os negócios escusos, aliando a prática da caridade na seara espírita com a remuneração fácil da moeda do mundo!

PERGUNTA: — *Mas não é justo o protesto dos médicos terrenos contra o receituário mediúnico e a intromissão dos espíritos desencarnados na esfera médica profissional? Porventura isso não é uma concorrência desleal, considerando-se que a profissão médica é fruto de estudos exaustivos e de inúmeras preocupações financeiras?*

RAMATÍS: — Desde que a medicina acadêmica ainda não consegue curar todas as enfermidades do corpo físico e se mostra incapacitada para solucionar as doenças psíquicas de origem obsessiva, é evidente que os médicos não podem censurar os esforços do curandeirismo mediúnico, que tenta suprir as próprias deficiências médicas no tratamento das moléstias espirituais. A medicina oficial, malgrado o seu protesto à intrusão do médium ou do curandeiro na sua área profissional, fracassa diante dos casos de obsessões, quando pretende tratá-los de modo diferente da técnica tradicional adotada pelos espíritas e médiuns.

Além disso, cs brasileiros pobres vivem impossibilitados financeiramente de recorrer aos serviços médicos competentes, por não poderem indenizar as despesas do clínico, quanto mais submeterem-se a cirurgia onerosa.

Considerando-se que ainda não existe um serviço médico eficiente e devidamente difundido por todo o território brasileiro, em que perto de 1.000 municípios não possuem facultativos de qualquer espécie, nem hospitais, não deve, pois, censurar-se o médium receitista, quando, em sua terapêutica censurada pela medicina acadêmica, ele procura atender aqueles que não podem ser tratados pela via oficial. Não há dúvida de que também interferem os falsos médiuns ou charlatões que enodoam o seu serviço com a cupidez do ganho fácil, assim como os médicos inescrupulosos negociam em detrimento do serviço sacerdotal dos seus colegas dignos. Portanto, a prática do curandeirismo e o receituário mediúnico, no Brasil, não devem ser considerados como uma intromissão indébita ou leviana de seus praticantes, na esfera da medicina oficial; mas, sim, um efeito decorrente da falta de amparo e de assistência social por parte das autoridades responsáveis pela saúde do povo, e, também, pela ineficácia de alguns medicamentos bombásticos e certos médicos inábeis.

PERGUNTA: — *Malgrado os vossos louváveis conceitos no assunto, o receituário mediúnico é considerado medicina ilegal e passível das sanções do Código Penal. Que dizeis?*

RAMATÍS: — Porventura seria sensato e humano abandonar-se o enfermo às suas dores atrozes, sem ministrar-lhe o cataplasma caseiro, o chá doméstico ou a infusão sedativa, só porque não se encontra presente o médico diplomado pela faculdade de medicina? Não seria o mesmo que deixar o cadáver insepulto, alegando-se a ausência da empresa funerária oficial? Quando o vosso governo socorrer e higienizar as regiões insalubres do país, centuplicando os postos de socorro e suprindo a falta de médicos no seio das populações afastadas, não tenhais dúvida de que o curandeirismo e o receituário mediúnico tendem a regredir por falta de pacientes e do possível êxito mais amplo da medicina.

Mas, até que isso se realize, os pobres, os doentes e os obsediados buscarão os médiuns, os curandeiros e os benzedores, a fim de serem aliviados de seus males físicos ou psíquicos. Mesmo porque a índole fraterna e o sentimento generoso do brasileiro fazem-no um curandeiro em potencial, tal é a sua ansiedade de servir e aliviar a dor alheia. E, por vezes, o próprio médico eficiente e bom, capaz de curar inúmeros pacientes, não se constrange de recorrer também à consulta mediúnica, quando exaure-se no sistema nervoso ou sente-se abalado por algum incomodo psíquico. Mas isso não é nenhum desdouro para o médico pois é da crença e da confiança inata do brasileiro o seu tributo aos espíritos desencarnados, e, por isso, todos os procuram junto daqueles que revelam poderes mediúnicos.

Cremos, também, que ainda é bem mais ilegal e censurável a medicina praticada por certos médicos gananciosos e inescrupulosos, que fazem da dor alheia próspero negócio ou especulam o sofrimento à guisa de vantajosa transação bancária! Certos facultativos não trepidam no comércio do "aborto" provocado; alguns pregam sustos dramáticos nos seus clientes ricos e ingênuos, transformando-lhes a febre inofensiva ou o resfriado comum num caso grave e melindroso; outros preferem o negócio da operação mutiladora sem motivos graves, ou a indústria do câncer justificado pela instrumentação moderna e aparatosa.

Em suma, se existem médicos criteriosos e dignos, que fazem da medicina um sacerdócio abençoado, há também os inescrupulosos, que exploram a doença humana cobrando as taxas mais escorchantes, sob a garantia do seu diploma oficial. Portanto, bem pouco adianta proibir as atividades dos curandeiros sem diploma, se ainda existem os profissionais diplomados que operam em flagrante prejuízo dos seus próprios enfermos!

O médico ganancioso e desonesto frauda ou viola o juramento de sua profissão acadêmica, tornando-se também um delinqüente passível das penalidades do Código Penal, tanto quanto o curandeiro e o médium que praticam a medicina ilegal. Eis por que os espíritos benfeitores preferem antes ajudar o médium ou o curandeiro que serve gratuitamente ao próximo, em vez de assistirem o médico falacioso, cuja avidez pela fortuna fácil compromete a profissão sacerdotal da medicina.

PERGUNTA: — Mas, apesar de tudo isso, não seria sensato e justo que o médico fosse o único responsável pelo tratamento das doenças dos encarnados, pois, além de amparado pela Lei, é realmente a pessoa mais competente e de curso terapeuta especializado para socorrer os enfermos nas suas complicações imprevistas? No entanto, que podem fazer os médiuns receitistas, se, depois de receitarem os medicamentos, eles nada mais sabem, em favor dos enfermos, nos casos de emergência ou de reações perigosas que exigem o controle médico?

RAMATÍS: — Nem o médico nem o médium lograrão qualquer sucesso junto dos enfermos, se em virtude do cumprimento inapelável da Lei do Carma eles já estiverem condenados a abandonar o corpo físico na cova terrena. Quando isso acontece, tornam-se inúteis todos os recursos terapêuticos da medicina, assim como os próprios espíritos desencarnados também se desacertam nos seus prognósticos e no receituário através dos médiuns curadores.

Apesar da capacidade dos médicos, dos mais avançados aparelhamentos da medicina moderna e do progresso crescente da indústria farmacêutica do mundo, em cada vinte e quatro horas desencarnam em todas as latitudes geográficas da Terra milhares de pessoas de diversas idades e condições sociais, de ambos os sexos.

Os terrícolas, em sua maioria, baixam à sepultura depois de intoxicados pela alopatia, perfurados pelas agulhas hipodérmicas, bombardeados pela eletroterapia, afetados pela radiografia ou então mutilados pela cirurgia, quer sejam crianças, moços ou velhos, mesmo depois de assistidos pela maior sumidade médica do mundo ou atendidos pelo mais famoso médium terapeuta. Diante do sofrimento corretivo decretado pela Lei de Causa e Efeito não tenhais dúvida: fracassa tanto o médico quanto o médium, pois a dor, nesse caso, não é acidente nem doença, mas um recurso disciplinador para o espírito retornar à sua verdadeira rota espiritual e evitar maiores prejuízos para o futuro.

PERGUNTA: — Porventura o médico também não pode

desempenhar junto ao doente as mesmas funções mediúnicas que caracterizam o médium? Ambos não são seres humanos, e, por isso, espíritos encarnados, com a vantagem de o primeiro possuir um curso especializado na arte de curar?

RAMATÍS: — O médico, em geral, firma o seu diagnóstico na dependência dos diversos exames de laboratório e através de aparelhamento especial, como o estetoscópio, o eletrocardiógrafo, o encefalógrafo ou as chapas radiográficas, podendo mesmo incidir em algum equívoco pela deficiência técnica dos mesmos, ou devido ao seu material em uso. Não há dúvida de que também existem médicos intuitivos de muita sensibilidade, com um certo "quid" espiritual, que os torna antenas vivas aguçadas e lhes permite captar as sugestões mais certas dos espíritos terapeutas, sem precisar mesmo do exame sintomatológico habitual.

Mas o médium digno e experimentado em boa sintonia espiritual é um receptor sensibilíssimo do mundo oculto, alcançando louvável sucesso em suas atividades caritativas, embora sem expor as minúcias e os pormenores próprios da terminologia médica. O médico ou o médium transformam-se em instrumentos abençoados, quando junto aos enfermos preocupam-se mais em aliviá-los de sua dor, do que auferir qualquer vantagem material. Em conseqüência, o médico também pode desempenhar junto aos enfermos as funções de médium e atender às intenções dos espíritos benfeitores, caso seja criatura afetiva, sensível, e mais um sacerdote do que um negociante.

PERGUNTA: — Desde que o espiritismo não tem por objetivo essencial competir com a medicina terrena, mas é uma doutrina espiritualista com a finalidade de esclarecer o espírito do homem e não de curar o corpo carnal, qual é enfim, a razão do receituário mediúnico? O certo é que os médiuns, no Brasil, extraem diariamente milhares de receitas mediúnicas sob o patrocínio da doutrina espírita, embora ela seja eminentemente espiritual. Que dizeis?

RAMATÍS: — Repetimos, novamente, que as curas espíritas incomuns despertam e atraem para o espiritismo os homens ateus, médicos ortodoxos, religiosos dogmáticos e até os indiferentes, que depois de abalados em sua velha atitude mental não podem deixar de respeitar e mesmo interessar-se pelos ensinamentos valiosos da vida imortal. Muitas criaturas, depois de exaustas da sua "via-crucis" pelos consultórios médicos, hospitais cirúrgicos ou pelas estações terapêuticas, já decepcionadas e descrentes das chapas radiográficas, dos eletrocardiogramas, da radioterapia, da encefalografia, ou mutiladas pela cirurgia, aceitam incondicionalmente os princípios morais e espirituais do espiritismo, depois de curadas extraordinariamente pela água fluidificada, pelos passes mediúnicos ou medicamentos receitados pelos espíritos desencarnados.

Quantas vezes o cientista que só confia na pesquisa de laboratório e na ciência oficial, depois de completamente desanimado dos recursos médicos do mundo, ainda consegue livrar-se da doença misteriosa que o tortura, eliminar o eczema da esposa querida, curar a asma crônica do seu progenitor ou debelar as convulsões deformantes do caçula, graças aos serviços do caboclo ingênuo, da velha alquebrada ou da preta-velha humilde?

Aliás, o homem cético, fanático ou indiferente ao seu próprio destino, é sempre um aprendiz em potencial para sofrer o curso doloroso através das instituições hospitalares e os consultórios médicos do mundo, a fim de convencer-se da precariedade dos aparatos científicos diante da sua desdita interminável. Mas depois do "milagre" espírita que lhe restitui a saúde e a esperança de viver, ele sente-se obrigado a mudar de atitude sem deixar de reconhecer a intervenção sensata e amiga do mundo oculto sobre a vida humana.

Assim, embora o espiritismo não seja um movimento com o intuito de competir com a medicina oficial, ele corresponde, no entanto, à promessa abençoada do Cristo, quando prometeu o envio do Consolador no momento oportuno para curar os enfermos de espírito, embora isso os homens ainda devam conseguir atraídos primeiramente pela cura do próprio corpo físico.

PERGUNTA: — Em virtude de se tratar de um tema de suma importância para esclarecimento de nossas palestras doutrinárias sobre a função educativa da dor no ser humano, poderíeis estender-vos mais um pouco quanto ao fato de as criaturas materialistas, religiosas fanáticas ou indiferen-

tes se converterem ao espiritismo após a sua cura por intermédio da receita mediúnica?

RAMATÍS: — Considerando-se que a gratidão deve existir mesmo no âmago da pior criatura, é evidente que a família de qualquer enfermo desenganado pela medicina do mundo, depois de salvo miraculosamente pela terapêutica mediúnica do espiritismo, sente-se obrigada ao respeito e interesse pela doutrina que lhes traz a alegria e a saúde no seio do lar. Deste modo, a cura mediúnica incomum termina por comprovar o poder dos espíritos desencarnados em atuarem no mundo material, quando vitalizam células, corrigem distúrbios nervosos, desentorpecem músculos atrofiados, eliminam infecções e até devolvem o raciocínio a criaturas alienadas. Os seus beneficiados sentem a responsabilidade espiritual pesar-lhes nos ombros, passando a exigir-lhes melhor compreensão moral dos seus deveres humanos no contacto diário com a humanidade.

Embora nem todos os familiares dos enfermos beneficiados simpatizem, de início, com os preceitos espiríticos, muitas vezes, os mais sensíveis terminam aceitando a tese da reencarnação e a ação cármica da Lei de Causa e Efeito que rege os destinos da alma em prova educativa na matéria. É por isso que os espíritas sempre louvam a dor e o sofrimento, reconhecendo que a enfermidade os conduziu realmente à sombra amiga e confortadora da doutrina espírita, cavando-lhes fundo a personalidade humana, através da singeleza da água fluidificada, do passe mediúnico ou da receita dos desencarnados.

Eis os motivos por que os mentores espirituais ainda endossam o receituário mediúnico sob o patrocínio do espiritismo, apesar das receitas inócuas, esdrúxulas ou completamente anímicas, produto da precipitação, ignorância ou puro animismo dos médiuns incipientes. O bem espiritual já conseguido no serviço benfeitor do receituário mediúnico sob a égide espírita supera satisfatoriamente os equívocos e as imprudências de um mediunismo de urgência, mais preocupado pela cura do corpo físico, do que mesmo com a saúde do espírito imortal.

PERGUNTA: — Mas os médicos também não merecem censuras graves quando erram em prejuízo dos seus pacientes? Porventura não é algo criticável esse orgulho acadêmico de negar, "a priori", a possibilidade do mundo espiritual socorrer e curar os enfermos da Terra?

RAMATÍS: — Realmente, caso o Alto assim o queira, os enfermos podem curar-se facilmente das doenças tradicionais do corpo físico. Que seria dos animais, se o instinto ou a Natureza não os atendesse tão carinhosamente, amparando-os desde o nascimento até à morte e guiando-os mesmo para encontrarem o vegetal medicamentoso que lhes alivia as dores e lhes cura as doenças?[1] Essa proteção misteriosa e oculta que mantém a sobrevivência de todas as aves, animais e seres, que a tudo provê, atende e corrige, cuida desde o filhote do pássaro dentro de um ninho pendurado precariamente na forquilha do arvoredo, até do filho do elefante nascido nas furnas da floresta e já onerado por severos problemas de alimentação.

Por que o homem também não poderia gozar dessa graça sublime da Vida, desde pressentir o alimento ou o remédio natural que lhe seja mais útil e proveitoso para mantê-lo fisicamente sadio na face do orbe terráqueo? Mas, infelizmente, em face de sua anomalia psíquica, fruto do truncamento do sentido harmonioso e progressista da existência humana, a maioria dos homens é obrigada a socorrer-se doutra minoria, com a responsabilidade de velar pela saúde sempre perturbada. Paradoxalmente, esta minoria encarregada da saúde dos demais também não logra muito êxito quando precisa curar-se a si mesma!

Em conseqüência, não se pode culpar os médicos pelos seus equívocos no desempenho de sua profissão terapeuta porque, na realidade, os homens ainda não fazem jus à saúde física em absoluto, ante o desvio psíquico que exercem sobre si mesmos, no trato das paixões e dos vícios perniciosos que perturbam a contextura delicada do perispírito. Aliás, os fatos provam que é inútil a mobilização dos mais espetaculares e avançados recursos da terapêutica do mundo, caso o homem ainda não faça jus à saúde física, pois se a medicina tem prolongado a vida, ela ainda não pôde vencer a morte!

PERGUNTA: — Entretanto, a medicina acadêmica, em

---

[1] Nota do Médium: É o caso dos cães, que, acometidos de cólicas intestinais, procuram um tipo de capim apropriado para aliviar suas dores, assim como os elefantes, que, pressentindo grave epidemia em sua espécie, viajam semanas a fio em busca de uma erva especial, cuja ingestão funciona à guisa de excelente vacina, livrando-os das doenças epidêmicas.

face do seu progresso e recursos modernos, não deveria ser tão eficiente e sedativa como os tratamentos que, por vezes, os médiuns espíritas realizam com absoluto êxito? [2]

RAMATÍS: — O tratamento médico do mundo terreno ainda é bastante contraditório, sendo exercido à base de substâncias indesejáveis, da mutilação cirúrgica, das cauterizações cruciantes e perfurações nos músculos ou nas veias pelas agulhas hipodérmicas porque os terrícolas ainda são criaturas cujo primarismo espiritual as torna passíveis de uma terapêutica severa e aflitiva. A medicina terrena não é culpada pela sua impotência em não curar todos os pacientes, ou pela impossibilidade de exercer a sua missão de modo suave, indolor e infalível.

Tais contingências são uma decorrência psicomagnética oriunda dos recalques morais que residem no perispírito dos terrícolas, pois o corpo dos orgulhosos, egoístas, avarentos, vingativos, vaidosos, ciumentos, cruéis, hipócritas, maledicentes e lascivos ainda precisa sentir reações violentas e dolorosas, que repercutam no seu próprio espírito, de modo a condicioná-lo a uma reforma interior, que os sensibilize, no sentido de lhes despertar os sentimentos superiores, que são fundamentais para a sua evolução espiritual.

Mesmo as criaturas mansas de coração e até bondosas, mas que, no entanto, se encontram subjugadas por sofrimentos atrozes, como sejam os cancerosos, não passam de almas delituosas no seu passado, e ainda em transe de purificação perispiritual.

Infelizmente, a Terra ainda é povoada por homens que matam pássaros à guisa de distração e "passatempo"; massacram os cães amigos e afogam os gatos nascidos em excesso, subtraindo-lhes o direito sagrado de viver.

Há, ainda, os que criam rebanhos de suínos, bois e carneiros, para arrancar-lhes a banha, a carne, o couro e a lã; depois, assam-lhes os restos mortais e os devoram epicuristicamente

---

2 Nota do Médium: É o caso das operações espíritas, em que os pacientes sofrem as mais complexas intervenções cirúrgicas por parte dos espíritos desencarnados, sem manifestar qualquer dor ou reação incômoda. Aliás, em Congonhas do Campo, em Minas Gerais, tivemos oportunidade de assistir a diversas operações efetuadas pelo médium Arigó, sem que os operados manifestassem quaisquer sofrimentos, além do espanto e da surpresa.

nos banquetes pantagruélicos!... Matam o cabritinho amigo na véspera de Natal ou alimentam de modo exagerado e mórbido os gansos, para enlatarem as pastas do seu fígado hipertrofiado!

E quando sua voracidade e sede de sangue não se satisfaz no extermínio dos "irmãos menores", eis que os terrícolas massacram-se entre si mesmos, transformando também em "pasta sangrenta", os mais jovens e os mais sadios, sob a metralha assassina! Criminosamente, escolhem a primavera para as ofensivas monstruosas ou transformam em fogo líquido milhares e milhares de crianças, moços, mulheres e velhos, sob o impacto da bomba atômica, embora estes últimos nada tenham a ver com essa luta fratricida![3]

No entanto, o Alto ainda se penaliza das criaturas humanas tão perversas e animalizadas, e, por isso, patrocina no mundo material a organização benfeitora da medicina, que assim cumpre o sagrado dever de aliviar a dor humana tanto quanto possível, solucionando também os efeitos malignos das causas subversivas que o espírito enfermo verte para o seu corpo de carne. Graças, pois, aos médicos devotados e benfeitores, os homens ainda conseguem movimentar-se no mundo material apresentando certo equilíbrio fisiológico, apesar de seu constante auto-massacre mental e emotivo, em que o organismo físico funciona à guisa de depósitos de lixo e miasmas tóxicos drenados do perispírito.

O médico, portanto, não merece censuras porque também

3 Nota do Médium: Em aditamento às palavras de Ramatís, podemos comprovar quão perverso e cruel ainda é o homem terreno. Vejamos a seguinte passagem descrita pelo testemunho do dr. Paulo Nagai, médico japonês vitimado pela leucemia produzida pela radioatividade da bomba atômica lançada pelos americanos sobre Nagasaki. Eis a sua observação, *in loco*, de uma parte dos acontecimentos pavorosos da crueldade humana: "A pressão imediata foi tamanha que, no raio de um quilômetro, todo ser humano que se encontrava do lado de fora ou num local aberto, morreu instantaneamente ou dentro de minutos. A 500 metros da explosão, uma jovem mãe foi encontrada com o ventre aberto e o futuro bebê entre as pernas. Muitos cadáveres perderam suas entranhas. A 700 metros, cabeças foram arrancadas, e, por vezes, os olhos saltavam das órbitas. Alguns, em conseqüência das hemorragias internas, estavam brancos como folhas de papel, os crânios fraturados deixavam destilar o sangue pelos ouvidos. O calor chegou a tal violência, que, a 500 metros, os rostos atingidos ficaram irreconhecíveis. A um quilômetro, as queimaduras atômicas tinham dilacerado a pele, fazendo-a cair, em tiras, deixando à vista a carne sangrenta. A primeira impressão não foi, segundo parece, a de calor, mas, sim, a de dor intensa, seguida de frio excessivo. A maioria das vítimas morria com rapidez. (Página 96 da obra *Os Sinos de Nagasaki*, autobiografia do dr. Paulo Nagai).

comete equívocos na tentativa justa de curar o seu paciente; mas este é que, em geral, por força da lei sideral que o disciplina sob o grilhão da doença, ainda não merece o alívio da dor ou a solução definitiva para a sua doença.

Certos de que sois convictos e cientes do processo cármico retificador do espírito, o qual se exerce através das reencarnações expiatórias no mundo material, tereis de admitir que, em face das tropelias, desmandos, crueldades das hordas famélicas e perversas do passado, esses mesmos espíritos belicosos precisam retornar sucessivamente à Terra, para a devida retificação de sua consciência espiritual ainda tão brutalizada. E também é óbvio que ainda não merecem um tratamento suave, indolor e benfeitor por parte da medicina do mundo; e assim, os seus males físicos agravam-se tanto quanto eles mais procuram eliminá-los mediante drogas ou intervenções cirúrgicas. A nova existência, obedecendo aos princípios construtivos e justos das recuperações espirituais, brinda-os também com a mesma crueza que adotaram em suas vidas anteriores no seio da humanidade.

Tais espíritos ainda não merecem o socorro médico indolor, pois, em suas vidas pregressas, foram fanáticos inquisidores do Santo Ofício, torturadores do Oriente, tiranos na Pérsia, católicos no massacre de São Bartolomeu, perseguidores de cristãos nos circos romanos, bárbaros senhores de escravos, soldados sanguinários das hostes de César, de Tamerlão, de Átila, de Gêngis Khan, de Aníbal; e, há pouco tempo, assassinos dos judeus e dos povos indefesos sob o comando de Hitler. É evidente que esses impiedosos homens do passado encontram-se atualmente em provas acerbas, reencarnados na figura de cidadãos comuns, operários, médicos, militares, artistas, comerciantes, motoristas, advogados, enfermeiros ou participantes de diversas religiões e credos espiritualistas.

A sua dívida cármica é para com o orbe terráqueo, onde vazaram sua crueldade nas correrias turbulentas contra as populações e criaturas indefesas; e, por isso, a Lei inflexível, mas equânime, os obriga a pagar até o "último ceitil", colhendo os efeitos dolorosos das causas malignas semeadas no pretérito. Não há favorecimento sob a Lei Divina em abrir precedentes censuráveis, assim como a injustiça também é impossível se o processo é de angelização do homem.

Sem dúvida, a doença cruel é a terapêutica mais adequada para esses espíritos algo embrutecidos e refratários ao sentimento espiritual. Embora eles vos pareçam pacíficos e bondosos, ainda conservam no âmago da alma o potencial da violência e da falta de compaixão. Assemelham-se às sementes virulentas que jazem humilhadas no solo ressequido, mas não tardarão em expelir com violência o seu tóxico logo que surja o clima apropriado. Deste modo, eles fazem jus à alopatia intoxicante, ao cautério cruciante, ao curativo doloroso e à cirurgia mutiladora, cumprindo a sua "via-crucis" como reparação às suas crueldades no passado.

Vivem de consultório para consultório, de hospital para hospital, decepcionados com a farmacologia do mundo, desiludidos pela terapêutica homeopática ou ervanária, assim como desatendidos pelos próprios espíritos desencarnados. Abatidos, cansados e profundamente humilhados pela vida que os maltrata, atingem a cova do cemitério e os seus corpos de carne transformam-se na "ponte viva", que depois intercambia para o subsolo os venenos do ódio, da raiva, da perversidade, da violência, do orgulho, da prepotência e cupidez gerados no barbarismo dos estímulos animais.

PERGUNTA: — Mas é evidente que muitos homens curam-se realmente pela homeopatia, pela terapêutica espiritista ou mesmo através dos préstimos do caboclo curandeiro, sem sofrimento ou aflição. Há alguma razão nessa diferença de cura, ou algum merecimento dos que assim são beneficiados?

RAMATÍS: — As pessoas de melhor graduação espiritual, ou que se encontram no fim de suas provas cármicas dolorosas pelos sofrimentos ou vicissitudes morais já sofridas nas vidas anteriores, realmente, são eletivas e beneficiadas pela homeopatia, irradiações fluídicas, passes mediúnicos ou água fluidificada, dispensando a medicina cruciante das reações tóxicas. Eis por que há tanta decepção e variedade quanto ao êxito do tratamento dos homens, na Terra, pois a terapêutica salvadora de determinada criatura é completamente inócua aplicada a outro enfermo nas mesmas condições físicas.[4]

---

4 Nota do Médium: Vide o capítulo "O Tipo do Enfermo e o Efeito Medicamento-

É o motivo por que também há grande sucesso na terapêutica médica e na terapêutica espírita mediúnica. No entanto, ambas também fracassam em certos casos, quando os pacientes não fazem jus à cura, qualquer que seja o tipo de tratamento.

---

so", da obra *Fisiologia da Alma*, de Ramatís, **EDITORA DO CONHECIMENTO**, onde o assunto é desenvolvido com minúcias mais elucidativas.

5.
Aspectos do receituário mediúnico alopata

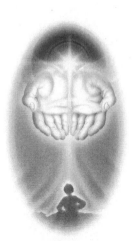

PERGUNTA: — *Os espíritos desencarnados não acham inconveniente os médiuns espíritas receitarem alopatia, visto esse receituário exigir conhecimentos específicos que eles não possuem? Semelhante caso não constitui sério risco para os doentes? Que lhe parece?*

RAMATÍS: — O receituário mediúnico exige o máximo critério e prudência para merecer o amparo da doutrina espírita. No caso a que aludis, tudo depende do médium e do espírito que lhe indica o receituário. E quando o médium é apenas intuitivo e ocioso ao estudo, então o caso assume um aspecto mais grave, pois pode acontecer que ele seja um indivíduo sem qualidades morais que o credenciem a fazer jus a uma boa assistência espiritual. Além disso, há médiuns receitistas incompetentes, ignorantes, indisciplinados ou exclusivamente anímicos, que prescrevem aos doentes tudo quanto lhes germina fantasiosamente no cérebro e consideram receita intuída pelos desencarnados.

Em geral, eles receitam a esmo, em momentos impróprios, mesmo depois da discussão antifraterna ou em seguida a anedotário indecente. Deste modo, cercam-se de fluidos oleosos e sujos, produzidos pelos assuntos torpes e de natureza moral inferior, que geram ou criam uma "cortina etérica" obscura, impedindo o contacto perispiritual dos bons espíritos que desejam ajudá-los.

Outros médiuns, inexperientes e ainda inseguros, exaurem-se, à noite, de trabalho, no centro espírita, para atender a um serviço indisciplinado de caridade quase obrigatória, ignorando que o excesso de consultas mediúnicas também tumultua o serviço e o controle dos espíritos desencarnados, que assim não podem atender satisfatoriamente a todos os pedidos no curto prazo de uma sessão espírita. Comumente, os encarnados evocam os espíritos para consultá-los sobre toda sorte de sintomas triviais, seja um inofensivo resfriado ou breve incômodo nervoso, fazendo que os médiuns fiquem sempre sobrecarregados de serviço. Ignoram que o médium é máquina viva em desgaste mais acentuado do que o homem comum porque, além de precisar atender às obrigações cotidianas do mundo profano, ainda deve exercer a tarefa excepcional de servir aos crentes na medicina espírita. Assim, quando ele se entrega a uma faina mediúnica exagerada, até altas horas da noite, sem ter o necessário repouso físico e descansar a mente esgotada, não demora em tumultuar suas idéias, alterando-se também a vibração dos filamentos "etereoastrais", que mantêm o equilíbrio de intercâmbio perispiritual com os seus protetores desencarnados. É óbvio que, em breve, ele sentir-se-á impossibilitado de cumprir satisfatoriamente a sua função mediúnica.

Afora os médiuns experimentados, sonambúlicos ou absolutamente mecânicos,[1] os demais, se quiserem manter um ritmo equilibrado e sem o tradicional "fading" mental e nervoso proveniente do trabalho cerebral exaustivo, devem limitar as consultas atendendo, de preferência, às que exigem solução mais urgente.

Por isso os espíritos desencarnados, de responsabilidade, evitam receitar a alopatia através de médiuns intuitivos exaustos, ignorantes ou muito anímicos, para não ser truncada a prescrição do medicamento certo, por outra droga substituída animicamente, mas contra-indicada e capaz de alterações fisiológicas passíveis de controle médico. Não há dúvida, pois, que o receituário alopático acarreta grande responsabilidade aos médiuns receitistas, uma vez que se trata de medicação química, em cuja composição, geralmente, entram ingredientes de

---

[1] Nota do Médium: É o caso de Chico Xavier, que atende a centenas de receitas e consultas até a madrugada, e cuja mediunidade mecânica, no entanto, permite aos espíritos maior segurança, facultando-lhes atuarem-no diretamente à altura dos braços e fazendo destes verdadeiras canetas vivas.

substâncias tóxicas, de que somente os médicos sabem qual a dosagem para a aplicação.

O médium intuitivo, quando em más condições psíquicas ou morais, não consegue a necessária sintonia com o seu protetor desencarnado; e, então, há risco de ele interpor na prescrição mediúnica medicamentos estranhos, agressivos ou impróprios aos enfermos. Os médiuns mais sugestionáveis e anímicos deixam-se também impressionar facilmente pelos cartazes de propaganda médica expostos nas ruas, nos bondes, nos cinemas ou ônibus; ou então pelos "mementos" e bulas das amostras farmacêuticas. Esses dizeres fixam-se-lhes no subconsciente e podem emergir durante o transe mediúnico, contrapondo-se à verdadeira medicação formulada pelos espíritos receitistas.

Os próprios médicos mais cautelosos não se aventuram a prescrever afoitamente os medicamentos recém-fabricados. Antes, eles apreciam-lhes os efeitos ainda desconhecidos, embora os seus fabricantes desenvolvam eficiente propaganda louvando as suas qualidades excepcionais. A indústria farmacêutica vive empenhada em intensa competição comercial, e nem todos os seus proprietários operam com o devido escrúpulo.

Essa aflitiva concorrência obriga os laboratórios farmacêuticos a lançarem, consecutivamente, produtos novos sob a metralha de vigorosa propaganda, enaltecendo-lhes todos os efeitos etiológicos ao alcance do leigo. Cresce então o interesse humano sobre as virtudes dos produtos mais anunciados, enquanto também aumenta o número de curandeiros, conselheiros e médiuns anímicos, que passam a receitar "de ouvido" e sem conhecimento de causa.

No entanto, os facultativos prudentes esperam identificar as reações medicamentosas no próprio organismo humano, pois sabem que as experiências "in vitro", isto é, apenas em laboratórios, malgrado as afirmações otimistas dos fabricantes, podem causar surtos de alergia de origem química ou estados mórbidos imprevistos. Pelo fato de não existirem doenças, mas doentes, é óbvio que a droga capaz de produzir êxito em determinada criatura pode ser inócua, agressiva ou alérgica a outro enfermo de temperamento oposto. O homem não é um conjunto de compartimentos estanques e sob o controle mecânico, mas, sim, um ser cujo corpo e alma comportam-se de modo diferente de um indivíduo para outro indivíduo.

Em alguns casos os espíritos receitistas desejariam apenas transmitir alguns conselhos e orientações espirituais aos seus consulentes, advertindo-os sobre as suas perturbações emotivas ou psíquicas. No entanto, os seus médiuns intuitivos, convictos de que a medicação material é mais importante do que a recuperação espiritual, deixam-se dominar pela auto-sugestão e prescrevem qualquer droga que lhes vem à mente, confundindo o seu animismo com as intuições do Além.

PERGUNTA: — Considerando-se que aumenta o número de médiuns e, portanto, daqueles que receitam injeções, antibióticos e outras drogas da medicina alopata, assim como certos espíritas são favoráveis ao receituário alopático e outros o acham inconveniente, gostaríamos de ouvir a vossa opinião a esse respeito. Que dizeis?

RAMATÍS: — Conforme já esclarecemos, às vezes bastam algumas gotas de homeopatia, um singelo chá de erva caseira ou mesmo um copo de água fluidificada para se produzirem curas miraculosas. Mas isso só acontece quando existem razões sérias para o enfermo prosseguir nas suas atividades do mundo material ou quando o Alto tenha-lhe prorrogado a vida física por efeito de alguma intercessão espiritual credenciada. Aliás, na questão de curas, os médiuns não gozam de qualquer prioridade terapêutica, pois os médicos também são otimamente assistidos do "lado de cá" e, quando intuídos no momento propício, podem prescrever medicação salvadora ou recomendar a solução mais acertada, embora ignorem que transmitem indicações de mentores desencarnados.

Não pretendemos censurar todos os médiuns que receitam medicação alopática, pois muitos deles são assistidos por espíritos de elevada hierarquia espiritual, mas é conveniente compreender-se que, se for da vontade de Deus, qualquer moribundo poderá livrar-se da morte sem precisar de medicamentos. Mas é aconselhável e sensato eliminar-se da prática mediúnica tudo aquilo que possa carrear ridículos ou censuras à responsabilidade do espiritismo. Os seus adversários gratuitos sempre truncam-lhe a função precípua de moralizar a consciência e libertar o espírito das paixões animais, para confundi-la com a imprudência e contradições dos médiuns ignorantes, interesseiros e amigos do desleixo espiritual.

Os postulados do espiritismo nada têm a ver com os médiuns levianos ou incipientes que, além de não estudarem a doutrina, pretendem curar o próximo muito antes de lograrem o seu próprio equilíbrio físico e a sua saúde psíquica. Alguns, mal refeitos da obsessão que deles judiava por longo tempo e os obrigou a apressado desenvolvimento mediúnico, põem-se a receitar as últimas novidades farmacêuticas alopáticas, à guisa de prescrição do Além.

Assim, a sua pressa de "fazer caridade" e salvar a humanidade antes da reforma espiritual íntima, pode induzir muitos médiuns principiantes a receitarem medicação alopática perigosa, convictos de serem instrumentos dos médicos desencarnados. Alguns chegam a repelir o conselho sensato e a advertência amiga dos seus confrades mais experimentados, que procuram orientá-los na prática da mediunidade ainda incipiente.

Deste modo, assume grave responsabilidade o médium intuitivo que se ampara sob o espiritismo e se põe a receitar a esmo medicamentos perigosos, como cortisona, antibióticos, sulfas, codeína, estricnina, butazona, salicilatos, adrenalina, bismuto, morfina, drogas à base de iodo, de mercúrio, de arsênico, barbitúricos ou hipnóticos, que podem produzir conseqüências depressivas prejudiciais ou viciações incontroláveis. A ciência médica, em sua incessante pesquisa sobre o corpo humano, termina descobrindo novas conseqüências mórbidas provenientes do excesso medicamentoso tóxico, e que tornam proibitivo o uso dessas drogas.

E como os médiuns não possuem conhecimentos suficientes ou prática médica para acompanhar pessoalmente as possíveis alterações que possam ocorrer em seus pacientes devido às drogas alopáticas receitadas, eles terminam supondo que essas anomalias são outras tantas doenças diferentes das que diagnosticaram, anteriormente.

PERGUNTA: — *Em face de vossas considerações, con-*

cluímos que seria mais sensato que os médiuns espíritas receitassem somente ervas, homeopatias, mezinhas caseiras ou água fluidificada, pois, embora sejam menos eficientes, evitam as intoxicações ou graves conseqüências imprevistas, evitando também quaisquer censuras à doutrina espírita. Não é assim?

RAMATÍS: — Não há dúvida de que o receituário alopático oferece perigos que o tornam desaconselhável através de médiuns intuitivos, caso eles não possuam o mínimo conhecimento farmacêutico que os faça prever as reações tóxicas medicamentosas no corpo humano. Salvo quando se trata de médium receitista completamente sonâmbulo ou então mecânico, que não interfere nem interpõe animicamente medicação contra-indicada ou prejudicial na prescrição dos espíritos desencarnados, é prudente evitar-se, tanto quanto possível, receitar a alopatia sob responsabilidade do espiritismo.

Embora a homeopatia também seja medicação de responsabilidade médica e passível de crítica quando prescrita pelos médiuns, ainda é a terapêutica mais indicada para o receituário mediúnico, pois é medicina de ação mais "energética" e "medicamentosa", que atua mais propriamente através do sistema "etereoastral" do perispírito e assim pode ser controlada com certo êxito pelos espíritos desencarnados. Mesmo quando se verifica algum equívoco perigoso por parte do médium receitista homeopata, os efeitos indesejáveis ou contra-indicados na prescrição mediúnica, ainda podem ser atenuados pelo processo de "eterização" por parte dos espíritos terapeutas, pois eles dissolvem no meio ambiente o éter medicamentoso indesejável.

Em virtude de a homeopatia ser medicação dinamizada pelo magnetismo vital das substâncias minerais, vegetais ou animais, os espíritos terapeutas ainda podem concentrar-lhe nova cota de energia do mundo oculto e assim aumentar-lhe o efeito curativo sem os perigos da medicação alopática, maciça, ou das injeções dolorosas e violentas, que, comumente, provocam reações tóxicas indesejáveis.

Mas, nem por isso, o médium intuitivo que receita homeopatia fica desobrigado do estudo dessa medicina, pois deverá ser o primeiro a reconhecer os seus próprios equívocos quando prescreve animicamente, julgando ser receita do Além. Quanto mais amplo e mais rico forem o conhecimento e o arquivo terapeuta do médium, tanto mais ele oferece melhores ensejos para o sucesso do receituário mediúnico e a exatidão dos medicamentos prescritos aos enfermos, pelos espíritos.

PERGUNTA: — *Então quais os requisitos mais necessários para o médium intuitivo lograr êxito ou fidelidade na sua prescrição homeopática?*

RAMATÍS: — O médium intuitivo receitista que prescreve homeopatia aos seus pacientes deveria saber, pelo menos, quais são os medicamentos antídotos, os complementares ou incompatíveis, assim classificados cientificamente pela farmacologia homeopática. Cumpre-lhe ainda familiarizar-se com as dietas apropriadas para o tratamento das doses infinitesimais, assim corno os tipos mais indicados para os casos agudos ou crônicos. Embora se trate de conhecimentos elementares que poderiam ser dispensados aos médiuns, uma vez que os desencarnados é que devem receitar o medicamento adequado, o certo é que a homeopatia exerce ação pronunciada no perispírito, motivo por que as misturas desaconselhadas entre si neutralizam-lhe a qualidade terapêutica.

Justamente por ignorarem os preceitos mais comuns da medicina homeopática, certos médiuns incipientes julgam que a simples providência de receitar meia dúzia de medicamentos homeopáticos, para mistura no mesmo frasco, é bastante para que um deles produza o esperado milagre. Ignoram, pois, que as leis sutilíssimas que regem a ação homeopática no corpo humano também desaconselham a mistura de certas doses que são antídotos, incompatíveis ou neutras entre si.

É certo que o público, muito habituado com a 5ª dinamização generalizada pela receita mediúnica, acredita que a homeopatia não produz quaisquer modificações ou reações no corpo humano. No entanto, as altas doses da receita médica, pela sua ação atômica e de profundidade na contextura do perispírito, costumam desprender as toxinas ali aderidas e que depois convergem para o organismo físico, exigindo então o socorro da baixa dinamização para se efetuar o drenamento pelas vias emunctórias.[2]

---

2 Nota do Médium: Vide capítulo "As dinamizações homeopáticas", da obra *Fisio-*

Na verdade, quando a prescrição homeopática sintoniza-se providencialmente com o tipo psicofísico constitucional do enfermo, é bastante uma só medicação para se produzirem efeitos miraculosos. É o que já tem acontecido muitas vezes no seio do espiritismo, malgrado tratar-se da 5ª dinamização, quando os espíritos conseguem receitar com exatidão e eletividade as doses homeopáticas para os consulentes mais graves.

Mas desde que os médiuns receitem homeopatia sem lhe dar a devida importância científica, quer prescrevendo medicamentos antagônicos ou para serem misturados em infusões de ervas, leite, café ou drogas medicamentosas, será melhor que só receitem água fluidificada ou circunscrevam-se à prática dos passes mediúnicos, que isso lhes redundará em maior sucesso.

PERGUNTA: — *Dizem alguns entendidos que a homeopatia da 5ª dinamização não produz nenhum efeito definitivo, porque é dosagem incapaz de modificar a causa enferma. Que dizeis?*

RAMATÍS: — Alhures já dissemos que as enfermidades não cedem pelos remédios substanciosos ou medicações maciças, mas o corpo físico é quem realmente efetua a cura pela incorporação das energias vitais que ele mobiliza na desintegração atômica do próprio medicamento ingerido. Em conseqüência, a homeopatia é a terapêutica mais avançada para a cura do homem, justamente porque é "mais energia e menos medicamento", ou seja: dispensa metade do serviço que o organismo teria de efetuar na seleção preliminar de repelir a substância para assimilar a essência energética. Considerando-se o corpo humano como um poderoso transformador que aproveita a energia da "Usina Cósmica" e a converte em força disciplinada a seu dispor, compreende-se que ele extraia da dose homeopática a "carga energética" pura e de imediato aproveitamento para a sua recuperação vital.

Deste modo, em certos casos produzem-se efeitos surpreendentes com a administração da 5ª dinamização por parte dos espíritos, embora na ética médica as doses de 200, 500 ou 1.000 sejam consideradas mais potentes em sua ação energética mais pura. Naturalmente, os melhores resultados terapêu-

logia da Alma, de Ramatís, **EDITORA DO CONHECIMENTO.**

ticos dependem fundamentalmente da maior capacidade do organismo etereofísico quanto a aproveitar o maior "quantum" possível da energia que lhe é oferecida pela dosagem infinitesimal. Em conseqüência, embora seja dinamização mais baixa, a 5ª dosagem pode também lograr sucessos comparáveis aos que se obtêm com as doses de profundidade e alta potência.

Aliás, o que realmente distingue entre si as baixas, as médias ou as altas dinamizações da medicina homeopática é o modo de elas atuarem no organismo, pois, enquanto as baixas funcionam à guisa de drenadores ou "varreduras" dos resíduos tóxicos perniciosos, as altas operam na feição de bombas desintegradoras. É uma ação de profundidade no eterismo perispiritual, motivo pelo qual, às vezes, reflete-se na personalidade do homem, pois desintegrando-lhe o morbo psíquico que o afeta de modo anormal, restitui, pois, o tom costumeiro do seu temperamento psíquico original. Mas, quando existem as condições eletivas no organismo para a terapia homeopática, o que então produz a cura desejada não é tanto a dinamização alta ou baixa mas, acima de tudo, a prescrição mais acertada.

E como os espíritos desencarnados auscultam diretamente no perispírito dos enfermos o morbo que os afeta, o qual depois em gradual descenso termina por manifestar-se à periferia do corpo físico, eles podem obter curas verdadeiramente miraculosas, como sói acontecer na seara espírita.

PERGUNTA: — Poderíeis esclarecer-nos melhor quanto a essa ação da alta dose homeopática bombardeando a contextura do perispírito e, por vezes, até modificando o estado temperamental do enfermo?

RAMATÍS: — A homeopatia é medicação energética capaz de atuar nos interstícios atômicos e etereoastrais do perispírito, e por esse motivo pode tranqüilizar os temperamentos excitados eterizando os resíduos mórbidos que oprimem o psiquismo dos enfermos. Ao mesmo tempo em que ela revitaliza todos os centros energéticos do corpo físico e do "duplo etérico", acionando os "chakras" e despertando o "tônus-vital" dos plexos nervosos, a sua ação é profundamente penetrante e expurgativa das toxinas que formam o residual da mente quando se descontrola. E as altas doses, como já dissemos, atuam no recôndito do ser, desalojando as impurezas que se acumulam como substância ou combustível gastos pelo espírito e aderidos à sua delicada tessitura perispiritual.

Em breve comparação e para exemplo de nossos dizeres, lembramos o fato de que o homem sisudo, atencioso, educado e pacífico, às vezes torna-se um enfermo, um psicótico ou esquizofrênico, um embrutecido ou idiota, quando submetido à ação do álcool, das drogas excitantes, hipnóticas ou tóxicas, tais como a maconha, cocaína, morfina, o ópio, a beladona, a fava-de-santo-inácio ou gás hilariante. Embora não se trate de enfermidade, na acepção da palavra, o certo é que o psiquismo do homem se modifica e o seu temperamento revela matizes incomuns ao seu estado normal. Há transformações que o animalizam ou quase o alucinam, enquanto recalques completamente desconhecidos de seus familiares afloram à superfície da sua consciência.

Embora sob a ação momentânea das drogas ou tóxicos, o bêbado ou o viciado demonstram condições enfermiças e passíveis da terminologia patológica da medicina acadêmica, porque são opostas aos seus costumes, critério, sentimentos e bom-senso. Indubitavelmente, depois de extintos os efeitos dos tóxicos ou alcoólicos, a vítima retoma as suas atitudes normais devido ao desaparecimento da ação mórbida na sua mente.

Algo semelhante se processa no paciente que ingere uma alta dose homeopática absolutamente eletiva ao seu tipo psicofísico ou ternperamental, pois assim que se dissipa a cortina mórbida que o mesmo acumula e nutre pela sua invigilância espiritual no contacto com o mundo animal, ele sente-se mais desafogado, mais controlado e sadio no seu temperamento. Assim como limpando-se a poeira que embacia o vidro da lanterna, a sua luz projeta-se mais longe e mais nítida, também, após a intervenção terapêutica da alta dose homeopática, o espírito do homem adquire mais clareza na sua contextura psicofísica. O descenso compulsório das toxinas que lhe oprimiam a circulação perispiritual reduz o excitamento instintivo e próprio do mundo animal.

Essa é uma das ações benfeitoras da homeopatia em certos doentes que, ao receberem-lhe a carga energética potencializada, sentem modificar-se até a sua contextura mental e emotiva, despertando-lhes um estado de euforia incomum. Eis por que a homeopatia é também medicina eletiva e afim à terapêutica dos espíritos, uma vez que eles conseguem imprimir no perispírito dos seus pacientes certas reações emotivas e de teor benéfico, que os tornam mais acessíveis à assimilação da espiritualidade.

6.
Os passes mediúnicos e o receituário de água fluidificada

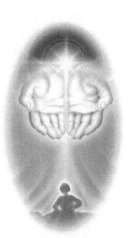

PERGUNTA: — Que dizeis sobre as qualidades terapêuticas da água fluidificada pelos médiuns?

RAMATÍS: — A água fluidificada é a medicina ideal para os espíritas e médiuns receitistas, pois, embora seja destinada a fins terapêuticos, sua aplicação não deve ser censurada pelos médicos, pois não infringe as posturas do Código Penal do mundo e sua prescrição não constitui prática ilegal de medicina. Quando a água é fluidificada por médiuns ou pessoas de físico e psiquismo sadios, ela se potencializa extraordinariamente no seu energismo etérico natural, tornando-se um medicamento salutar, capaz de revitalizar os órgãos físicos debilitados e restabelecer as funções orgânicas comprometidas.

A água é elemento energético e ótimo veículo para transmitir fluidos benéficos ao organismo humano. Ela é sensível aos princípios radioativos emanados do Sol e também ao magnetismo áurico do perispírito humano.[1]

---

[1] Nota do Revisor: Ainda como elucidação quanto aos benefícios da água magnetizada, transcrevemos o que diz o esclarecido espírito Emmanuel: — "A água é um dos elementos mais receptivos da Terra e no qual a medicação do Céu pode ser impressa através de recursos substanciais de assistência ao corpo e à alma.

A prece intercessória, como veículo de bondade, emite irradiações de fluidos que, por enquanto, são invisíveis aos olhos humanos e escapam à análise das vossas pesquisas comuns.

A água recebe-nos a influenciação ativa de força magnética e princípios terapêuticos que aliviam e sustentam, que ajudam e curam.

A rogativa que flui do imo d'alma e a linfa que procede do coração da Terra, unidas na função do bem, operam milagres. Quando o Mestre advertiu que o doador de um simples copo de água ofertado em nome de sua memória, fazia jus à sua bênção, Ele reporta-se ao valor real da providência, a benefício do corpo e do espírito,

Por conseguinte, se o indivíduo que lhe transfundir os seus fluidos for de físico enfermiço, depauperado, ou que, em sua mente, estejam em efervescência emoções nocivas, neste caso, a água que ele fluidificar transformar-se-á em elemento deletério.

Porém, não se deduza que o doador de fluidos tenha de ser um santo; mas, sim, que o seu espírito esteja com "boa saúde", pois se, por exemplo, em sua mente ainda estiverem em ebulição as toxinas de uma explosão de ciúme que o tomou na véspera, torna-se evidente que os seus fluidos não podem ser benéficos.

A água fluidificada é medicação eficaz sem a toxidez das drogas e produtos da farmacologia moderna, os quais algumas vezes são fabricados por industriais que, pela avidez de maiores lucros, não atendem a um escrúpulo rigoroso quanto aos fatores qualidade e técnica irrepreensíveis. Embora seja raro, há casos em que a água potencializada ou fluidificada por médiuns poderosos e de sadia vitalidade chega a alcançar o "quantum" energético e benfeitor da homeopatia na sua 100.000 dinamização infinitesimal.

Os médiuns vegetarianos, sem vícios deprimentes e libertos de paixões violentas, são capazes de produzir curas prodigiosas pelo emprego da água fluidificada, a qual ainda é superativada pelo energismo mobilizado pelos espíritos desencarnados em serviços socorristas aos encarnados.

PERGUNTA: — Qual é, enfim, o verdadeiro processo que torna a água fluidificada superior à água comum, a ponto de transformá-la em medicamento com propriedade curativa?

RAMATÍS: — Em verdade, é o próprio organismo do homem que oferece as condições eletivas para então manifestar-se em sua intimidade orgânica a ação terapêutica da água fluidificada!

Conforme os conceitos modernos firmados pela ciência terrena, o corpo humano é apenas um aspecto ilusório de "matéria", na qual predomina um número inconcebível de espaços

sempre que estejam enfermiços.
Se desejas, portanto, o concurso dos Amigos espirituais na solução de tuas necessidades fisiopsíquicas ou nos problemas de saúde e equilíbrio dos companheiros, coloca o teu recipiente de água cristalina, à frente de tuas orações, espera e confia. O orvalho do Plano Divino magnetizará o líquido com raios de amor, em forma de bênçãos, e estarás então consagrando o sublime ensinamento do copo de água pura, abençoado nos Céus".

vazios denominados "interatômicos" prevalecendo sobre uma quantidade microscópica de massa realmente absoluta. Caso fosse possível comprimirem-se todos esses espaços vazios que existem na intimidade da substância material do corpo físico, até ele se transformar no que os cientistas chamam de "pasta nuclear", resultaria dessa desagregação químico-física apenas um punhado de pó compacto representando a massa real existente, do homem, mas cabível numa caixa de fósforos, continuando, porém, a manter o mesmo peso conhecido. Comprova-se, assim, que um homem cujo peso normal é de 60 quilos, caso pudesse reduzir-se à condição dessa "pasta nuclear" compacta em absoluto, do tamanho de uma caixa de fósforos, para surpresa geral e, embora assim reduzida, continuaria a pesar os mesmos 60 quilos da sua estatura normal.

Em conseqüência, o organismo humano, na realidade, constitui um portentoso acumulador ou rede de energia, que a precariedade dos sentidos humanos distingue sob forma aparente de um corpo de carne ou matéria. Porém a sua individualidade intrínseca e preexistente é o espírito eterno cujo "habitat" adequado é o plano espiritual onde ele utiliza os seus atributos de pensar e agir sem precisar de um corpo físico.

Quando o homem se alimenta, ele apenas ingere massa ilusória, repleta de espaços vazios ou interatômicos, nos quais a energia cósmica prevalece sustentando a figura provisória do ser. Embora a alimentação comum do homem se componha de substância material, ela se destina essencialmente a nutrir os espaços vazios do "campo magnético" do homem. O corpo físico, na verdade, funciona como um desintegrador atômico que extrai todo o energismo existente nas substâncias que absorve em sua nutrição.

Ele libera completamente a energia atômica que existe em sua própria alimentação, ou nos medicamentos que a medicina terrena prescreve para defesa da sua saúde orgânica. Na verdade, tudo se resume em "revitalização magnética", isto é, aquisição de energia e não propriamente de substância. Os alimentos, o ar, a energia solar ou demais fluidos ocultos do orbe terráqueo estão saturados de princípios similares aos da eletricidade, os quais, na realidade, é que asseguram a estabilidade da forma humana em sua aparência física.

O médium é um ser humano e, portanto, um receptáculo dessa eletricidade biológica, transformando-se num acumulador vivo que absorve as energias de todos os tipos e freqüências vibratórias, a fim de prover às necessidades do seu próprio metabolismo carnal. Desde que ele possa potencializar essas energias e conjugá-las numa só direção, comandando-as pela sua vontade desperta e ativa, poderá fluir ou dinamizar a água e transformá-la em líquido vitalizante capaz de produzir curas miraculosas. É evidente que o corpo humano dos enfermos, quais outros acumuladores de carga mais debilitados, absorvem tanto quanto possível o "quantum" de energia que lhes carreia a água fluidificada pelos médiuns. E assim que esse energismo provindo do socorro mediúnico penetra na organização perispiritual do enfermo, distribui-se por todos os espaços interatômicos e eleva o "tônus-vital" pela dinamização de sua estrutura eletrobiológica.

PERGUNTA: — *Como poderemos entender que a água potencializada pelos fluidos magnéticos dos médiuns incomuns pode mesmo superar certos medicamentos poderosos da nossa medicina?*

RAMATÍS: — Já dissemos que o médium, tanto quanto o enfermo, não passam de acumuladores vivos com diferença de carga energética em comum, cujos corpos reduzidos em sua estrutura e espaços interatômicos cabem perfeitamente numa caixa de fósforos. Ao ingerir a água fluidificada, isto é, um conteúdo potencializado de modo incomum no seu energismo, o homem absorve diretamente e em estado de pureza, essa carga de forças vitalizadoras. Mas no caso dos medicamentos fabricados, ele, extraindo deles o "quantum" de energia de que necessita, também absorve desses elementos as impurezas e substâncias tóxicas da sua natural composição química.

Sabem os médicos que a eliminação dos sintomas enfermiços do corpo físico nem sempre significa a cura da moléstia, porquanto neutralizar os efeitos mórbidos não induz à extinção da sua causa. No entanto, essas drogas excitantes, antiespasmódicas, dilatadoras, sedativas ou térmicas, embora benfeitoras na eliminação de sintomas dolorosos, são compostas, geralmente, de tintura de vegetais agressivos, minerais cáusticos, substâncias tóxicas extraídas de insetos e répteis e que, se fossem ministradas na sua forma química natural, causariam a morte imediata. Essa é a grande diferença entre a água fluidificada e a medicação medicinal. Enquanto a primeira é energia pura transmitida através dum veículo inofensivo, como é a água comum, a segunda, embora ofereça também proveitoso energismo para o campo magnético do homem, utiliza substâncias nocivas, que obrigam o perispírito a uma exaustiva reação de defesa contra a sua toxidez. Enquanto tais drogas ou medicamentos extinguem sintomas enfermiços do corpo carnal, o seu eterismo oculto e desconhecido da ciência comum ataca o perispírito, porque esse eterismo origina-se do duplo etérico de minerais, vegetais, insetos e répteis do mundo astral primário, próprio dos reinos inferiores do orbe.

A água é, pois, naturalmente um bom "condutor" de eletricidade, e que depois de fluidificada ainda eleva o seu padrão energético comum para um nível vibratório superior. Assim operam-se verdadeiros milagres[2] pelo seu uso terapêutico ade-

---

[2] Nota do Revisor: Como exemplo e prova de tais "milagres", obtidos mediante a aplicação de água fluidificada e passes magnéticos, Ramatís nos permitiu deixar consignado nesta obra o seguinte fato: Há muitos anos, um casal de nossa amizade se lastimava e se considerava infeliz porque, tendo-se consorciado havia seis anos, ainda não tinham obtido a graça de lhes nascer um filho.
Inconformados com a dita provação, o marido decidiu levar a esposa a um médico especialista, a fim de ser identificada a causa e adotarem as providências adequadas. Então, feito o exame ginecológico, ficou constatado que, além do distúrbio específico causador da omissão e escassez do fluxo mensal, a infecundidade era devida a um atrofiamento das trompas uterinas, por anomalia congênita. E o médico aconselhou o recurso de uma intervenção cirúrgica. Ficou marcado o dia em que deveria ser efetuada a operação.
Aconteceu, no entanto, que dito casal, tomando conhecimento de um caso idêntico, cuja operação não dera o resultado previsto, ficou receoso e desistiu da intervenção cirúrgica.
Nessa emergência, lembraram-se de vir ao nosso encontro solicitar que fizéssemos uma "consulta aos espíritos". Em face da angústia que os dominava, decidimos fazer a dita consulta. E a resposta foi a seguinte: "Durante vinte dias aplicar passes magnéticos (resolutivos e de dispersão), no baixo-ventre; e em seguida, uma lavagem interna, com um litro de água fria fluidificada. Após esse tratamento, a paciente ficará curada e em condições de conceber".
O tratamento prescrito foi efetuado rigorosamente. Porém, decorridos três meses, o esposo, ao certificar que a mulher estava com o ventre inchado, ficou bastante apreensivo e atribuiu o caso a uma inflamação interna produzida (segundo sua convicção) pelas lavagens de água fria. E, então, lamentava haver concordado com semelhante tratamento.
Tendo sido informado dessa nova angústia doméstica, decidimos ir a sua casa para dizer-lhe apenas o seguinte: "Meu irmão": o guia ou espírito que formulou o tratamento asseverou, conforme dissemos, que "após vinte dias, sua esposa ficaria em condições de conceber". Por conseguinte, a fim de identificar a causa dessa

quado, igual ao passe mediúnico ou magnético que, aplicado por médiuns ou pessoas de fé viva e sadios, transforma-se em veículo de energias benéficas para a contextura atômica do corpo físico. A matéria, conforme explicou Einstein, é "energia condensada", o que ficou comprovado pela própria desintegração atômica conseguida pela ciência moderna, transformando novamente a matéria em energia! Deste modo, o que nos parece substância sólida, absoluta, é um campo dinâmico em contínua ebulição, cuja forma é apenas uma aparência resultante desse fenômeno admirável do movimento vibratório. Não há estaticidade absoluta no Cosmo, uma vez que no seio da própria pedra há vida dinâmica, incessante, condicionada a atingir frequências cada vez mais altas e perfeitas.

Assim é que, na intimidade do corpo físico, o perfeito equilíbrio gravitacional das órbitas microeletrônicas, governadas pelas forças de atração e repulsão, é que lhe dá a aparência ilusória de matéria compacta. A anulação recíproca da lei de gravidade no mundo infinitesimal, e que permite a cada elétron manter-se em órbita em torno do seu núcleo, é também conseguida pela sua maior ou menor velocidade, tal como acontece com os satélites artificiais lançados pelos cientistas terrenos, os quais, de acordo com sua velocidade, mantêm-se em rotação em torno da Terra entre determinado apogeu e perigeu.

PERGUNTA: — Toda água fluidificada pelos médiuns produz sempre resultados terapêuticos benéficos aos doentes?

RAMATÍS: — Não é bastante os médiuns fluidificarem a água, ministrarem passes mediúnicos ou extraírem receitas para, com isso, alcançar resultados positivos. Eles precisam melhorar sua saúde física e sanar os seus desequilíbrios morais. A simples operação de estender as mãos sobre um recipiente contendo água e fluidificá-la para que ela se torne em um veículo de magnetismo curador, exige, também, do médium, o fiel cumprimento das leis de higiene física e espiritual, a fim de elevar o padrão qualitativo das suas irradiações vitais.

"inchação" ventral, aconselho que a leve a um médico ginecologista.
Assim se fez; e o diagnóstico foi o seguinte: "Sua esposa está grávida!" Efetivamente, no prazo certo nasceu o primeiro filho; e nos cinco anos seguintes nasceram mais cinco. Porém, infelizmente, logo a seguir, a dita senhora enviuvou. E como era pobre, teve de travar grande luta para manter-se com os seis filhos.

Embora as forças do espírito sejam autônomas e se manifestem independentemente das condições físicas ou da saúde corporal, o êxito mediúnico de passes e fluidificação da água é afetado, quando os médiuns ou passistas negligenciam a sua higiene física e mental.

PERGUNTA: — E que dizeis quanto às particularidades profiláticas dessa higiene que deve ser observada pelos médiuns passistas?

RAMATÍS: — Em muitos centros espíritas ainda faltam a torneira de água e o sabão para certos médiuns passistas eliminarem a sujeira das unhas ou das mãos quando, à última hora, chegam aos trabalhos mediúnicos. Malgrado a boa-vontade desses médiuns no seu serviço caritativo por "via espiritual", as suas mãos entram em contacto cotidiano com centenas de objetos, criaturas enfermas, animais, líquidos, substâncias químicas agressivas, medicamentos, poeira, tóxicos, cigarros, alcoólicos, dinheiro, lenços contaminados, etc... E na falta de limpeza prévia, elas se transformam, à hora dos passes, em desagradável chuveiro de fluidos contaminados pelos germens e partículas nocivas a transmitirem-se aos pacientes.

Jesus era pobre, mas asseado; as suas mãos eram limpas e ele evitava até a alimentação indigesta ou tóxica.

PERGUNTA: — Os espíritas kardecistas afirmam que o mandato mediúnico é tarefa puramente espiritual, motivo por que podem ser dispensados quaisquer rituais, preocupações preventivas ou recursos do mundo material para se lograr bom êxito. Asseveram-nos que a boa intenção e a conduta ilibada são suficientes para atrair os bons espíritos sempre prontos a auxiliar os serviços socorristas sob a égide do espiritismo!

RAMATÍS: — Somos de parecer que os médiuns não devem confundir "rituais" com "preceitos de higiene"! O principal objetivo da prática de rituais no mundo terreno é exaltar a vontade humana pela sua focalização em símbolos e recursos sugestivos que impressionem a mente, a fim de se produzir um estado de "fé" ou de confiança incomuns, capaz de acelerar o energismo espiritual do ser, a fim de se conseguirem realizações psíquicas excepcionais.

Mas a higiene corporal e o asseio das vestes dos médiuns, durante suas tarefas mediúnicas terapêuticas, nada tem a ver com rituais, práticas ortodoxas ou quaisquer cerimônias de exaltação da fé humana. O uso do sabão e da água para a limpeza do corpo físico é necessidade essencial com o fito de eliminar-lhes a sujidade, o mau odor e os germens contagiosos que podem afetar os pacientes.

Não temos dúvida de que Francisco de Assis ou Jesus poderiam mesmo dispensar quaisquer recursos profiláticos do mundo material para o perfeito êxito de sua missão junto à humanidade terrena. A luz que se irradiava continuamente de suas auras, impregnadas de fótons profiláticos, era suficiente para nutri-los de forças terapêuticas ou preservá-los das germinações virulentas. A bênção e a prece de tais almas sublimes eram suficientes para transformar a água comum em medicamento poderoso.

Mas é óbvio que os médiuns ainda não podem alimentar essa presunção, pois ainda são espíritos em prova sacrificial no mundo terreno, empreendendo sua redenção espiritual mediante intensa luta contra as suas mazelas e culpas de existências pregressas. Ante a falta de credenciais de alta espiritualidade, eles não devem olvidar os recursos profiláticos do mundo físico, a fim de obterem o máximo sucesso na terapia mediúnica, em benefício do próximo.

PERGUNTA: — Considerando-se a necessidade de o médium dispensar sério cuidado à higiene do corpo, para o serviço de passes ou fluidificação da água, poderíamos então supor que a sua faculdade magnética, só por si, não é fundamental? Que nos dizeis?

RAMATÍS: — As nossas presentes considerações não têm por escopo dogmatizar sobre o exercício da mediunidade, pois ainda somos pelo velho conceito de que "a verdade sempre está no meio". Sem dúvida, o médium que já possui mais treino e experiência no seu "métier", tal como a ferramenta que se aguça pelo próprio uso, também há de conseguir melhores resultados do que os obtidos pelos neófitos com todos os seus recursos profiláticos do mundo material.

Mas, infelizmente, entre muitos médiuns e espíritas ainda é dogma o velho e errôneo conceito de que a "matéria não vale nada"! Esse conceito tomou alto relevo nas primeiras horas do entusiasmo espírítico, ao verificar-se pelas provas mediúnicas, que o "real" é o espírito, enquanto a "carne" é o "transitório". Daí, pois, a tácita negligência que se verifica entre muitos neófitos e mesmo veteranos da doutrina espírita quando olvidam que a matéria é uma projeção da própria Divindade e que o corpo carnal é o prolongamento fiel do espírito que o comanda. O corpo físico, pois, é tão importante para a manifestação da entidade espiritual quanto o violino é o instrumento valioso que expressa o gênio e o talento do artista sensato e zeloso de sua arte.

Embora existam pessoas que não sofrem quaisquer alterações em sua sensibilidade psíquica, quando submetidas aos passes de médiuns desleixados e mal-asseados, também já vos temos lembrado que os pacientes tornam-se mais receptivos aos fluidos terapêuticos mediúnicos quando os recebem de passistas que se impõem pelo melhor aspecto moral, asseio e delicadeza. Se o médium se desinteressar dos preceitos mais comuns de sua higiene e apresentação pessoal, certamente dará motivo a uma certa antipatia entre os seus consulentes.

PERGUNTA: — Poderíeis explicar-nos quais são os principais fatores que, durante a aplicação de passes, podem despertar essa antipatia entre o médium e os seus pacientes?

RAMATÍS: — Entre os pacientes submetidos aos passes mediúnico serão poucos os que se sentem atraídos e confiantes no médium que, arfando qual fole vivo, sopra-lhes no rosto o seu mau hálito e respinga-os de saliva, enquanto ainda os impregna com a exalação fétida do corpo ou dos pés mal-asseados. Outros médiuns ainda acrescentam a tais negligências o odor morno e sufocante do corpo suado, da brilhantina inferior no cabelo e da roupa empoeirada. Malgrado nossas considerações parecerem, talvez, exageradas, repetimos, ainda, mais uma vez: o êxito da terapia mediúnica depende fundamentalmente do estado de receptividade psíquica dos enfermos. Em conseqüência, todos os motivos ou aspectos desagradáveis no serviço mediúnico, mesmo os de ordem material, reduzem consideravelmente o sucesso desejado.

PERGUNTA: — *Porventura existem outras organizações de assistência terapêutica que se preocupem fundamentalmente com a adoção obrigatória dos preceitos da higiene física, para o melhor êxito da manifestação espiritual?*

RAMATÍS: — Nas tradicionais instituições e fraternidades iniciáticas, antes de quaisquer cerimônias ritualísticas e antes de os seus adeptos exercerem o culto exotérico ou a tarefa terapêutica, devem submeter-se ao banho de corpo inteiro em água odorante, ou, pelo menos, efetuar a ablução das mãos em líquido profilático. Comumente eles trocam as vestes de uso cotidiano por outras, limpas e suavemente incensadas, substituindo os calçados empoeirados pelas sandálias de pano alvo e asseadas. Em face dos elementos eletromagnéticos que constituem a essência da água, tomar um banho após um dia estafante proporciona à criatura um bem-estar saudável e reconfortante.

Certos movimentos espiritualistas como o esoterismo, a teosofia, a rosa-cruz, a yoga, os essênios e os fraternistas costumam queimar incenso em suas reuniões de estudos, meditações ou irradiações. Mas assim o fazem independentemente de qualquer ritual ridículo ou intenção de neutralizar a ação de espíritos malfeitores, como ainda supõem certos críticos desavisados da realidade. Essa prática, portanto, obedece mais propriamente a um senso de estesia espiritual e sensibilidade olfativa, em que os seus componentes procuram eliminar odores e exalações desagradáveis do ambiente, substituindo-os pelo aroma agradável e de inspiração psíquica, que provém do incenso em sua emanação delicada. É recurso natural usado no mundo físico e condizente com a natureza de um trabalho espiritual elevado, mas sem qualquer superstição mística ou providência de magia.

Não se confunda, pois, a limpeza das mãos, a substituição das vestes empoeiradas e suarentas, pelos trajes limpos, o banho preventivo ou o próprio aroma agradável no ambiente de trabalho psíquico, com os preceitos pagãos do ritualismo supersticioso ou cerimônias tolas. Assim como é censurável o fanatismo do ritual, também é censurável a falta de higiene corporal e a ortodoxia cega contra os recursos naturais do mundo em que viveis e que ajudam a melhor sensibilização psíquica.

Não recomendamos uma profilaxia fanática e exagerada, capaz de transformar a mais simples limpeza do corpo ou do ambiente, em implacável formalismo a objetos e rituais. Mas também não concordamos que alguns médiuns espíritas e curandeiros se apresentem aos centros espíritas com as mãos gordurosas ou sujas de vitualhas temperadas, enquanto guardam a ingênua presunção de doar eflúvios agradáveis e sadios aos enfermos!

PERGUNTA: — Mas o auxílio dos guias de alta vibração espiritual, junto aos médiuns, não é suficiente para neutralizar o efeito dessas emanações ou odores, que são próprios do corpo de carne e não do espírito imortal?

RAMATÍS: — Alhures já vos dissemos que, se bastasse unicamente a presença de bons guias para se eliminarem quaisquer surtos enfermiços ou odores desagradáveis dos médiuns ou do ambiente, é óbvio que estes então seriam dispensáveis, por não passarem de simples estorvo a dificultar a livre fluência das energias doadas pelos desencarnados. As criaturas já santificadas podem prescindir de qualquer rito ou recursos profiláticos do mundo físico na tarefa de curar o próximo, porquanto são verdadeiros condensadores das vibrações do Cristo. Mas, em geral, os médiuns são homens defeituosos, enfermos, e alguns, até viciados e de pouca higiene, ou mesmo preguiçosos, que ainda deixam a cargo dos seus guias os problemas e os obstáculos naturais do mundo físico.

Muitos deles, presunçosos do seu poder mediúnico e convencidos de que vivem sempre assistidos pelos espíritos de hierarquia espiritual superior, deixam de mobilizar os recursos próprios do plano em que atuam, guardando a esperança de que o milagre há de se realizar à última hora.

PERGUNTA: — Pressupomos que nem todos os médiuns dispõem de tempo e circunstância favoráveis que lhes permitam o cumprimento integral de suas tarefas mediúnicas, pois, em geral, o homem terreno vive completamente algemado ao relógio, mal conseguindo atender às suas obrigações comuns. O médium pobre, por exemplo, mal dispõe de alguns minutos para o seu alimento e descanso, pesando-lhe ainda na vida a função assistencial da mediunidade. Que dizeis?

RAMATÍS: — Considerando o velho provérbio de que "água não custa dinheiro", obviamente, não a usa quem não deseja, enquanto a maior parte dos médiuns que alegam falta de tempo para a leitura de um livro, do asseio corporal ou das vestes, gasta a maior parte do seu tempo em dormir, na leitura de jornais, de revistas ou nas visitas inoportunas.

Atualmente, existem no mundo os mais variados compêndios de ensinamentos esotéricos e roteiros educativos de outros movimentos espiritualistas, além do espiritismo, mas que ajudam os próprios médiuns a disciplinar a sua vontade, melhorar sua higiene mental e física, bem como o controle emotivo tão necessário ao êxito da prática terapêutica. Aqueles que souberam aproveitar alguns minutos disponíveis entre suas obrigações terrenas nesse estudo hão de auferir conhecimentos que tanto lhes aperfeiçoarão as condições psíquicas como também os seus recursos físicos.

Essas obras expõem pormenores e experimentações que Allan Kardec não pôde esmiuçar em sua época, mas servem de melhores esclarecimentos a tudo que o próprio codificador deixou como base definitiva da doutrina. Os médiuns do futuro serão criaturas disciplinadas por cursos técnicos e conhecimentos científicos, efetuando o melhor aproveitamento da energia psíquica no serviço mediúnico de transfusão de fluidos terapêuticos, mas isso será graças ao seu domínio mental sobre os movimentos instintivos do corpo e à prática da respiração iogue, que melhor purifique a circulação sanguínea e aumente a vitalidade magnética do corpo.

Embora sejam poucos os médiuns que dispõem de alguns tempo para estudar proveitosamente a doutrina espírita ou a técnica da mediunidade, eles serão sempre os verdadeiros beneficiados na tarefa socorrista ao próximo. Em conseqüência, que procurem auferir o melhor proveito no exercício de sua faculdade mediúnica no mundo material e cumpram-na acima de todas as futilidades e desperdícios de tempo, se realmente desejam o benefício redentor de amortizar suas faltas passadas.

O médium colhe exatamente o que semeou outrora e, embora a Lei Cármica se manifeste sob diferentes esquemas de compromissos individuais, e de acordo com a necessidade de cada criatura, na verdade, os conceitos superiores e definitivos que fundamentam a evolução do espírito na Terra ainda são aqueles do Mestre Jesus: "Faze aos outros o que queres que te façam" e "ama ao próximo como a ti mesmo".

PERGUNTA: — Voltando a tratar do asseio corporal e do melhor aspecto dos médiuns em suas tarefas mediúnicas de passes ou fluidificação de água, lembramo-nos de alguns curandeiros, que se tornaram célebres pelos seus tratamentos e curas impressionantes, mas foram homens de aspecto desleixado e sem qualquer princípio de higiene corporal. Que dizeis?

RAMATÍS: — A fé que, em certos casos, os enfermos depositam sinceramente nos seus curandeiros hirsutos e desasseados é, justamente, o detonador psíquico que lhes desata as próprias forças vitais latentes, desentorpece-lhes os músculos atrofiados ou renova-lhes os tecidos enfermos, assim como a corrente elétrica ativa as funções das células nervosas na conhecida neuroterapia dos "choques elétricos". É desse modo que se processam as curas de Fátima, de Lourdes, e os milagres das promessas ao Senhor do Bonfim, de Iguape, a Nossa Senhora da Penha, de Guadalupe ou do Rocio, inclusive nos tradicionais lugares santos, imagens que choram e as estampas que piscam ou se movem.

Assim é que, diante das estátuas, das imagens mudas ou nos lugares santos e miraculosos, os aleijados abandonam as muletas, os cegos vêem, os surdos tornam a ouvir e desaparecem as doenças mentais atrozes, embora os enfermos não tomem qualquer contacto direto com criaturas vivas. Eles alimentam em si mesmos o clima energético espiritual que os torna hipersensíveis e dinâmicos; ou então absorvem os fluidos curadores dos espíritos terapeutas que ali atuam em favor da saúde humana.

Aliás, a verdadeira fonte oculta e sublime das energias curativas encontra-se na própria intimidade espiritual da criatura, restando-lhe apenas saber mobilizar essas forças através da vontade e da confiança incomuns, para então ocorrer o sucesso terapêutico, que posteriormente é levado à conta de admirável milagre contrariando as próprias leis do mundo. Em conseqüência, desde que existem estampas, fontes de água, túmulos, imagens ou relíquias sagradas que podem servir de estímulo à fé humana e produzir as curas incomuns, por que, então, o curandeiro sujo e ignorante também não pode servir de alvo para essa mesma fé despertar as energias curativas do espírito imortal? Porventura o corpo físico, como um dos mais impressionantes reservatórios de forças criadoras, já não é um autêntico milagre da vida?

A sua capacidade de gerar-se e desenvolver-se no ventre materno, em seguida vir à luz do mundo, crescer e consolidar-se como abençoado instrumento de trabalho e aperfeiçoamento do espírito é a prova mais evidente desse milagre estupendo da Natureza! Quer provendo-se de alimentos ou sob a ação dos medicamentos da medicina do mundo, o organismo físico é quem realmente substitui, por outras revitalizadas, as células exauridas, modifica os tecidos decrépitos, consolida fraturas ósseas, cicatriza lesões e recompõe cabelos e unhas, enquanto fabrica toda espécie de sucos, hormônios e líquidos necessários às diversas funções do metabolismo vital.

Em sua capacidade e inteligência instintiva e oculta, o corpo mantém a pressão, a circulação, a temperatura ou o tônus cardíaco que se fazem necessários para manter em equilíbrio o ser, no meio em que se manifesta. Apenas o homem fere uma falange do seu dedo mínimo, já a sua prodigiosa maquinaria de ossos, nervos e músculos mobiliza "cimento, cola", minerais e antissépticos carreando-os para o local acidentado, a fim de evitar a hemorragia fatal ou debelar a infecção perigosa.

Nos primeiros meses de vida, a criança é alimentada preferencialmente com leite materno ou leite artificial em pó; mas, para espanto dos observadores, em troca desse líquido de cor branca e inodoro, miraculosamente, ela produz cabelos louros, ruivos ou pretos; o sangue vermelho, a bílis esverdeada, os olhos azuis, marrons, verdes ou negros; as unhas rosadas, a pele amorenada, preta ou branca; a carne, os ossos, os nervos, os dentes! Sem dúvida, não é a substância alimentícia do leite, propriamente dita, o que permite tal milagre, mas é a energia atômica, a força nuclear das moléculas e dos átomos que a compõem, os recursos de que o organismo da criança lança mão e com eles constrói o seu edifício celular e vivo.

Na intimidade do homem, portanto, a sabedoria divina opera mobilizando todas as forças ocultas da vida superior e materializando à luz do mundo planetário o espírito lançado na corrente evolutiva da angelitude!

PERGUNTA: — Poderíeis configurar-nos algum exemplo mais objetivo, quanto a essa dinamização de forças ocultas que vivem na própria intimidade do homem e se transformam em recursos de efeitos miraculosos?

RAMATÍS: — Quando a criatura, mesmo instintivamente, é capaz de concentrar todas as suas forças mentais e vitais, enfeixando-as e projetando-as num só impacto curativo sobre o seu corpo enfermo, elas então conseguem realizar a cura, quer tenham sido dinamizadas pela sua fé e confiança no médico, curandeiro, médium, santo miraculoso ou imagem de santa.

Em rápido exemplo comparativo, lembramos-vos o que acontece quando a carroça sobrecarregada atola-se no banhado ou estaca na subida por excesso de peso e o condutor, hábil e experiente, conjuga então todas as energias dos seus cavalos e os anima, ajustando-os gradativamente até lograr a perfeita sintonia de suas forças. No momento exato da mais vigorosa tensão, num só brado e ímpeto vigoroso de ação, ele chicoteia os cavalos em conjunto, os quais, num só arranco uniforme e coeso, movem a viatura pela coordenação mútua de suas próprias forças lançadas numa só direção. Da mesma forma, existem criaturas que, por uma disposição mental, intuitiva ou mesmo instintiva dinamizam suas energias pela fé ou confiança incondicional em alguém ou alguma coisa, e depois aproveitam-nas em um só impacto energético sobre si mesmas, logrando o milagre de sua recuperação orgânica, instantânea.

Mas nem todos os seres são capazes de potencializar em si mesmos o "quantum" de suas energias curativas latentes no imo da alma, por culpa de sua vontade débil e falta de confiança em sua própria força. Sob tal aspecto, os médiuns também devem conjugar todos os seus esforços espirituais em suas tarefas terapêuticas, inclusive os recursos profiláticos do mundo físico, assim como pela sua simpatia, confiança e ânimo espiritual influir favoravelmente na potencialização energética dos próprios enfermos.

PERGUNTA: — É justificável a atitude de alguns médiuns

e espíritas que, durante os passes mediúnicos ou magnéticos, advertem os pacientes para não cruzarem as mãos ou os pés? Porventura não se trata de superstição ou reminiscência de algum rito da prática de magia de outrora?

RAMATÍS: — Se tal prática fosse resultante de qualquer superstição ou rito de magia, então teríeis que também subestimar todos os movimentos que os médiuns executam com suas mãos durante os passes, o que fazem dentro da técnica da magnetoterapia para distribuírem eqüitativamente as forças vitalizantes do mundo oculto sobre os plexos nervosos dos enfermos.

Aliás, ainda são poucos os médiuns que possuem uma noção satisfatória das leis ocultas que disciplinam os pólos positivos e negativos das correntes eletromagnéticas ou eletrobiológicas, que circulam através dos seres vivos. Os mais ignorantes confundem a técnica dos passes terapêuticos com as vassouradas que praticam de cima para baixo e de baixo para cima sobre os enfermos, quando então misturam os fluidos perniciosos com os eflúvios vitais benéficos. Não sabem praticar a "descarga fluídica" antes dos passes; não conhecem as leis de dispersão, de fuga ou polarização dos fluidos perispirituais, e assim praticam toda sorte de equívocos e tolices quanto à técnica sadia na sua função de passistas, cujos resultados ainda são algo proveitosos devido à interferência contínua das entidades experimentadas do "lado de cá".

Aqui, esses médiuns condensam fluidos revitalizantes sobre os órgãos congestos; ali, dispersam as forças vitalizantes das regiões anêmicas dos pacientes; acolá, efetuam passes longitudinais em zonas orgânicas que pedem apenas uma polarização fluídica. No seu fanatismo cego, muitos médiuns repudiam os ensinamentos mais valiosos de um tratado esoterista ou de qualquer compêndio teosófico ou iogue, que lhes facultariam um conhecimento sensato e sábio ao manusearem as forças ocultas.

Através das oscilações dos pêndulos radiestésicos, poder-se-á comprovar facilmente que no corpo humano circulam as correntes eletromagnéticas de natureza positiva ou negativa, quer movendo-se em sentido longitudinal, transversal ou horizontal, assim como polarizam-se em torno dos sistemas e dos órgãos físicos. Embora essas forças ocultas escapem à aferição dos sentidos humanos comuns, elas podem ser identificados pelos médiuns treinados ou criaturas de psiquismo muito sensível e aguçado.

Elas interpenetram e vitalizam órgãos e sistemas de sustentação anatomofisiológica do homem, enquanto carreiam-lhe as impurezas fluídicas e processam as transfusões "etereoastrais" tão necessárias ao metabolismo perispiritual. Em conseqüência, desde que se cruzem as mãos ou os pés durante os passes mediúnicos e magnéticos, obviamente fecha-se o circuito etereomagnético dos próprios fluidos em circulação, e que precisam retemperar-se na fonte terapêutica do mundo espiritual, retornando depois às mesmas zonas do corpo humano desvitalizado. Quando o circuito magnético é fechado termina em polarização, isto é, reflui a energia e cessa o seu contacto direto entre o paciente e o passista, assim como baixa o tom do magnetismo do perispírito.

Reduzindo-se a absorvência perispiritual do enfermo, devido à polarização dos fluidos em efusão, ele deixa de recepcionar as forças doadas pelos passistas, que não lhe penetram no metabolismo psicofísico e terminam por dissolver-se no meio ambiente.

7.
Por que nem todos se curam pelo receituário mediúnico?

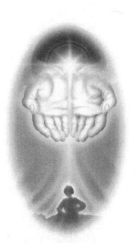

PERGUNTA: — *Desde que a dor e o sofrimento purificam o homem, por que os mentores espirituais não reservam só aos médicos a função de cuidar dos enfermos do mundo? Se o próprio médium assistido pelos bons espíritos é incapaz de eliminar a doença cármica de retificação espiritual do enfermo, porventura não seria mais lógico e sensato o Alto deixar à medicina terrena a responsabilidade de socorrer e curar fisicamente os encarnados?*

RAMATÍS: — As curas através do receituário espírita destinam-se principalmente a abalar as criaturas descrentes, os religiosos fanáticos, os indiferentes e os próprios médicos ateístas. Atraindo-os também para o estudo e vivência dos postulados espíritos da vida imortal, é evidente, neste caso, que a saúde física ainda é menos importante do que a modificação espiritual dos beneficiados pelo espiritismo. O enfermo que, depois de perder sua fé e confiança nos recursos médicos do mundo, alcança a sua cura ou a de seus familiares por intermédio da receita espírita, jamais poderá esquecer essa doutrina espiritualista que lhes proporcionou benefícios tão extraordinários e ainda gratuitos.

Os pacientes mais sensíveis e gratos, depois de curados pela terapêutica espírita, procuram recuperar o tempo que perderam com as futilidades do mundo transitório, devotando-se com entusiasmo aos empreendimentos caritativos e ajudando a recuperação física e espiritual de outros enfermos. Desde que ao médico cabe a tarefa messiânica de ajudar o homem terreno na suportação do seu fardo cármico e aliviar-lhe as dores demasiadamente cruciantes, então, ao médium cumpre o dever de animar e confortar o espírito do doente, quando nos seus momentos de desespero enfrenta a doença redentora.

PERGUNTA: — Considerando-se que a medicina, às vezes, também efetua curas miraculosas, isto prova que ela também é assistida pelos espíritos terapeutas. Deveríamos subestimá-la, só porque se trata de uma profissão acadêmica, alheia à doutrina espiritualista?

RAMATÍS: — Quando os mentores siderais facilitam a cura física por intermédio da medicina terrena, quer isto se realize de modo comum ou excepcional, é óbvio que os pacientes beneficiados não ficam obrigados a qualquer modificação moral ou mudança de raciocínio, nem os médicos também ficam obrigados a converter-se. Aliás, quase sempre sucede o contrário, pois os doentes salvos pela abnegação e capacidade dos médicos terrenos não demoram muito tempo em esquecer os benefícios recebidos, sentindo-se desobrigados de qualquer gratidão, só pelo fato de terem remunerado os seus serviços.

Os mais ingratos costumam associar certas coincidências fortuitas para justificar a sua cura, atribuindo o sucesso médico a fatores estranhos. Se o beneficiado é católico, quase sempre exprime a gratidão de sua saúde ao seu santo predileto.

No entanto, o caso muda de figura quando acontece sob os auspícios do espiritismo, pois tratando-se de uma doutrina espiritualista e sem obrigação de curar os males físicos dos seus adeptos, simpatizantes ou estranhos, os que são recuperados pela sua terapêutica mediúnica jamais olvidam os seus serviços incomuns e gratuitos, que lhes restituíram a saúde por intermédio dos espíritos benfeitores.

PERGUNTA: — E quais seriam os outros objetivos espirituais da mediunidade de cura, além de proporcionar a saúde física do homem e interessá-lo no estudo e no conhecimento dos princípios morais do espiritismo?

RAMATÍS: — A mediunidade de cura transforma-se num excelente ensejo de trabalho e preocupação proveitosa no mundo terreno, tanto para os adeptos do espiritismo como para os próprios espíritos desencarnados desenvolverem suas virtudes no serviço de amor ao próximo. Na constituição de grupos de trabalho mediúnico em atividade caritativa, os médiuns redimem-se do passado delituoso e os demais companheiros dinamizam e fortalecem suas reservas espirituais.

O Alto sempre nos proporciona a oportunidade de acelerarmos o nosso progresso espiritual, desde que estejamos também preocupados em solver os problemas angustiosos e difíceis dos nossos irmãos. E a seara espírita é um desses ótimos ensejos para a reabilitação da alma, e seu programa de trabalho educativo e redentor é uma segurança para o espírito bem-intencionado. O adepto do espiritismo, quando estudioso e prudente, é como o general em véspera de batalha: ele esquematiza o seu próprio combate para vencer as paixões e os vícios nocivos inerentes à sua natureza animal.

No entanto, o homem desinteressado de conhecer-se a si mesmo, indiferente a saber de onde veio, para onde vai e o que significa no Universo, pode julgar-se um ser habilidoso e astuto, porque aproveita epicuristicamente todos os prazeres do mundo físico. No entanto, ele é um completo desmentido ao conceito de sabedoria espiritual, uma vez que não é sábio nem talentoso, mas estúpido e simplório, pois quem se desinteressa de conhecer a sua própria existência real, nega-se a si mesmo!

O espiritismo, além do objetivo importante de ajudar o homem a descobrir sua própria imortalidade e significação no Cosmo, através do serviço mediúnico benfeitor, também rompe mais cedo os grilhões do Carma humano pregresso. É evidente que todas as horas empregadas pelo homem nas tarefas espirituais, tanto o afastam do contacto prejudicial com as paixões inferiores como o livram das ligações perigosas com os espíritos das sombras.

PERGUNTA: — E quais seriam esses empreendimentos proveitosos que o espiritismo proporciona aos seus adeptos, quer ajudando-os a reduzir o seu Carma pretérito, assim como a apressar o seu progresso espiritual?

RAMATÍS: — É vasto o campo de trabalho em favor alheio sugerido pela doutrina espírita. Através dos sentimentos fraternos tão peculiares do povo brasileiro, ela já tem proporcionado o abrigo para o órfão, o sanatório para o tuberculoso, o asilo para o velho, a creche para a criança, a associação para o recém-nascido, a instituição para o demente, o albergue noturno para os deserdados da sorte. Graças, pois, ao incentivo do espiritismo, os espíritas desenvolvem um labor proveitoso em seus movimentos socorristas — o que já é tão tradicional no vosso país — alimentando os famintos, curando os enfermos, atendendo os desamparados e alfabetizando as crianças.

E quase tudo isso é feito às expensas dos centros, das federações espíritas, das subvenções e auxílios particulares dos próprios adeptos, que assim procuram ajudar nos problemas de assistência social sem esperarem pelo apoio oficial dos poderes públicos tão negligentes. Os espíritas não ignoram que os governos do mundo costumam atender primeiramente aos seus propósitos políticos e interesses partidários, ou então satisfazer as exigências do Clero Romano dominante das massas incultas, antes de se preocuparem com a criança analfabeta, a mãe pobre, o velho alquebrado e o enfermo abandonado. Enquanto destinam verbas vultosas para campanhas desportivas, embaixadas faustosas, concursos espetaculares, festas carnavalescas, congressos eucarísticos, episcopados luxuosos e catedrais suntuosas de pedra fria, destinados aos que já têm saúde e estão ricos e fartos, eles esquecem censuravelmente os doentes, os pobres e os esfomeados!

Daí, o mérito do trabalho anônimo dos espíritas no setor caritativo, quando, além da pregação em favor da libertação espiritual do homem, eles ainda providenciam desde a receita mediúnica, os passes e a água fluidificada para a cura do corpo enfermo.

PERGUNTA: — Mas por que a receita mediúnica, às vezes, não produz o efeito ou a cura desejada, mesmo quando é prescrita pelos espíritos de alto nível sideral? Enfim, por que nem todos os pacientes curam-se pelo espiritismo, uma vez que isso os levaria a melhorar sua conduta espiritual?

RAMATÍS: — Já dissemos que a Terra ainda é um planeta imperfeito, em cuja psicosfera muito densa avultam as energias agressivas que investem violentamente contra a contextura delicadíssima do perispírito das entidades benfeitoras em serviço socorrista junto à crosta terráquea. Na verdade, embora tratem-se de forças adversas do espírito, elas são oriundas da fonte selvática do mundo animal. Malgrado a sua permanente hostilidade a qualquer empreendimento de ordem espiritual, é de sua força, coesão e zelo que depende a manutenção das formas terrenas.

No entanto, transformam-se em cerrada cortina a dificultar o trabalho dos espíritos superiores, impedindo-os, por vezes, de acertarem a solução terapêutica mais exata em favor dos desencarnados. Aliás, sabeis que o próprio Jesus não pôde curar todos os homens, pois enquanto alguns ainda não possuíam a "fé que remove montanhas", outros não estavam em condições de livrarem-se dos seus sofrimentos e mazelas físicas determinados pela Lei do Carma.

Apesar do amor e da bondade incondicionais que caracterizam os espíritos superiores, nem por isso eles podem afastar prematuramente os seus queridos das provas cármicas redentoras. Conforme já vos temos repetido diversas vezes, as doenças originadas pela indisciplina mental ou emoção descontrolada, produzem toxinas psíquicas que aderem à contextura do perispírito. Mais tarde elas precisam fluir para o corpo físico, o qual então se transforma num "mata-borrão" vivo, com a função sacrificial de absorver o veneno produzido pelos estados pecaminosos do espírito invigilante. Finalmente, quando o cadáver saturado de tóxico psíquico desce à cova do cemitério, ele é o "fio-terra" encarregado de esgotar ou transferir para o solo da matéria a carga deletéria vertida pelo perispírito.

Em conseqüência, nem todas as receitas mediúnicas produzem o efeito desejado, pois enquanto em certos casos as dificuldades do ambiente terráqueo impedem o êxito terapêutico dos espíritos, doutra feita o estado do enfermo não deve ser alterado, porque trata-se de uma "descarga mórbida" do perispírito para o corpo de carne, isto é, um processo benéfico ao espírito.

Em tal caso, os espíritos nada mais podem fazer do que ministrar alguns conselhos ou advertências salutares, no momento, em vez de prescreverem medicamentos ou fornecerem o diagnóstico tão esperado na consulta mediúnica, o que nem sempre deixa o consulente satisfeito.

PERGUNTA: — *Aliás, temos observado que os consulentes, em geral, não apreciam os conselhos e as advertências dos espíritos desencarnados, quando a sua máxima preocupação é conhecer o diagnóstico de sua doença e receber a medicação salvadora. Que dizeis?*

RAMATÍS: — Efetivamente, os doentes que solicitam receitas mediúnicas quase sempre ficam decepcionados quando, em vez do diagnóstico incomum ou da medicação certa, são convidados pelos espíritos à oração, ao reajuste espiritual e à submissão aos ensinamentos de Jesus. Em geral, eles buscam apenas a solução fácil e miraculosa para os seus males e incômodos físicos, mas mostram-se apáticos e indiferentes aos conselhos e advertências espirituais que lhes sugerem modificação da conduta moral ou resignação ante as vicissitudes cotidianas. Decepcionados, depois criticam os médiuns pelo seu receituário mediúnico ineficaz e os guias não passam de conselheiros sisudos.

Os espíritos mais sensatos preferem erguer o ânimo e dinamizar a fé dos seus enfermos, quando verificam que a eliminação do sofrimento dos mesmos causar-lhes-ia prejuízos à sua mais breve redenção espiritual. Aliás, os terrícolas ainda vivem tão escravizados ao imediatismo das paixões e dos vícios terrenos, que se tornam impermeáveis aos mais heróicos esforços dos seus mentores espirituais. Deste modo, eles fazem jus ao sofrimento que incessantemente lhes perturba a vida cotidiana e os impede de incorrerem na prática de maiores erros.

Os espíritos protetores não têm por função específica afastar os seus pupilos da dor que os redime e os estorva de se comprometerem com novos delitos espirituais, mas acima de tudo o seu dever é acordá-los para a realidade da vida imortal. Nem todos os homens podem ser curados pela terapêutica mediúnica da doutrina espírita, mesmo quando são atendidos por médiuns eficientes e espíritos elevados, pois a saúde do corpo físico é menos importante do que o equilíbrio espiritual da alma eterna.

A verdadeira saúde provém do culto incondicional do espírito aos ensinamentos evangélicos e às virtudes propagadas há milênios pelos líderes espirituais da Terra, quando de sua peregrinação messiânica entre todos os povos. No entanto, a enfermidade alimenta-se no combustível inferior gerado pelos pecados ou pelas paixões nefastas. Aliás, é por isso que o Evangelho de Jesus ainda é o mais avançado "Tratado Médico" da alma, pois ao recomendar a bondade, o amor, a tolerância, a paciência, a resignação ou humildade, atende às próprias necessidades da fisiologia humana em favor da saúde corporal. Mesmo a oração constante na vida do homem, principalmente antes das refeições, ainda é excelente indicação terapêutica, uma vez que estabelece o clima de serenidade espiritual junto à mesa de refeições, e proporciona a regularização do processo fisiológico humano em seus diversos efeitos.

O conceito de "alma sã em corpo são" há milênios desposado pelos gregos, já era advertência profunda de que a saúde física depende fundamentalmente da saúde espiritual. É o que nem todos os consulentes de receitas mediúnicas concordam em aceitar, pois quando os espíritos dão-lhes conselhos e os advertem sem as minúcias de sua doença ou sem medicamento, eles então deixam de crer na mensagem espírita e desmerecem o médium.

8.
Os impedimentos que prejudicam os efeitos das medicações espíritas

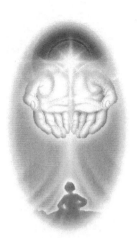

PERGUNTA: — *Em nossas pesquisas sobre o serviço mediúnico intuitivo na seara espírita, por vezes chegamos ao desânimo, tal a incerteza e a improdutividade de certos trabalhos, que não ultrapassam o nível comum dos próprios médiuns. Que dizeis disso?*

RAMATÍS: — Os médiuns, já o dissemos, atualmente ainda significam a cota de sacrifício atuando na vanguarda da divulgação da imortalidade da alma e do intercâmbio entre vivos e mortos. No futuro, o animismo improdutivo, as confusões freudianas, a associação de idéias, o histerismo, o automatismo psicológico e outros óbices indesejáveis, ainda existentes no intercâmbio mediúnico atual, hão de desaparecer em face do treino e da pesquisa dos próprios cientistas simpatizantes da doutrina.

A mediunidade evoluiu e aperfeiçoa-se, possuindo um roteiro definido para os desideratos superiores, tal qual a inteligência do homem também progride pelo exercício e o esforço incessante nos diversos setores da ciência do mundo. Inúmeras realizações técnicas e científicas que hoje deslumbram o vosso mundo, também requereram centenas de experimentos para corrigir os hiatos e as imprevisões, que existiam antes dos admiráveis padrões modernos.

Que seria da medicina terrena, caso os seus abnegados líderes, ante os seus equívocos iniciais, desistissem de prosseguir no estudo de tal ciência? Portanto, o pessimismo, a dúvida e a indiferença prejudicam o serviço dos médiuns incipientes.

PERGUNTA: — *Quais são as dificuldades mais comuns que os espíritos terapeutas enfrentam para atender ao receituário mediúnico sob a responsabilidade do espiritismo?*

RAMATÍS: — Em geral, o público amontoa centenas de papeletas com consultas e pedidos, na mesa do centro espírita, à última hora; sua maior porcentagem, no entanto, só indaga coisas e doenças as mais triviais. O médium receitista então fica obrigado a um trabalho árduo e ininterrupto, que o esgota na sua resistência mental-física, como ainda lhe impede perfeita sintonia psíquica com o Além. O êxito do receituário mediúnico, em massa e em horário curto, exige rapidez de ação por parte do espírito terapeuta e do seu ajuste instantâneo e harmônico ao cérebro perispiritual do médium receitista. Qualquer vacilação ou interferência imprevista entre ambos pode resultar em alteração na prescrição das receitas.

Malgrado a tradição terrena ensinar que os espíritos desencarnados possuem o dom da ubiqüidade e podem transladar-se facilmente no mundo espiritual, superando também os obstáculos da própria matéria e visitando, ao mesmo tempo, inúmeros enfermos eqüidistantes, eles não estão aptos para prever as surpresas espirituais ou as dificuldades magnéticas durante o exame psíquico, provocados pelos próprios consultantes. Sem dúvida, os médiuns criteriosos, sob o amparo dos espíritos terapeutas e experimentados no socorro dos encarnados, chegam a cumprir um receituário mediúnico útil e compensativo.

Mas há casos em que os enfermos a serem examinados encontram-se tão fortemente impregnados de fluidos ruinosos, resultantes de sua emotividade descontrolada ou dos seus pensamentos nocivos, que os espíritos terapeutas não logram êxito na formulação do diagnóstico perispiritual e também falham na prescrição do medicamento. Também, infelizmente, às vezes, os médiuns cercam-se de influências tão perturbadoras, que isolam completamente a faixa vibratória dos seus guias terapeutas; então receitam medicamentos inócuos, remédios exóticos ou panacéias ridículas, pois ficam sob o forte domínio do animismo incontrolável, ou então podem sintonizar-se com as entidades do baixo astral.

Acresce, ainda, que o seu subconsciente interfere, de modo

vigoroso, durante o nosso labor e intercâmbio com os encarnados, obedecendo ao próprio automatismo de defesa da personalidade humana contra a intromissão de uma vontade alheia no seu comando pessoal. E se o médium for criatura bastante onerada com dívidas pretéritas, enfrentando constantemente as vicissitudes de ordem moral e física no mundo terreno, crescem essas dificuldades, pois há médiuns que ainda bebem alcoólicos, fumam, abusam da alimentação carnívora e movimentam-se à caça de prazeres fáceis! Malgrado a sua tarefa de divulgar a realidade da vida imortal, há também os que temem a morte tal qual o homem comum.

A fim de atender na mesma noite a centenas de receitas e aos pedidos formulados nos centros espíritas, o médium receitista precisa escrever às pressas e se fatiga facilmente no desempenho dessa tarefa incomum.

Qualquer demora na recepção espiritual ou preocupação íntima é suficiente para o desajuste vibratório com o seu guia. E os espíritos desencarnados, por sua vez, ante os numerosos pedidos, vêem-se obrigados a cuidar com mais atenção dos apelos dos casos mais graves, enquanto se limitam a prescrever medicação contemporativa aos demais consulentes, atendendo-os apenas com o fito de não lhes causar desânimo.

Deste modo, quase sempre predominam no receituário mediúnico as indicações de remédios de ação geral ou paliativa, tais como os reconstituintes do sangue, extratos hepáticos, xaropes, vitaminas, fortificantes dos nervos ou recalcificantes comuns, que são prescritos para os casos menos importantes, dentro do horário premente e da capacidade física do médium. E quanto às inquietações psíquicas, os espíritos restringem-se a dar conselhos confortadores e advertência espiritual ou à promessa de breve socorro.

No entanto, apesar de os adeptos e médiuns espíritas saberem que todos os fenômenos da Criação são disciplinados por leis sensatas e imutáveis, eles parecem admitir que os desencarnados são seres miraculosos, pois exigem que eles atendam a um receituário mediúnico vultoso e atropelado, no tempo limitado de uma sessão espírita.

PERGUNTA: — *Quais são essas dificuldades mais comuns,*

que os próprios consulentes opõem aos espíritos encarregados dos diagnósticos e das prescrições de medicamentos?

RAMATÍS: — Muitas vezes, durante o exame perispiritual, as suas poses mentais descontroladas ou censuráveis dificultam aos espíritos terapeutas conseguirem um diagnóstico correto para prescreverem a medicação adequada.

Envoltos por fluidos, às vezes detestáveis, de vícios desregrados, eles destroem as possibilidades de êxito do socorro do Além.

Como decorrência, os espíritos terapeutas terão de fracassar ao tentarem formular o diagnóstico do enfermo através de um perispírito sujo e oleoso, cujos fluidos grosseiros formam uma espécie de cortina opaca, intransponível. É difícil, portanto, o êxito do receituário mediúnico para beneficiar criaturas viciadas e descontroladas, cujo perispírito se apresenta escurecido e perturbado na sua fisiologia "etereoastral", delicadíssima. E caso elas não purifiquem a sua atitude mental controlando as suas emoções indisciplinadas, tornam-se completamente impermeabilizadas aos passes espíritas, à água fluidificada, à homeopatia, logrando pouco êxito até no uso de medicamentos como xaropes, injeções, comprimidos ou antibióticos.

A medicação mais recomendável é ainda o conselho espiritual dado a esses pacientes desgovernados no seu psiquismo. Mas isso os decepciona, pois eles aguardam dos espíritos a prescrição de medicamentos miraculosos, visto não se convencerem de que os males são oriundos de seus desequilíbrios psíquicos. Alguns deles, acostumados aos fluidos enfermiços, parecem agarrar-se à doença como recurso para fugirem de suas próprias responsabilidades na vida material.

Aborrecem-se ante qualquer admoestação do Além, desatendem a todos os convites para refletirem seriamente sobre os seus deslizes morais; e por sua culpa retardam o seu reajuste espiritual e também a própria saúde física. Convencidos de que os espíritos desencarnados devem saber tudo e disporem de poderes ilimitados para lograr sucesso terapêutico, eles não admitem qualquer dúvida ou laconismo nas respostas às suas solicitações. A melhor falha do médium ou evasiva dos espíritos serve-lhes de motivo de crítica ferrenha ao fenômeno mediúnico e de comentários desairosos sobre os postulados do espiritismo. Ignoram que o receituário mediúnico é apenas uma contribuição secundária da doutrina espírita, uma vez que, ajudando a manter a saúde física dos seus adeptos e simpatizantes, ela busca atraí-los para se integrarem aos seus postulados sublimes de redenção espiritual.

Decerto, também há os que são resignados e otimistas, pois alguns chegam a demonstrar heroísmo ante a doença ou a perspectiva da morte, sem qualquer revolta ou desespero.

PERGUNTA: — Poderíeis explicar-nos melhor o caso dessas criaturas paradoxais, que não se apavoram ante as enfermidades e se resignam ante a iminência da morte?

RAMATÍS: — É um acontecimento resultante da interferência da "voz oculta" do espírito imortal, ou seja, de sua consciência espiritual a sobrepor-se à consciência humana e fazendo o homem pressentir as vantagens e o proveito do sofrimento ou da doença grave que o acomete.

Malgrado não poder compreender a origem do fenômeno ou justificá-lo satisfatoriamente, algo, em sua intimidade, assegura-lhe certa purificação dos seus pecados pregressos e da sua breve ventura espiritual. Há leprosos que, embora vítimas de enfermidade tão trágica, são mais resignados e pacientes do que outros enfermos de moléstias menos graves, porque eles sentem no âmago de sua alma tratar-se de um processo redentor que os aperfeiçoa para a angelitude eterna.

Apesar de esse fugaz pressentimento ocorrer apenas em alguns segundos da existência, ou quando o espírito deixa o corpo físico, à noite, durante o sono, fica-lhe na intimidade a lembrança inapagável dos propósitos benfeitores da vida criada por Deus. As almas pacientes e dóceis, embora sejam incultas ou desafortunadas, sentem mais facilmente a mensagem de que o sofrimento purifica, que as vicissitudes educam e os fracassos advertem, melhorando o discernimento da consciência.

Depois da desencarnação física, invertem-se os conceitos tradicionais da significação da vida humana, pois a morte física, que tanto apavora os encarnados, significa a jubilosa "porta aberta" para os espíritos que do "lado de cá" aguardam ansiosamente o retorno dos seus familiares queridos. Daí o paradoxo de algumas criaturas traírem a estranha satisfação que lhes vai no imo da alma, mesmo quando gravemente enfermas ou às vésperas da morte, embora ignorem que é o espírito imortal obedecendo à sua natural tendência de "fuga" do aprisionamento incômodo da carne. Algumas chegam a censurar-se por esse estranho masoquismo, em que se sentem inexplicavelmente alegres ante semelhante "infelicidade".

Mesmo que o homem se afunde no charco da animalidade e se acorrente às paixões carnais inferiores, o seu espírito nunca cessa de forçar os liames que o prendem à carne e o impedem de atuar livremente no plano sideral. À semelhança do que acontece ao imigrante saudoso, ele rejubila-se toda vez que surge a perspectiva de regresso à pátria dos espíritos.

Não opomos dúvida ao fato de que os homens, em sua maior porcentagem, ainda preferem fechar os ouvidos aos apelos de sua consciência espiritual, no sentido de se libertarem dos gozos efêmeros da vida instintiva animal e do culto vicioso aos tesouros do mundo de César. Mas nenhum deixa de ouvir, em sua intimidade, a voz silenciosa do espírito imortal. Mesmo aqueles que descrêem de Deus ou da alma eterna não ficam surdos ao chamamento oculto da entidade angélica.

PERGUNTA: — *Porventura esse desejo oculto de libertação espiritual não deveria existir apenas naqueles que se recordam de suas existências anteriores, ou que possuem cultura espiritual suficiente para se reconhecerem imortais?*

RAMATÍS: — Embora os encarnados não consigam recordar os acontecimentos de suas vidas passadas, devido à forte interferência dos complexos biológicos da carne sobre a memória sideral, nunca se extingue neles a ansiedade pela libertação do seu espírito.

Assim como o exilado compulsório não trocaria todas as comodidades e distrações no seu desterro, pelas maiores contrariedades em sua pátria querida, o espírito imortal também sente-se infeliz sob o domínio estúpido das paixões da carne. Há momentos em que o tédio, a melancolia, o desespero e até a revolta abatem o homem de tal forma, embora ele participe de todos os prazeres da vida, que, na sua angústia insolúvel, ele recorre ao suicídio, causando espanto àqueles que o julgavam plenamente venturoso. Na verdade, em face de qualquer descuido ou invigilância da personalidade humana, a consciência espiritual reage, no sentido de sua integração na vida superior do espírito imortal.

Muitas vezes, esse "chamado" oculto e incessante traduz-se numa angústia indefinível, que é a luta rude entre o homem-espírito e o homem-animal; luta que, nos caracteres mais fracos, pode arrastar o homem ao suicídio. Inúmeros poetas, intelectuais, filósofos, escritores, cientistas e mulheres de elevada posição social fugiram do mundo pela porta falsa dessa tragédia, justamente por faltar-lhes a firmeza na espiritualidade consciente, que então lhes compensaria o amargor de suas decepções e angústias, por maiores que elas fossem.

Mas, assim como o balão cativo não cessa de forçar as amarras que o prendem ao solo, o espírito também emprega todos os seus esforços para libertar-se dos grilhões da matéria. Embora a consciência humana não identifique esse oculto instinto moral do espírito para ajustar-se ao padrão superior de sua vida imortal, em certas criaturas o fenômeno se traduz por uma estranha satisfação íntima, que pode manifestar-se mesmo durante a dor ou até quando se aproxima a morte física.

PERGUNTA: — *E quais são os indícios que comprovam a ansiedade ou o esforço subjetivo do nosso espírito tentando abandonar o corpo carnal e, ao mesmo tempo, angustiando-se ante a perspectiva de breve libertação da matéria?*

RAMATÍS: — Essa ansiedade espiritual raramente é certificada pela consciência humana, ou seja, pelo homem encarnado. Às vezes, ele sublima-se mesmo em face da doença ou da morte, mergulhando na saudade dos momentos felizes que passou na infância, na mocidade e também nos estados de alma que o afastaram da vida material. Nessa associação de emoções diversas, o espírito sensibiliza-se de modo incomum e mistura a alegria à tristeza, o prazer à dor e a renúncia ao apego do mundo material. Algo estranho o influi; — a melancolia ou o júbilo oculto e incompreensível, que o domina, tece-lhe na intimidade o sonho de um mundo venturoso, em que ele recorda ter vivido ou pressente que existe e tornará a reviver.

É uma saudade indefinível, que se sobrepõe aos maiores prazeres e gozos dos sentidos físicos do homem, e, em alguns, chega a manifestar-se num verdadeiro estado de êxtase, que extingue as barreiras egocêntricas da personalidade humana.

Em tais momentos, processa-se vigorosa competição entre a mente em vigília, que tenta heroicamente manter o seu comando diretor no organismo carnal, enquanto a consciência espiritual forceja por fugir da matéria e retornar ao seu mundo eletivo.

PERGUNTA: — *Mas, acaso não existem certas criaturas pessimistas que, durante sua doença, mal suportam seus sofrimentos e mantêm-se sob a mais extrema irritação e rebeldia? E ainda, outras, tão rebeldes à sua purgação cármica de aperfeiçoamento espiritual, que se tornam refratárias a qualquer esperança futura?*

RAMATÍS: — Sim. Há criaturas que se requintam no apego às minúcias mórbidas que lhes dramatizam exageradamente as enfermidades de pouca importância e as vicissitudes comuns da vida humana.

Ante o primeiro sintoma enfermiço, elas esvaziam dúzias de frascos de remédios, friccionam-se com as pomadas mais excêntricas ou viciam-se aos medicamentos injetáveis, transformando o corpo em paliteiro de agulhas hipodérmicas. Escravizadas ao relógio, vivem atentas ao curso das horas a fim de engolir, em hora exata, o comprimido contra o defluxo ou a pílula para a boa digestão. Mesmo quando em completo repouso, recorrem à injeção antiespasmódica, ao tônico cardíaco ou ao controle da pressão sanguínea.

Ante a sua imaginação mórbida desfila o cortejo de doenças modernas da civilização. O diabetes, o enfarte cardíaco, o câncer, as úlceras ou o artritismo, transformam-se em sombras a impressionar-lhes a mente angustiada.

Habituam-se aos exames clínicos, às chapas radiográficas, às pesquisas de laboratório e revisão periódica do corpo físico. Trocam de médicos assim como as mulheres trocam de modas, enquanto exercem a função de cobaias para o experimento de todas as drogas farmacêuticas recém-fabricadas.

Compungidas e ingênuas, comovem-se ao descrever suas próprias desditas e lances melodramáticos do socorro médico, que à última hora salvou-as do perigoso distúrbio estomacal, da grave intoxicação hepática ou de infeccioso surto intestinal. Movimentam-se pela superfície da Terra transportando vultosa bagagem de medicamentos destinados a atender a todos os eventuais sintomas enfermiços.

A mentalização incessante da doença estigmatiza-lhes o senso estético e o gosto pela vida; ficam apáticas e insensíveis às belezas do mundo e aos fenômenos poéticos da Natureza. Sisudas, melancólicas e introvertidas, não se animam ante a clareira de luz solar na mata agreste, nem as emociona o vôo das aves ruflando suas asas coloridas no azul transparente do céu, nem as alegram as pétalas de flores silvestres que lhes caem sobre os ombros e os cabelos.

Nada as dissuade do seu pessimismo pertinaz e do seu infortúnio excessivamente dramatizado. Olhos baços, fisionomia compungida e lábios contraídos num ríctus de perene amargura, esses infelizes doentes da alma gostariam de transformar o mundo num vasto hospital sem fim. Não ouse alguém subestimar ou duvidar do seu drama compungido, que considera digno da pena de um Victor Hugo ou Dostoiewski. Dramatizam, transformam a mais insignificante verruga, numa excrescência cancerosa, o espirro banal e inofensivo, em prenúncio da grave pneumonia, e o simples incômodo digestivo, em uma úlcera gástrica. Enfim, cultivam a doença assim como o jardineiro cultiva a flor.

Infelizmente, a vossa humanidade ainda ignora que a maior parte das doenças do corpo tem sua origem em distúrbios agudos de ordem psíquica; pois, na realidade, a cupidez, a avareza, o ódio, a vingança, o ciúme, a ambição, o orgulho e outros tóxicos de ordem moral são a matriz das moléstias perigosas que resultam em cânceres, morféia, tuberculose e outras, de aspectos e conseqüências fatais.

PERGUNTA: — Naturalmente, essas pessoas agravam os seus menores males porque pensam neles incessantemente e, então, dificultam a sua cura. Não é assim?

RAMATÍS: — "Namora a doença e te casarás com ela", diz certo provérbio do vosso mundo, aludindo a esses enfermos que fazem da doença e da morte a única preocupação da vida. Eles ignoram os postulados sadios do espiritualismo emancipado, que explicam a função purificadora da enfermidade e que o fatalismo da morte física é indispensável para desatar as algemas carnais do espírito. Muitos deles transformam-se em assíduos consultantes das sessões espíritas, à cata de pormenores minuciosos de "sua doença", pois consideram que é muito mais grave a sua dispepsia comum, do que a tuberculose da vizinha. Facilmente tornam-se adversários gratuitos do espiritismo, quando os espíritos só se limitam a dar-lhes conselhos de ânimo espiritual, em vez de atendê-los com a prescrição de remédios miraculosos ou diagnósticos exatos de sua doença.

Certo é que, dia mais ou dia menos, algum espírito leviano ou médium anímico e imprudente acaba por fazer-lhes o diagnóstico certo ou errado, mas perturbador e trágico; o qual, então, se constitui na derradeira gota de água a entornar o copo de simples conjetura.

O medo, o desespero, a amargura e os pensamentos negativos gerados pelo pessimismo aniquilam as forças defensivas da mente e perturbam o sistema endocrínico, alterando o quimismo hormonal responsável pelo equilíbrio fisiológico. A perturbação mental constante atinge o sistema nervoso vago-simpático, alterando-lhe o ritmo de comando orgânico e interferindo perniciosamente na rede de neurônios sensibilíssimos, que se entranham desde o encéfalo, por todos os tecidos e vísceras do corpo humano. Estabelecido o clima negativo, favorável à enfermidade estigmatizada pela mente, em breve se materializa na carne indefesa a doença, que ainda não passava de simples conjetura.

PERGUNTA: — *Que dizeis de certos consulentes que, abusando do tempo precioso dos médiuns, depois atiram fora a receita espírita que lhes foi doada?*

RAMATÍS: — Realmente, certos consultantes depois de agraciados com o diagnóstico mediúnico ou favorecidos com a prescrição medicamentosa capaz de curá-los de grave enfermidade ou mesmo prorrogar-lhes a vida periclitante, põem "de molho" a receita espírita para só usarem-na em caso de falharem os recursos médicos que ainda pretendem experimentar. Alguns deles agem assim porque temem o ridículo de serem curados pelos "mortos" e depois tachados de ingênuos ante os demais companheiros. Outros são desconfiados, curiosos ou negligentes; existem ainda aqueles que subestimam a receita dos espíritos, porque esperavam um diagnóstico espetacular ou medicação miraculosa. Em caso contrário, eles a deixam esquecida na gaveta de qualquer móvel para usarem-na se falharem todos os recursos da medicina acadêmica.

Quando se convencem de que estão realmente liquidados e a medicina do mundo se confessa impotente para curá-los, então se apegam à velha receita mediúnica ou consultam novamente os espíritos como derradeira tábua de salvação. Infelizmente, já deixaram de aproveitar o ensejo da hora psicológica oportuna do tratamento espírita pois, enquanto seriam curados fisicamente, também se devotariam em tempo ao estudo e conhecimento dos postulados salvadores do espiritismo. Mesmo a prescrição dos espíritos não pode exorbitar das leis comuns da vida, nem produzir o milagre extemporâneo ou a cura espetacular, quando já está ultrapassado o prazo em que o remédio produziria seus efeitos benéficos. O enfermo que já esgotou todas as suas reservas vitais e intoxicou o seu organismo com o excesso da medicação alopata não deve exigir da receita espírita o "milagre" capaz de restituir-lhe a saúde completamente abalada.

PERGUNTA: — Deduzimos das vossas palavras que a receita espírita não pode produzir o efeito desejado, caso os doentes deixem de usar a medicação logo em seguida à sua prescrição. Não é assim?

RAMATÍS: — Evidentemente, os espíritos receitistas não podem ser responsáveis pelos fracassos terapêuticos de suas prescrições quando os pacientes demoram ou negligenciam o uso da medicação prescrita. O remédio prescrito mediunicamente deixa de produzir os resultados vaticinados pelos terapeutas do Espaço, caso não seja utilizado, no máximo, em 10 dias, pois além desse prazo podem ocorrer reações orgânicas inesperadas, de efeitos mórbidos imprevistos.

Os espíritos desencarnados não só auxiliam a cura dos enfermos, receitando-lhes os medicamentos apropriados, como também dinamizam-lhes as reservas vitais e as forças "etereoastrais" que circulam pelo perispírito. Esse reajuste dinâmico do perispírito às vezes é processado no momento em que fazem o diagnóstico. Mas a mente do próprio enfermo, em atuação descontrolada, pode alterar posteriormente a tonalidade do metabolismo e estabelecer novas condições mórbidas, que então desaconselham o uso do medicamento alguns dias depois.

É evidente que os espíritos não podem prever nos enfermos desconfiados ou negligentes, que lhes subestimam o tratamento prescrito, as diversas mutações emotivas e suas atitudes mentais futuras, que os tornam impermeáveis ao tipo da medicação já receitada. A receita mediúnica não é panacéia tipo "cura tudo", que pode ser usada em qualquer condição ou a qualquer momento.

Aliás, quer os consultantes cumpram religiosamente as prescrições medicamentosas que lhes fornecem os desencarnados, ou então as subestimem de modo leviano, o Alto sempre credita ao médium correto e serviçal o que lhe for devido pelo trabalho benfeitor realizado por ele.

PERGUNTA: — No princípio de vossa explicação fizestes referência a uma consciência humana e a uma consciência espiritual. Tratando-se de um problema algo complexo, desejaríamos esclarecimentos mais amplos a tal respeito. Podereis atender-nos?

RAMATÍS: — A consciência humana compreende o estado de vigília do espírito quando ele se encontra ligado ou imerso no corpo físico. A consciência espiritual, no entanto, age diretamente no mundo divino do espírito como entidade eterna, ou seja, no seu plano "real" e definitivo. É a consciência imutável do ser que preexiste além do tempo "vida humana"; e manifesta-se independente das limitações acanhadas do "eu" ou do "mim", que constituem a personalidade do "ego" deslocado do seio do Cosmo onde "espaço e tempo" são infinitos.

A mente do homem não é a sua consciência eterna, mas, sim uma espécie de "estação receptora e emissora", de amplitude restrita ou limitada aos conhecimentos, fenômenos e fatos dos mundos planetários, nos quais ela exercita o seu discernimento mediante o processo mental de raciocinar, atendo-se às contingências ou fases da infância, mocidade e velhice no ambiente de um mundo provisório ou irreal, pois se transforma e desaparece num prazo determinado.

Em tais condições, a consciência humana amplia-se, desenvolve-se pelo acúmulo das memórias daquilo que "ela vê, analisa e considera", em contacto com os ambientes dos mundos planetários onde o indivíduo ingressa nas suas reencarnações. Conseqüentemente, as lembranças do que vai sendo averbado na tela mental não significam a "realidade" espiritual imutável, mas apenas um "acervo" mental de caráter transitório, pois as idéias ou conhecimentos "mais perfeitos", que vão surgindo na mente, apagam as suas antecedentes, "menos perfeitas".

A mente humana raciocina à parte, sob uma condição relativa e transitória, muitíssimo pessoal em face da Consciência Infinita e Onisciente do Criador. Deste modo, ela, então, cria inibições, desejos, ansiedades, preconceitos, ideais, medos, concepções individualistas, que constituem o seu equipo próprio no desenrolar da sua existência.

A sua personalidade é conformada à sua experiência pessoal no ambiente em que se encontra; mas, de nenhum modo, isso é o real. Assim, a capacidade e o entendimento de cada criatura que se move numa direção simpática a si mesma fortalecem e alimentam o "ego" inferior como uma consciência separada do Ego Espiritual.

Assim se forja a consciência humana, pelo acúmulo de experiências e lembranças captadas pela mente em atuação no mundo material transitório e irreal. Lembra o perfume da flor, mas não é a própria flor.

PERGUNTA: — *Como compreendermos o sentido íntimo e exato da consciência humana, qual perfume e não como a própria flor?*

RAMATÍS: — A consciência de idéias, crenças, especulações ou desejos realizados não define, não é a realidade espiritual, pois o real, "no seu todo" não pode ser configurado por um seu efeito, que é apenas um reflexo limitado do mesmo todo.

A mente humana pode conceituar em razão do seu próprio condicionamento e de sua sabedoria decalcada no ambiente do mundo planetário; mas não pode criar a realidade espiritual, que independe dela, pois o perfume (sendo um efeito) não pode gerar ou produzir a flor (a causa) que o gerou. Para melhor elucidação tomemos este exemplo: — Admitindo-se que uma lâmpada de 50 watts pudesse conceituar mentalmente a figura da usina que lhe transmite a energia elétrica, naturalmente ela só poderia imaginá-la com os recursos que lhe fossem conhecidos;

ou seja: só poderia configurar a usina comparando-a a uma outra lâmpada similar, porém, gigantesca e mais poderosa, de uns 500.000 watts, por exemplo; mas essa concepção imaginária não define o que, de fato, é a usina em sua realidade. Assim é, pois, a consciência humana, como personalidade forjada e configurada através dos elementos conhecidos da própria mente. Ao passo que a consciência espiritual e preexistente no homem é que constitui a consciência definitiva, o imutável, enfim — o real!

Ao homem encarnado não é possível descrever o real que independe das formas do mundo físico e da mente humana, pois ele só conta com os conhecimentos que a sua própria mente assimila através de sua presença no mundo das formas materiais provisórias, do mundo irreal.

9.
A tarefa dos médiuns receitistas e os equívocos das consultas

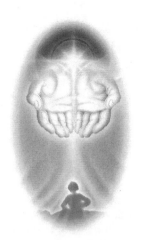

PERGUNTA: — *Que dizeis dos médiuns que se fatigam até altas horas da noite nos centros espíritas, extraindo centenas de receitas para os freqüentadores habituais, tarefa exaustiva que cresce de mês para mês? Isso é realmente de efeito proveitoso para a divulgação do espiritismo, ou trata-se de alguma prova cármica ou serviço espontâneo do próprio médium aceito antes de se encarnar?*

RAMATÍS: — A tarefa dos médiuns receitistas e curadores avoluma-se, dia a dia, porque os adeptos espíritas, em sua maioria, ainda confundem o objetivo doutrinário do espiritismo com a função de um "armazém" fornecedor de passes, receitas, água fluidificada ou recurso fácil para solucionar questiúnculas domésticas. Deste modo e na condição passiva de pedintes insatisfeitos, eles desperdiçam o tempo precioso dos guias solícitos, mas nada fazem pela sua própria reforma interior. Exploram as entidades magnânimas com as solicitações mais esdrúxulas e descabidas, enquanto desfiam o rosário das queixas mais infantis, convictos de que os médiuns não passam de funcionários do "plantão espírita" obrigatório nos centros.

Então, os consulentes mais desavisados e aflitos consomem-lhes até os últimos minutos do descanso justo ou do alimento imprescindível, obrigando-os a ouvir longas histórias de questiúnculas ou de ingratidões do próximo, em que mal disfarçam o amor-próprio ferido, o ciúme dramático ou o orgulho indomável. A "fila" dos pedintes cresce diariamente junto ao médium que logra algum sucesso no desempenho de sua faculdade; e infeliz dele se negar a mínima atenção aos consulentes que já lhe usufruem familiarmente da mediunidade para solver todos os problemas de sua vida particular. Há consulentes que esquecem as diversas receitas e os múltiplos favores que lhes são prestados pelos médiuns de boa-vontade, e passam a condená-lo quando ele deixa de os satisfazer uma só vez.

O médium, no conceito comum de muitos adeptos espíritas e simpatizantes de última hora, não tem o direito de negar-se a "fazer a caridade", pois entendem que a sua existência não lhe pertence e o consideram criatura obrigada a sacrificar-se exclusivamente para o bem dos seus consulentes. Raros espíritas reconhecem-lhe a responsabilidade junto à família, a necessidade de buscar o sustento no mundo profano e enfrentar também as doenças e vicissitudes do lar terreno. Ou ele é fonte de benefícios ao próximo, uma criatura invulgar, poderosa e estóica ou, então, quando adoece ou se exaure até ao fracasso é porque se desviou da sua "missão".

PERGUNTA: — Poderíeis dar-nos alguns exemplos desses exageros mais comuns no tocante à solicitação indiscriminada de receitas espíritas?

RAMATÍS: — Os médiuns, conforme já lembramos, quais funcionários do "armazém espírita", são obrigados a atender a todas as solicitações absurdas; e a sua situação ainda mais se agrava quando eles não são sonâmbulos ou mecânicos, mas somente intuitivos receitistas. Neste caso, então, a sua tarefa é mais difícil porque o sucesso do tratamento depende do seu estado moral, condições psíquicas ou saúde física, pois qualquer anormalidade perispiritual impede-os de captar a intuição exata que os guias lhes transmitem.

Os consultantes entendem que os médiuns devem atendê-los em todas as circunstâncias, sem considerarem horários ou as dificuldades e imprevistos humanos, que atingem a todos.

Para esses simpatizantes o médium e os espíritos têm o dever precípuo de curar os efeitos nocivos que eles sofrem, às vezes, devido aos exageros de alimentação, bebidas alcoólicas, gelados e outros desatinos censuráveis.

Eis por que se tornou comum o hábito indiscriminado de pedir receitas mediúnicas para atender a todos os parentes, amigos e conhecidos.

Alguns adeptos espíritas viciam-se aos passes mediúnicos, assim como os fumantes inveterados escravizam-se ao fumo, ou então como os católicos que se habituam à missa todas as manhãs.

Outros, embora gozem de excelente saúde, entram na "fila" de passes e vampirizam os fluidos terapêuticos que poderiam nutrir a outros mais necessitados e realmente enfermos. Mas essa viciação cômoda é justificada graciosamente com a desculpa de que o passe espírita não é desvantajoso mesmo para os sadios, pois, em qualquer circunstância, sempre "faz bem". O espiritismo, portanto, para muitos, ainda é considerado a tenda miraculosa ou a fonte prodigiosa de recursos fáceis para atender a todas as necessidades mais comezinhas e às consultas mais prosaicas, funcionando os médiuns à guisa de "caixeiros" com a obrigação de atender a todos, sob pena de serem apontados como descaridosos.

PERGUNTA: — Os espíritos desencarnados não poderiam advertir essas criaturas de que o espiritismo não é doutrina de exclusivo benefício material? Tal providência não conduziria os seus simpatizantes a uma compreensão mais certa dos verdadeiros objetivos da modificação de Kardec?

RAMATÍS: — O espiritismo, como o cristianismo redivivo, é um movimento benfeitor endereçado a todos os homens independentemente de classe, de raça, de cultura, de condições sociais ou situação financeira. E o médium espírita, quando é consciente de suas obrigações no seio da doutrina, é sempre a criatura caritativa e afetiva, desinteressada de quaisquer proventos, dádivas ou compensações materiais, cumprindo dignamente o compromisso que aceitou no Espaço em favor dos encarnados e também para redimir-se dos seus débitos contraídos em vidas pretéritas.

Estas considerações são uma advertência quanto à imprudente interpretação unilateral, que se faz da verdadeira finalidade do espiritismo, na Terra, pois, independente dos passes e dos demais auxílios mediúnicos que ele presta aos homens, é imprescindível que os seus adeptos ou consultantes se devotem especialmente ao seu aperfeiçoamento espiritual.

É razoável que roguem orientações espirituais aos desencarnados, sirvam-se do receituário mediúnico, dos passes ou da água fluidificada, pois tudo isso é realmente serviço e objetivo amoroso da alçada da doutrina espírita como nova mensagem cristã rediviva. Mas não seja apenas isso o único interesse ou realização dos seus adeptos, que já se julgam bons espíritas só porque usufruem de todos os serviços espiríticos. Que não se confunda a renovação espiritual íntima, com a assistência caritativa dos desencarnados, pois a solução dos interesses da vida terrena não gradua o espírito na sua escala angélica.

Comumente, ainda se comprova essa disposição muito interesseira, e exclusiva dos espíritas, pelas soluções materiais, pois, enquanto as salas das sessões de passes, de receituário mediúnico ou consultas psíquicas abarrotam-se de freqüentadores que exaurem os médiuns para atender-lhes toda sorte de indagações e pedidos pessoais, ficam às moscas os ambientes onde o orador estudioso explica os postulados do espiritismo ou o doutrinador comenta os valores ocultos do Evangelho do Cristo. À medida que mais se vulgariza o receituário mediúnico e também se amplia o serviço caritativo dos espíritos, parece que os seus adeptos ainda mais atrofiam as suas defesas orgânicas e o discernimento próprio, pois tornam-se incapazes de suportar o mais inofensivo resfriado ou enfrentar diminuta contrariedade moral, sem recorrerem a consultar os espíritos desencarnados.

Enquanto os médiuns abnegados obrigam-se a um trabalho heróico e exaustivo no cumprimento do receituário numeroso, os seus consultantes apenas se preocupam com a sua cura física e comodidade material. Esses adeptos só não consultam os espíritos para lhes extraírem chapas radiográficas, receitarem óculos ou arrancarem-lhes os dentes, porque isso ainda não é modalidade explorada pelo espiritismo, pois faltam médiuns adequados ou então espíritos dispostos a atender a tais pedidos.

Não há dúvida de que o fenômeno mediúnico ou a cura excepcional pode convencer o homem quanto à sua imortalidade, mas isso não comprova que ele se tenha convertido aos postulados superiores do Evangelho do Cristo. Quem se cura definitivamente pelos recursos mediúnicos do espiritismo fica obrigado a respeitar e conhecer os seus princípios doutrinários, que lhe prestam benefícios maiores sem quaisquer interesses

PERGUNTA: — Desde que o espiritismo significa a última esperança de cura para os enfermos já desiludidos com a medicina oficial, cremos que não há motivo de censuras aos seus adeptos por buscarem os serviços dos médiuns receitistas, pois é razoável que os neófitos ainda não possam alcançar o verdadeiro objetivo da doutrina, quanto a renovar o espírito para, depois, curar as doenças do corpo. Que dizeis?

RAMATÍS: — Considerando-se que os terrícolas ainda são criaturas viciadas no fumo, nos tóxicos alcoólicos, na glutoneria das mesas e na ingestão das vísceras dos irmãos inferiores, não há dúvida de que os médiuns receitistas e passistas, em breve, sentir-se-ão impotentes para atender à sua clientela cada vez mais numerosa e interessada em resolver todos os seus problemas da vida material. Geralmente, os consultantes espíritas, em boa maioria, tentam obter à noite, no centro espírita, a saúde física e a recuperação psíquica que eles mesmos arruinam, sem precaução, durante o dia.

Confiantes na afabilidade e tolerância dos guias espirituais, eles os sobrecarregam de rogativas e convocam os médiuns para solverem os seus problemas mais comuns. Não desejamos censurar essa atitude infantil ou inconsciente dessas criaturas que fazem da seara espírita kardecista ou dos terreiros de umbanda a sua "agência particular" de informações. Mas o fato é que a crença espírita não deve ser condicionada ao maior ou menor êxito dos médiuns, pois eles também são homens e, dia mais ou dia menos, terminarão decepcionando os seus clientes comodistas. Os médiuns não são oráculos modernos nem pitonisas, à semelhança do que acontecia nos tempos do paganismo. E a cura física pelo espiritismo não é prova suficiente para o seu beneficiado julgar-se um adepto credenciado pela doutrina.

PERGUNTA: — Realmente, alguns irmãos explicam-nos que perderam a fé no espiritismo, porque foram vítimas de mistificações ou fracassos dos médiuns em que eles tanto confiavam e dos quais se socorriam comumente.

RAMATÍS: — Sem dúvida, esses são "ex-espíritas" completamente desiludidos da doutrina porque, imprudentemente, haviam alicerçado sua crença sob a garantia do êxito dos fenômenos mediúnicos. É óbvio que essa fé também deveria aumentar ou diminuir de acordo com o maior ou menor sucesso dos médiuns no seu intercâmbio com o Além-túmulo. Em conseqüência quando ocorreu o fracasso ou a mistificação, eles também regressaram aos velhos caminhos da dúvida e da descrença, repudiando os postulados da doutrina e olvidando também os benefícios e o conforto espiritual que receberam dela nos seus momentos de angústia e sofrimento.

Em verdade, tais "adeptos" não passam de simples curiosos mal-agradecidos que, tendo provado um vinho azedo, passam a negar a existência do vinho bom. O primeiro insucesso ou equívoco mediúnico serve-lhes, então, de motivo para execrarem todas as demais virtudes da doutrina espírita e o serviço amoroso dos espíritos desencarnados. Em seguida, lamentam a sua ingênua peregrinação através dos centros espíritas, quando buscavam a solução definitiva para os seus males e só recebiam contemporizações dos médiuns e espíritos.

Infelizmente, trata-se de criaturas que ignoram o processo justo e redentor do Carma, que premia a "cada um conforme suas obras". Evidentemente, em suas existências anteriores, elas abusaram da inteligência e da astúcia na prática do mistifório e da burla, e por esse motivo se candidataram também às mesmas incertezas e decepções atuais. Malgrado não conheçam a engrenagem retificadora da Lei de Causa e Efeito, nem por isso estão isentas de sofrer o reajuste espiritual para encerramento de sua conta devedora na contabilidade divina.

Os médiuns não são responsáveis pelas contingências imperativas da Lei Cármica, que age para o devido reajuste espiritual das mesmas.

O Alto não toma medidas reprováveis, de teor vingativo, como veículo de resgate de dívidas cármicas dos espíritos devedores. Nenhum médium é obrigado ou induzido, pelos mentores siderais, a praticar deslizes ou criar acontecimentos punitivos a fim de que os infratores da Lei divina sejam corrigidos.

PERGUNTA: — Poderíeis esclarecer-nos como e quando

coincide o fracasso ou a mistificação ante aqueles que, devido à Lei Cármica, ainda não merecem receber provas das realidades de Além-túmulo?

RAMATÍS: — Quantas vezes os trabalhos de fenômenos físicos, que se processam com seguro êxito ante os que têm certeza absoluta da existência e imortalidade da alma, fracassam por completo quando comparecem a esses atos o ateu, o curioso ou os zombeteiros, os quais, no entanto, talvez se convertessem diante das provas irrefutáveis? Outras vezes, os dirigentes dos trabalhos fenomênicos mediúnicos esforçam-se para oferecer a certas criaturas algumas provas da interferência dos espíritos desencarnados e, contudo, também falham os melhores prognósticos, deixando até maior dúvida nos assistentes?...

Malgrado se queira fazer crer que os espíritos costumam intervir promovendo deliberadamente tais fracassos, estes resultam da própria Lei Cármica de retificação espiritual, que associa as coincidências, afastando os candidatos "indesejáveis" nos dias em que os trabalhos terão sucesso positivo. No entanto, essas criaturas não estão sendo vítimas de uma punição propositada, mas o seu passado ateísta e leviano é que só lhes permitirá encontrarem as verdades que subestimaram e ridicularizaram, empenhando-se agora num esforço do seu próprio raciocínio e mediante a dor purificadora que ajusta o caráter à melhor compreensão das verdades espirituais.

Se assim não fora, que importância teriam os postulados superiores do espírito ou a própria advertência de Jesus, quando aludiu a que a "semeadura é livre, mas a colheita é obrigatória"? Ademais, seria uma concessão privilegiada e imerecida do Alto, o facultar comodamente as provas da sobrevivência àqueles que, no seu passado, combateram a esperança da imortalidade, apagando-a da mente das criaturas simples que surgiram no seu caminho.

Embora a criatura ignore transitoriamente as causas pretéritas que a submetem a certas provas, ela não poderá livrar-se das contingências "fatais" que lhe impõem reparar "até ao último ceitil", todos os erros que haja praticado, pois a "contabilidade divina" não faz estornos. Mesmo porque se trata da própria redenção espiritual do devedor. Aqueles que, em vidas anteriores, usaram de sua inteligência, cultura e privilégios, semeando a descrença e o ateísmo nas mentes menos esclarecidas, a Lei, depois, obriga-os a provas cármicas de teor equivalente.

É o que acontece também aos que, tendo abusado da sua arte ou do seu talento, depois, quando voltam à Terra, noutra encarnação, por mais que se esforcem e lutem para vencer, a dita Lei do Carma priva-os de obterem o êxito desejado. É o caso de inúmeros jovens que tentam estudar medicina, Engenharia, Pintura, Música ou qualquer outra matéria, mas a Lei Cármica interfere opondo-lhes obstáculos de toda ordem e até deficiências intelectuais e físicas, que os impedem de conseguir realizar o objetivo sonhado.

Sim: — Quantas vezes, um livro de temas ou concepções licenciosas e deprimentes é qual vírus infeccioso a intoxicar a consciência da coletividade? E outros, que, pelas idéias expostas em suas páginas, instigando movimentos de ódio e vingança de caráter niilista, são uma espécie de rastilho mental incendiário, que resulta em conflitos de sangue e morte, levando a angústia e a desgraça a muitos lares?...

Na época que viveis, o próprio ateísmo que encontrou agasalho na mente de uma parte da vossa elite intelectual tem sua matriz nos livros de alguns pensadores ousados, cuja concepção "positiva" não aceita a existência de Deus porque, segundo alegam, ainda não conseguiram encontrar-se com Ele, face a face!...

Em tais casos, aos espíritos autores de semelhantes livros, ao voltarem à Terra, noutra reencarnação, ser-lhes-á subtraída a capacidade mental de tornarem a ser escritores ou, se o forem, terão de escrever obras cujas idéias e teorias, em sua substância, combatam o ateísmo que propagaram antes e contribuam, de forma positiva, para edificar os postulados da fraternidade, amor e tolerância na consciência da humanidade.

É, enfim, a Lei Cármica compelindo o devedor a resgatar o seu débito contraído na sua existência anterior. E, ao mesmo tempo, ajustá-lo ao equilíbrio moral indispensável à sua própria evolução espiritual.

10.
Considerações sobre os pedidos de receitas apócrifas

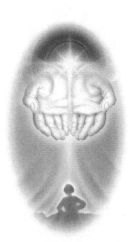

PERGUNTA: — *Há possibilidade de o médium criterioso e assistido por bons espíritos receitar para alguém já falecido, cuja consulta foi feita com intenção de confundir e desacreditar o intercâmbio mediúnico?*

RAMATÍS: — Isso é possível e até freqüente, pois há muitos médiuns intuitivos que confundem o seu próprio pensamento como sendo intuição dada pelos seus guias; e assim é fácil incorrerem nesse equívoco. Aliás, grande parte dos médiuns receitistas intuitivos são anímicos, resultando que as suas prescrições terapêuticas não podem resguardar-se de incorrer em semelhante falha.

Em tais condições, achamos que as receitas mediúnicas solicitadas através de médiuns intuitivos deveriam ser aceitas somente até à véspera dos trabalhos de receituário, a fim de que os espíritos responsáveis pelos mesmos disponham de tempo suficiente para examinar os enfermos, indicar a medicação adequada e identificar qualquer pedido apócrifo, referente a pessoas já falecidas.

Não é possível êxito absoluto num receituário mediúnico desarticulado, conduzido às pressas, conforme é comum na maioria dos centros espíritas, devido a inexperiência, ignorância e indisciplina nos trabalhos. E também seria conveniente limitar-se a quantidade de receitas para cada sessão, evitando-se receituário excessivo, pois exige do médium um dispêndio de energias que resulta em fraca sintonia com o guia assistente.

E os casos mais graves ou de urgência deveriam ser atendidos à parte, longe do público, em ambiente mais calmo, a fim de possibilitar ao médium poder captar, com mais fidelidade, as intuições quanto à medicação para cada enfermo.

PERGUNTA: — Qual o processo ou a técnica adotada pelos espíritos terapeutas para atenderem ao receituário que lhes é solicitado?

RAMATÍS: — O receituário mediúnico, quando é vultoso e inclui diagnósticos difíceis e receitas para doentes que se encontram distantes do local do centro espírita, exige, no "lado de cá", a participação de diversas equipes de trabalho sob o comando de uma entidade responsável pela boa ordem nos trabalhos.

Essas equipes compõem-se de técnicos, médicos, laboratoristas, enfermeiros, químicos e pesquisadores, em comunhão com outras entidades, que os auxiliam num serviço coletivo, disciplinado e ágil. Eles dirigem-se à residência dos enfermos registrados nos pedidos do centro espírita, fazendo observações diretas, consultando os mentores familiares, e depois transmitem todos os detalhes destinados a esclarecer o guia terapeuta, que permanece junto ao médium, no desempenho da sua tarefa de assistente receitista. As observações colhidas nos ambientes onde situam-se os enfermos são transmitidas na forma de ondas que se projetam num espelho fluídico[1] situado na mesa do receituário e diante do médium, embora invisível para este. Trata-se de um receptor confeccionado com substância do mundo astral e que desempenha as mesmas funções dos vossos televisores. Em sua tela aparecem as imagens do perispírito dos enfermos, apresentando todos os sinais ou características patogênicas existentes no tecido perispiritual, as quais orientam o guia no diagnóstico e na prescrição do medicamento adequado.

PERGUNTA: — Poderíeis dar-nos maiores esclarecimentos a respeito dessa técnica terapêutica, por intermédio do referido espelho fluídico?

RAMATÍS: — Os espíritos cooperadores, mediante apare-

---

[1] Nota do Revisor: Vide *Nos Domínios da Mediunidade*, cap. XVI, Mandado Mediúnico, pág. 143, obra de André Luiz ditada a Chico Xavier. Idem, cap. XXIX de *Estudando a Mediunidade*, obra de Martins Peralva, com maiores detalhes sobre esse espelho. Edições da Livraria da Federação Espírita Brasileira.

lhagem apropriada, captam a imagem do perispírito dos consulentes e transmitem-na a distância, habilitando o guia receitista a fazer a leitura e observar todas as alterações patogênicas da fisiologia perispiritual, a fim de identificar a causa mórbida do caso e receitar acertadamente. Quanto ao exame clínico, esclarecemos: Todas as toxinas psíquicas que se instalam e afetam a contextura do perispírito refletem-se na sua circulação astralina, na sua irradiação e cores áuricas, tom de luminosidade, magnetismo, transparência e temperatura. E esta sintomatologia mórbida ou enfermiça constitui um quadro tão evidente e seguro para orientação do espírito receitista como o que serve de base aos vossos médicos quando analisam o corpo humano.

Conforme já explicamos alhures,[2] o perispírito é um organismo definitivo, hipersensível, consideravelmente mais aperfeiçoado do que o corpo físico transitório; é, enfim, o molde original, a matriz ou "contraparte" astralina, que tanto preexiste no nascimento físico como sobrevive à morte do corpo. Todas as emoções de sentimentos deprimentes da Alma repercutem na contextura sutilíssima do perispírito, dando lugar a afecções mórbidas no mesmo, as quais, por sua vez, repercutem e afetam o corpo carnal, pois este, na realidade, é o seu fiel prolongamento ou reprodução materializada.

A mínima infecção ocorrida no fígado carnal do homem basta para também mudar a cor, a densidade, a temperatura, a luminosidade, o magnetismo, o odor ou o tipo de éter-físico circulante no fígado-matriz, ou seja, da contraparte "hepático-astral" existente no perispírito. Os sinais cromosóficos, as alterações magnéticas, a transparência ou a luminosidade que o fígado perispiritual apresente à visão dos espíritos terapeutas e aos clarividentes terrenos, servem para indicar-lhes a natureza e a gravidade da doença que grassa no fígado do corpo carnal.

Qualquer alteração na saúde física, por menor que seja, perturba o bom funcionamento dos "chakras" ou centros de forças etéricos situados no duplo etérico que é o intermediário entre o corpo físico e o perispírito. E desta conexão resulta que toda e qualquer emoção deprimente dinamizada pela consciência do

---
[2] Vide cap. "Noções sobre o Perispírito e suas delicadas funções.", da obra de Ramatís *A Sobrevivência do Espírito*; cap. VI, "O Perispírito", da obra **Roteiro**, de Emmanuel, editada pela Livraria da Federação Espírita Brasileira. (N. do R.)

homem, os seus efeitos tóxicos se manifestam e evidenciam tanto no perispírito como no organismo carnal.[3]

Quando os espíritos terapeutas examinam diretamente o perispírito dos encarnados, em vez de fazê-lo no espelho fluídico, a distância, eles também podem avaliar o tom vital e a resistência dos órgãos físicos do homem, segundo seja o diâmetro, a transparência, o colorido e a dinâmica dos "chakras" que, embora situados no duplo etérico, ficam à altura dos principais plexos nervosos. Através desses "chakras", fluem do organismo carnal, para o perispírito, os diversos tipos de energias sutilíssimas, casadas ao éter físico, aos elementos magnéticos procedentes do Sol ou emanados do seio da Terra e também dos fluidos provindos da aura astral dos orbes mais próximos. Em sentido inverso, o perispírito utiliza-se desses mesmos centros de forças do duplo etérico, para também alimentar o corpo físico com as energias espirituais superiores, que convergem pelo "centro coronário", a fim de sublimá-lo na sua espécie humana.[4]

PERGUNTA: — Quais são os principais óbices capazes de confundir o guia terapeuta, induzindo-o a prescrever remédios para criaturas já falecidas? Ele não examina o perispírito dos "encarnados" no espelho fluídico junto ao médium?...

RAMATÍS: — A consulta capciosa é fácil de ser confundida com os pedidos de receitas para os encarnados, caso o espírito do "falecido" ainda se encontre presente no próprio lar onde ocorreu a sua desencarnação. Assim o perispírito desse

---

[3] Nota do Revisor: Vide o cap. "A Saúde e a Enfermidade", da obra *Fisiologia da Alma*, de Ramatís, **EDITORA DO CONHECIMENTO** e o cap. "Novos Aspectos da Saúde e a Enfermidade", da mesma obra.

[4] Nota do Revisor: Essa ligação íntima das energias do mundo angélico em descenso para o homem encarnado efetua-se principalmente pelo centro etérico ou "Chakra coronário", situado no alto da cabeça, o qual, realmente, é o órgão de relação com o mundo espiritual superior, ou o "centro de União Divina", supremo comandante dos demais "Chakras". Os próprios padres, talvez por intuição da existência do "Chakra coronário", praticam a tonsura prescrita pela Igreja Católica, como se deixassem a descoberto certa parte superior da cabeça, para dar plena liberdade à energia espiritual que flui por esse "Chakra", em maior prodigalidade do Alto para o homem, nos momentos de orações, estudos superiores e horas de meditação. Para maior esclarecimento do leitor, vide cap. X, pág. 81, da obra *O Duplo Etérico*, de Powell, edição da Editora Teosófica Adyar; *Os Chakras*, de Leadbeater, Editora Pensamento; *Passes e Radiações*, de Edgard Armond, Editora Aliança; págs. 126 a 129, da obra *Entre a Terra e o Céu*, de André Luiz a Chico Xavier, editada pela Livraria da Federação Espírita Brasileira.

falecido, ainda em perturbação, é televisionado para o espelho fluídico.

Não há culpa nem fracasso do guia ou do médium receitista quanto à prescrição de medicamentos para uma consulta de má-fé, uma vez que o espelho fluídico não reflete o corpo carnal dos consulentes ou enfermos, mas somente a imagem do seu perispírito!

Esse televisor, confeccionado com substância do mundo astral de freqüência vibratória mais acelerada, só reflete, em sua face, o perispírito do enfermo, e não o seu corpo carnal, nem o seu duplo etérico.[5] Em conseqüência, é bem difícil para o guia terapeuta identificar, em apenas alguns segundos, se a imagem perispiritual projetada a distância é de um "vivo" ou de um "morto".

PERGUNTA: — *Porventura os colaboradores que trabalham distantes, enviando notícias e a projeção do perispírito dos enfermos, não destacam, na hora, quando se trata de um encarnado ou de um desencarnado?*

RAMATÍS: — É quase impossível distinguir-se, à primeira mão, se a consulta foi feita para um desencarnado ou encarnado, pois os pedidos de receitas nos centros espíritas, por vezes, sobem a centenas e exigem solução no prazo exíguo de uma hora ou pouco mais.

As pessoas que forjam consultas de má-fé, solicitando diagnósticos e medicamentos para pessoas falecidas, ignoram que o espírito do amigo ou o parente desencarnado, escolhido para a burla, pode ainda encontrar-se preso ou imantado ao próprio ambiente onde viveu tão apegado, tal qual o caramujo preso à sua casca. É muito comum os terrícolas, depois de desencarnados, ainda prosseguirem, em espírito, manietados às tricas domésticas do lar, onde manifestaram o ciúme, a avareza, a ira, a intolerância ou as arbitrariedades costumeiras. Depois de falecidos, esgotados e impotentes para alcançarem as regiões de nível espiritual superior, eles continuam a interferir na vida dos seus familiares, obstinados em cuidar dos assuntos

5 Nota do Revisor: Trecho extraído da pág. 143 da obra *Nos Domínios da Mediunidade*, editada pela Livraria da Federação Espírita Brasileira, que diz: "Entretanto — inquiriu Hilário, minucioso — a face do espelho mostra o veículo de carne ou a própria alma? — A própria alma". É a resposta do assistente Aulus.

e problemas que os ocupavam em vida.[6]

Assim, tratando-se, por exemplo, de um indivíduo que desencarnou por força de uma tuberculose renal, sem dúvida, quando o guia terapeuta examinar a região renal do seu perispírito na tela do televisor, ele identificará no mesmo as lesões ou os resíduos da referida moléstia, que o levou à sepultura. Por conseguinte, não vacilará em prescrever os medicamentos que julga mais indicados para essa enfermidade, embora tal indivíduo já tenha morrido.

Deste modo, embora já tendo falecido, mas permanecendo junto aos parentes, tais espíritos são televisionados como se ainda tivessem um corpo físico. Portanto, é dificílimo aos guias, distinguirem no espelho fluídico, à primeira vista, se a imagem de perispírito ali refletida é de um "falecido" ou de um "vivo".

Existem espíritos, no Além, que, tendo falecido vítimas de asfixia por afogamento, ainda, por longo tempo, ativam no seu perispírito as reações dos espasmos opressivos que os liquidaram na matéria, a ponto de as manifestarem quando se apresentam nas sessões espíritas incorporados a médiuns sensíveis. Quaisquer surtos de doenças psíquicas ou físicas, como as extirpações cirúrgicas de órgãos, violência suicida, viciação pelo álcool ou pelo fumo, produzem manchas, atrofias, marcas ou resíduos no tecido delicadíssimo do perispírito, o qual é uma espécie de mapa geográfico da Alma, pois revela não só as "planícies" venturosas das suas virtudes santificantes, como também os abismos tenebrosos dos seus pecados.

PERGUNTA: — Mas não é possível aos guias distinguirem os espíritos desencarnados e os que ainda estão encarnados? Surpreende-nos bastante esse caso.

RAMATÍS: — Estamo-nos referindo ao perispírito dos enfermos, que é projetado no televisor fluídico, junto ao médium receitista. Fora disso não há qualquer problema para fazer essa distinção. Mas acontece que o duplo etérico, inseparável do perispírito dos "vivos" e não dos "mortos", composto pelo éter

---

[6] Nota do Médium: Vide exemplo desse assunto no capítulo "Em Aprendizado", inserto na obra **Libertação**, de autoria do espírito de André Luiz, FEB, convindo ler principalmente a p. 132, no seguinte trecho: "... a primeira esposa desencarnada deixou dois rapazes e permanece ligada à organização doméstica, que considera sua propriedade exclusiva".

físico exsudado da Terra, é um fluido grosseiro e denso que não se reflete no espelho fluídico.

Aliás, os espíritos encarnados, quando à noite deixam o seu corpo físico no leito e se movimentam pelo Espaço, sempre conduzem o seu duplo etérico[7] e os desencarnados mostram-se apenas com o seu perispírito interpenetrado pelos fluidos da mente e da emoção, revelando as cores particulares e a luminosidade própria do seu grau espiritual. Em conseqüência, a distinção entre um falecido e um vivo na imagem do perispírito projetado no espelho fluídico do "lado de cá", exigiria um exame mais demorado por parte dos espíritos terapeutas, inclusive melhores informes sobre o televisionamento

PERGUNTA: — E por que é mais provável o médium intuitivo receitar remédios para pessoas falecidas, enquanto isso é menos possível entre os médiuns mecânicos sonâmbulos ou de incorporação? Porventura o êxito do receituário mediúnico não depende mais propriamente da capacidade e do conhecimento dos guias receitistas?

RAMATÍS: — O médium intuitivo receitista confia plenamente na fluência da intuição ininterrupta, que o seu guia fornece-lhe durante o trabalho mediúnico. Aliás, no desempenho de um receituário vultoso e apressado, o médium intuitivo trabalha num tom de verdadeira "fuga vibratória" da Terra para o Além, sem poder avaliar no hiato de um segundo, a diferença que existe entre o "que ele pensa sem desejar pensar", e aquilo que realmente transmite, mas "é pensado pelo seu guia". Qualquer interrupção nesse fluxo intuitivo é preenchido automaticamente pelo médium, que então faz a cobertura do lapso ocorrido na sua mente; não distinguindo de súbito, se a prescrição é fruto do impulso anímico de suas próprias idéias ou se ela é da lavra do seu guia. Porém, quando os espíritos operam pelo médium mecânico, sonâmbulo ou de incorpora-

---

7 Nota do Revisor: Trechos sobre o assunto extraídos da obra *Nosso Lar*, de André Luiz, ditada por Chico Xavier, págs. 148 e 149: "Pareciam dois homens de substância indefinível, semiluminosa. Dos pés e braços pendiam filamentos estranhos, e da cabeça como que escapava um longo fio de singulares proporções. - Aqueles são os nossos próprios irmãos da Terra. Trata-se de poderosos espíritos que vivem na carne em missão redentora e podem, como nobres iniciados da Eterna Sabedoria, abandonar o veículo corpóreo, transitando livremente em nossos planos. Os filamentos e fios que observou são singularidades que os diferenciam de nós outros".

ção completa, podem modificar suas idéias e efetuar correções posteriores.

Todavia, o médium intuitivo sincero, honesto e benfeitor, embora seja consciente no seu intercâmbio mediúnico, confia que corresponde fielmente às intuições dos seus guias durante o receituário, uma vez que é da Lei Divina que a conduta moral e os sentimentos elevados bastam para garantir o êxito das empreitadas espirituais, embora sejam dificultosas de cumprir por parte dos médiuns de prova.

PERGUNTA: — *Por que os médiuns intuitivos atendem o seu receituário de modo tão aflitivo e às pressas? Se eles apenas captam o pensamento do seu guia e depois devem vesti-lo com suas próprias palavras à semelhança de um moço de recados, porventura também escrevem sob impulsos instintivos, incontroláveis, tal qual acontece com os médiuns mecânicos, sonambúlicos ou de incorporação?*

RAMATÍS: — Quase todos os médiuns intuitivos ignoram que poderiam escrever o seu receituário mediúnico de modo calmo, de olhos fechados ou abertos, luz acesa, podendo examinar, em tempo, os pedidos dos consulentes e até analisando-os de modo a auscultar a opinião do seu guia, quanto à possibilidade de uma fraude. O médium intuitivo trabalha sob a força inspirativa do seu guia e por via telepática ou pelo contacto perispiritual. Ouve-lhe o pensamento no silêncio da alma, cabendo-lhe traduzi-la em termos entendíveis para os encarnados. Portanto, não há necessidade de produzir uma escrita veloz, espasmódica e repleta de garranchos indecifráveis; e depois, traduzi-los em letra redonda para deixar no público a impressão de um fenômeno incomum.

PERGUNTA: — *Porventura os próprios espíritos terapeutas também não podem errar nos seus diagnósticos, induzindo os médiuns a formularem receitas equívocas?*

RAMATÍS: — Isso é possível, porque em nosso atual estado evolutivo ainda enfrentamos inúmeras incógnitas e dificuldades imprevistas. Durante o nosso intercâmbio com a Terra, não atuamos de um plano sideral tão elevado, que nos permita visualizar panoramicamente o serviço mediúnico de socorro aos encarnados, pois o magnetismo da crosta terráquea envolve-nos de modo coercivo, dificultando nossas providências socorristas. O próprio guia pode prescrever medicação inadequada devido à interferência de fatores estranhos ao seu mister, tais como emissões de ondas mentais, projeção de forças telúricas, oscilações na freqüência magnética vibratória durante a interligação com os médiuns ou no exame dos enfermos no espelho fluídico. Isso pode levá-lo a confundir imagens e transmissões informativas dos auxiliares a distância, tomando um enfermo por outro, ou um falecido por um vivo. Porém, tais anomalias são mais prováveis nos trabalhos terapêuticos de fraca assistência espiritual, muito atropelados e cujos responsáveis, por vezes, desconhecem as menores sutilezas do fenômeno oculto, a ponto de misturarem sessões de receituário com as de trabalhos de desobsessão.

PERGUNTA: — *Mas depois de uma prescrição para alguém já falecido, o guia, tendo-se certificado do equívoco, não poderia intuir o médium a eliminar a receita fraudulenta já prescrita?*

RAMATÍS: — A rapidez desse fenômeno tão sutil e imponderável da intuição não permite ao médium avaliar, a tempo, se a consulta à sua frente é capciosa, se o medicamento é certo ou errado, se intuído pelo seu guia ou pensado por si mesmo. Quando ele termina a sua tarefa mediúnica "desliga-se" do contacto mental ou perispiritual com o seu guia e retorna imediatamente ao estado de vigília. Depois disso é difícil retificar os equívocos que porventura tenha cometido no receituário, uma vez que já se "isolou" da intuição do seu mentor. O médium intuitivo não ouve fisicamente a voz do seu guia; ele escreve à guisa de "pressentimentos" que se sucedem remetidos no seu cérebro.

Ele não pode corrigir, posteriormente, no estado de vigília, aquilo que só efetuou sob condições mediúnicas passivas e sem fiscalizar o fenômeno que o influenciou num momento de transe. Redigida a última receita, o médium intuitivo considera cumprida a sua obrigação, que realiza de boa-vontade e boa-intenção, e impermeabiliza-se a qualquer nova intuição ou pressentimento corretivo, passando a absorver-se nos fenômenos da vida material. Só os médiuns conscientes e de elevado tirocínio ou treinamento mediúnico conseguem distinguir, durante o seu transe intuitivo, quando é o seu mentor que lhe governa a mente ou quando é interferência de si próprio.

PERGUNTA: — *Mas afora os equívocos dos espíritos terapeutas, provocados pelas dificuldades do meio em que operam, da inexperiência e do animismo dos médiuns, não é possível que eles também errem por força de sua própria inexperiência e desconhecimento do assunto?*
RAMATÍS: — Realmente, às vezes, os espíritas terapeutas noviços cometem equívocos nos seus diagnósticos ou na prescrição de remédios. Isso acontece quando ainda são inexperientes e não superam os fatores heterogêneos que os confundem no meio em que atuam; ou, como alunos em progresso, equivocam-se na leitura dos sinais patogênicos existentes no perispírito dos enfermos. Há os que ainda são inábeis no exercício da comunicação mediúnica com o mundo material, pois, inadvertidamente, não controlam o seu pensamento e despertam no cérebro dos médiuns intuições maldefinidas, que podem sugerir a indicação de medicamentos inadequados.

Os espíritos veteranos, no entanto, podem avaliar com facilidade e exatidão a etiologia mórbida dos doentes, assim como identificar pelos resíduos ou marcas enfermiças, no perispírito, até o distúrbio mental ou emotivo que lhes deu origem, tal como o ódio, a raiva, a inveja, a cupidez ou o orgulho.

Mas o médium estudioso, experiente e laborioso, em cujos ombros pesa o prestígio da prática mediúnica sob a égide da doutrina espírita, tem assistência espiritual eficiente e segura, livrando-o, tanto quanto possível, dos equívocos comuns no receituário dos centros espíritas.

PERGUNTA: — *Porventura não é censurável ou nocivo esse receituário, em que tanto o médium quanto o seu protetor receitista são inexperientes?*
RAMATÍS: — Sem dúvida, o médium novato só pode atender a consultas sem gravidade: caso ele seja criatura digna, desinteressada e benfeitora, as entidades de maior responsabilidade espiritual também vigiam-lhe o serviço mediúnico e corrigem-lhe a tempo os equívocos do receituário, pelo socorro fluídico aos doentes que não foram atendidos a contento. Quantas vezes, a simples administração mediúnica de uma infusão de ervas, ao doente grave, lhe produz resultados miraculosos, que granjeiam a fama do médium mais inexperiente.

Evidentemente, os beneficiados ignoram que a interferência salutar do Alto, na hora oportuna, pode "mover montanhas", "curar morféticos", "levantar paralíticos" ou "recompor a carne deteriorada", desde que assim seja determinado por ordem espiritual superior, pois nada acontece por "acaso".[8]

Realmente, as receitas mediúnicas atendidas pelos médiuns intuitivos, inexperientes, e que resolvem desempenhar uma função terapêutica para a qual ainda não foram eleitos, são quase sempre ridículas, inócuas e às vezes até nocivas.[9]

No entanto, a abnegação, o serviço desinteressado e a experimentação incessante por parte dos médiuns honestos, sinceros e bons, terminam por despertar-lhes na alma as virtudes superiores e apurar-lhes também a freqüência vibratória capaz de situá-los até ao nível dos planos superiores. E mesmo no caso de certas receitas anímicas criticáveis mas receitadas por médiuns boníssimos apesar de inexperientes, os espíritos terapeutas depois interferem junto dos seus enfermos dinamizando a medicação prescrita, de modo a garanti-la sob o patrocínio mediúnico do espiritismo. No entanto, os espíritos malfazejos e mistificadores, que exploram os médiuns vaidosos e alimentam-lhes a presunção de cultura ou de poderes extraordinários, além de interessados em desmoralizar o espiritismo chegam a praticar a "eterinária", ou seja, a eliminar o éter-físico das medições prescritas por esses médiuns mal-assistidos.

---

[8] Nota do Médium: Tivemos oportunidade de assistir o médium Arigó operar órgãos infectados e corroídos, que se mostraram até renovados, à luz do dia, portas abertas, sem assepsia ou anestesia. Os enfermos deitavam-se no chão, sobre folhas de jornais, e ali mesmo o espírito do dr. Fritz operava com canivete, bisturis impróprios ou ferramentas poluídas. Sem dúvida, o Alto, quando assim o quer, opera milagres sob os nossos olhos surpresos, embora o faça através de leis que desconhecemos.

[9] Nota do Médium: Em Curitiba, entre dezenas de médiuns prematuros ou que confundem o seu animismo com mediunidade, aventurando-se a receitar sem possuírem credenciais para isso, destacamos dois casos recentes, que nos parecem dignos de anotação. F., criatura recém-obsidiada e sob tratamento espiritual, sem estudo e sem experiência alguma, mal titubeando no desempenho de sua mediunidade atrofiada ou anímica, contrariando as advertências dos mais sensatos, pôs-se a receitar a torto e a direito, atendendo filas de pessoas à sua porta, mas negligenciando os próprios deveres inadiáveis do lar. Eis uma de suas receitas, atribuída ao espírito de Bezerra de Menezes: "Tome uma garrafa de vinho Málaga, ponha dois pregos enferrujados, um pedaço de carne passada, uma pitada de pó de chifre de carneiro novo e duas folhas de boldo; enterre tudo durante 3 dias e depois tome 4 colheres de sopa longe das refeições". O doente desta receita levou mais de um mês para corrigir a tremenda infecção intestinal.

PERGUNTA: — *E que dizeis quanto às consultas de má-fé, que certos consulentes capciosos pedem aos médiuns para "pessoas inexistentes"? Nesse caso não existe a possibilidade ou o equívoco de o guia terapêutico confundir a imagem do perispírito de um falecido com a de um encarnado, no exame de um espelho fluídico?*

RAMATÍS: — Sem dúvida, a prescrição de medicamentos por via mediúnica para "pessoas inexistentes", só pode acontecer com os médiuns receitistas intuitivos ou inspirativos, quiçá, também pelos sonâmbulos, mecânicos ou incorporativos, em seus dias aziagos ou mal-assistidos pelo "lado de cá". No caso de os espíritos benfeitores receitistas operarem através de médiuns inconscientes, mecânicos ou sonâmbulos, mas de boa conduta e bons sentimentos, eles comprovam a mistificação, assim que os seus cooperadores, a distância, também lhe notificam a inexistência do consulente. No entanto, qualquer indecisão do guia em demorar-se para receitar através do intuitivo, este pode então prescrever o que lhe vem à mente, no momento, atendendo à consulta da pessoa inexistente.

Sob qualquer hipótese, o intercâmbio entre os desencarnados e os vivos ainda não se exerce de modo perfeito e eficiente, porquanto o próprio serviço médico terreno, bem mais objetivo, ainda assinala inúmeros equívocos. Reconhecemos que as desilusões prematuras dos médiuns ainda incipientes, os quais desconhecem as imensas dificuldades que enfrentamos para movimentá-los no serviço mediúnico e obtermos o mínimo de aproveitamento, podem levá-los a abandonar o seu trabalho ainda em progresso, tal qual a criança que desiste de alfabetizar-se porque lhe deram o alfabeto truncado.

Há casos em que certos espíritos terapeutas, embora identifiquem o pedido de má-fé, apenas apõem um sinal de interrogação na consulta capciosa, à guisa de advertência ou mesmo para comprovar a realidade do intercâmbio mediúnico ao consulente fraudador.[10]

---

10 Nota do Médium: Realmente, aqui em Curitiba, apreciamos caso semelhante. Determinada pessoa, desejando provar excelente médium receitista, formulou um pedido de receita para pessoa inexistente e com endereço apócrifo. No entanto, o espírito responsável pelo receituário, conhecido por dr. Fajardo, ao identificar a consulta maliciosa, apenas traçou na mesma um enérgico ponto de interrogação em sinal de advertência, o que, aliás, impressionou profundamente o fraudador, hoje

PERGUNTA: — Há, realmente, espíritos que, apesar de descobrirem a fraude da consulta de má-fé para pessoas falecidas ou inexistentes, chegam mesmo a prescrever o remédio para o doente imaginário, até para submeter o consulente capcioso a um corretivo severo, conforme já pudemos comprovar? Isso será recomendável?

RAMATÍS: — Não vemos motivo para estranheza no fato, pois os espíritos que vivem no astral, em torno da Terra, são as mesmas criaturas que já viveram encarnadas na matéria. Considerando-se que a morte é apenas o desvestimento do "escafandro de carne" que prende a alma à matéria, em vez de tratar-se de um banho miraculoso que transforma criminosos em santos e ignorantes em sábios, a verdade é que todos os terrícolas retornam para o Além conduzindo as mesmas virtudes ou recalques que possuíam na vida física.

Sem dúvida, dentro de meio século, provavelmente, a maioria dos homens daí estará do "lado de cá"; e os moradores daqui terão renascido na Terra. Deste modo, tanto a humanidade vivente na superfície da crosta terráquea, como a que já faleceu e mora no mundo astral, possui os mesmos gostos, temperamentos, e age da maneira peculiar à sua índole psicológica. Há criaturas que, atualmente, vivem aflitas e fustigadas pelos seus algozes e adversários de outrora, mas, depois de livres, no Espaço, ainda se tornam piores do que os seus velhos perseguidores, devotando-se ao execrável círculo vicioso de ódios e desforras impiedosas. Inúmeros católicos, protestantes e indiferentes, inclusive alguns espíritas encarnados, arrepiam-se à simples enunciação de um espírito junto a si. No entanto, depois que retornam ao Além, tornam-se perversos e gozadores, aproveitando-se de sua invisibilidade para atemorizar os terrícolas. Deste modo, só pelo fato de um espírito desencarnado serviçal ministrar remédios por "via mediúnica" para os vivos, não quer dizer que ele tenha abdicado da sua maneira de pensar e do temperamento peculiar que o dominava na matéria.

As soluções, os corretivos e os empreendimentos dos espíritos mentores terapeutas ou guias, variam por aqui tanto quanto a sua própria emotividade ou contextura psicológica, uma vez que a responsabilidade espiritual pertence a "cada um, segundo

---
excelente trabalhador na seara espírita, depois de abalado por essa prova concreta.

suas obras". As providências disciplinares ou redentoras, o grau de ternura ou a severidade dos preceptores do Além para com os seus pupilos encarnados, divergem segundo acontece com os pais terrenos, que também variam em seus métodos mais severos ou condescendentes na educação dos filhos, embora o seu objetivo mais importante seja torná-los felizes e educados. Há genitores negligentes ou excessivamente sentimentalistas, que se deixam dominar pelos filhos, ensejando-lhes péssimas florações do instinto inferior e tornando-os infelizes pela sua tolerância excessiva e até censurável. Existem pais boníssimos, que, no entanto, se vêem obrigados a adotar o regime de severidade incomum para com os filhos indóceis e temperamentais, que não atendem a conselhos nem a advertências pacíficas de qualquer espécie.

Enquanto há espíritos guias que diante da consulta capciosa e do pedido de má-fé preferem advertir o fraudador ou silenciar, outros mais enérgicos, severos e decididos não se conformam com a mistificação e até promovem o corretivo que desencoraja o consulente para atitudes semelhantes no futuro. Eles não se conformam de que alguém procure a Verdade pelos caminhos da fraude ou da malícia![11]

Finalmente, os bons espíritos não devem esquecer que a prática mediúnica sob o patrocínio do espiritismo conta somente cem anos. Portanto, ainda é muito cedo para conseguirem-se provas absolutamente fiéis no intercâmbio mediúnico. Assim como o jardineiro não exige, do botão da rosa, que

---

11 Nota do Médium: Em Curitiba, conhecido jornalista e sistemático adversário do espiritismo forjou uma consulta fraudulenta ao espírito severo de Pai José. Descoberta a mistificação, o preto-velho prescreveu a seguinte receita: "Tome Jurubeba e Quebra-Pedra. A doença não existe, mas ela virá. Então use o remédio, pois é o melhor que existe". Efetivamente, uma semana depois, o jornalista em apreço e que muito se divertira com sua própria farsa e os remédios prescritos, foi acometido de violentas cólicas hepáticas que o lançavam de bruços sobre o assoalho e faziam-no resistir a qualquer medicação sedativa e até hipnótica. Finalmente, desesperado, ingeriu o chá de ervas receitado por Pai José, e, para seu espanto, curou-se rapidamente! Ante a crítica de confrades sentimentalistas, que censuraram Pai José pela sua desforra inadmissível num espírito bom e tolerante, o preto-velho retrucou, divertidamente: "Vassumeceis não são crianças e podem muito bem agüentar o resultado das intenções insinceras! Quem procura sarna tem que se coçar! E se não tão satisfeitos, então reclamem pra Deus, que apesar de ser a Bondade Infinita, não deixa de botá o sofrimento pra cima do homem, quando ele sai fora do caminho do Bem!" Aliás, principalmente os caboclos de umbanda não são muito complacentes com os pedidos de receitas fraudulentas, pois, de vez em quando, eles aplicam corretivos conhecidos pelos umbandistas como "ceroulladas".

ele exale o perfume que só a flor há de oferecer no tempo exato, o pesquisador dos fenômenos mediúnicos não deve pretender a perfeição que somente o tempo e a experimentação constante poderão proporcionar.

Por conseguinte, evitemos anotar os equívocos dos médiuns de boa-fé, mesmo porque nos cumpre atender à advertência do Mestre Jesus, quanto ao "não julgueis para não serdes julgados".[12] O verdadeiro sentido da vida é o Amor! E o Amor é um estado de espírito de doação incondicional que nos impõe o dever de pensarmos também nas aflições do próximo.

Assim, todo gesto ou ato que tenha em vista satisfazer a nossa vaidade ou o nosso orgulho, é sempre uma realização desfavorável ao próximo, pesando na balança da justiça Divina contra nós mesmos.

Os defeitos que hoje assinalamos nas demais criaturas são os mesmos que ontem também possuíamos por força de nossa graduação espiritual inferior. Deste modo, a atitude mais correta e segura para não nos equivocarmos contra a Lei Superior, é atender sempre, fielmente, à recomendação de Jesus: "Faze aos outros o que queres que te façam" ou "ama o próximo como a ti mesmo".

PERGUNTA: — Porventura não é proveitoso conhecer-se a capacidade dos médiuns nos trabalhos espíritas, a fim de não solicitar-lhes cousas acima de suas forças mediúnicas?

RAMATÍS: — Aquele que pretenda julgar quanto à exatidão e à capacidade dos médiuns incipientes ou famosos, caso confie lealmente nas recomendações de Jesus, então, coloque-se, primeiramente, no lugar exato de quem ele pretende testemunhar, procurando sentir em si a mesma reação emotiva desagradável, e o amor-próprio ferido pela prova desairosa.

Finalizando, relembramos um velho provérbio popular e de sibilina advertência, que se ajusta a esse caso: "Limpa primeiro a tua casa, se queres depois ensinar o vizinho a limpar a sua", o que implica na seguinte advertência de Jesus: "Aquele que não tiver pecado, atire a primeira pedra".

---

12 Nota do Revisor: "Como é que vedes um argueiro no olho do vosso irmão, quando não vedes uma trave no vosso olho? Ou, como é que dizeis a vosso irmão: deixa-me tirar um argueiro do teu olho, vós que tendes no vosso uma trave? Hipócritas, tirai primeiro a trave do vosso olho e depois, então, vede como podereis tirar o argueiro do olho do vosso irmão. (Mateus, 7:3-5).

PERGUNTA: — *Tendes explicado que é mais comum a prescrição de receita fraudulenta para pessoas falecidas ou inexistentes, quando solicitadas a médiuns intuitivos. No entanto, conhecemos abalizado e excelente médium psicógrafo mecânico, assistido por bons espíritos, de nossa absoluta confiança e conduta moral ilibada, o qual, submetido a "testes" de algumas consultas apócrifas no seu receituário, não somente prescreveu medicações para todas, como ainda teceu recomendações de bom quilate espiritual sob a responsabilidade de Bezerra de Menezes. Que dizeis disso?*

RAMATÍS: — Só o cadáver apresenta realmente um padrão de sonambulismo absoluto e sem revelar qualquer interferência do espírito do seu dono. O médium sonambúlico, seja intuitivo, mecânico ou de fenômenos físicos, é um ser vivo que detém conhecimentos particulares, experiências próprias e conduta à parte, que lhe formam um temperamento e condicionamento psicológico diferentes.

Ele é uma vontade específica, que se opõe a outra vontade, qual seja a do espírito comunicante, influindo, portanto, em nossas comunicações, seja qual for a sua faculdade mediúnica. Os espíritos atuam através do médium mecânico pelo seu "plexo braquial", dominando-lhe os braços, no intuito de escreverem diretamente sem fluir o assunto em foco, pelo cérebro físico. Na incorporação completa eles o fazem através do duplo etérico, movendo em seguida os centros nervosos do cerebelo do médium, até poderem dominar-lhe a laringe e o sistema respiratório, a ponto mesmo de regularem-lhe as cordas vocais na tonalidade capaz de produzir sons semelhantes, aos com que eles mesmos se expressavam quando ainda vivos no corpo físico.

No entanto, o espírito do médium pode interferir, de súbito, assumindo o comando do seu organismo e contrariando as diretrizes ou truncando assuntos em comunicação. Isso pode acontecer, quer seja médium sonambúlico, mecânico ou de incorporação, pois trata-se de criatura vulnerável, de psiquismo instável, e afetada pelas condições físicas do meio em que vive, muito sensível à turbulência da atmosfera, ao magnetismo do solo, ao clima desagradável e aos fluidos áuricos das pessoas com que se relacionam no mundo. Ninguém, em sã consciência, pode exigir dos médiuns uma exatidão infalível no seu trabalho; mas, sim, rejubilar-se quando tudo corre proveitosamente.[13]

Os médiuns também vivem seus dias depressivos, que lhes dificultam o trabalho cotidiano e causam ao transe mediúnico imensas dificuldades. Reagem, inquietos, sob o nosso controle espiritual; despertam do transe e isolam-se de nossa intuição. Assim como o lago de superfície encrespada não reflete, a contento, a luz do luar, o médium perturbado também não recepciona o nosso pensamento de modo correto e seguro. Ele impõe seus gostos, caprichos e automatismos; repudia, por vezes, nossas idéias, ensombra a vivacidade das comunicações dos espíritos, altera o sentido das sugestões, modifica até a prescrição mediúnica. Durante essas fases negativas, o médium sonâmbulo, mecânico ou de incorporação, também está sujeito a equívocos de toda espécie.

Doutra feita, se o espírito responsável pelo exame terapêutico demora-se, indeciso, para localizar o enfermo inexistente, o guia então prescreve qualquer medicação nutritiva, atóxica, ante o apelo aflitivo do médium, que atende a receituário volumoso e não cessa de receitar.

Eis por que é tão comum no receituário mediúnico a prescrição de extratos hepáticos, carminativos, xaropes fortificantes, remédios mineralizantes e tônicos para o sistema nervoso, medições que, às vezes, são dadas para cobertura provisória até ao ensejo de um exame mais demorado e eficiente.

Realmente, muitos neófitos espíritas imaginam que o receituário mediúnico é algo miraculoso que se exerce sob uma varinha de condão manejada pelos espíritos desencarnados; no entanto, não é nenhuma panacéia curativa alijando a responsabilidade médica do mundo, mas acima de tudo uma cooperação do mundo oculto em favor dos sofredores. No entanto, entre um milhar de receitas solicitadas aos médiuns, noventa por cento não merecem prescrição medicamentosa além de algum paliativo e só o restante exige maior atenção; e assim mesmo, com certas restrições impostas pela lei cármica. O médium não é nenhum "robô" sem vontade e sem alma; é espírito sujeito também a idiossincrasias incontroláveis, resultando

---

13 Nota do Revisor: Vide cap. XVIII, "Dos inconvenientes e perigos da mediunidade", pág. 221, da obra *O Livro dos Médiuns*, de Allan Kardec. Edição da Livraria da Federação Espírita Brasileira.

do seu trabalho de receitista um serviço deficiente, porque, além de suas próprias falhas, ele enfrenta o meio ambiente, as dificuldades dos seus comunicantes e o próprio imerecimento do consultante.

Embora Allan Kardec tenha recomendado que é preferível "rejeitar 99 verdades a admitir-se uma só mentira no espiritismo", os resultados decepcionantes nas consultas não devem servir de "dogma" ou fundamento para qualquer princípio doutrinário na seara espírita, uma vez que o fenômeno mediúnico ainda não é de domínio completo nem dos "vivos" nem dos "mortos"!

Gastamos precioso tempo, no mundo, quais Sherlock Holmes, catando deficiências alheias, enquanto os ponteiros do relógio avançam celeremente marcando-nos a partida para o túmulo! O espírito eterno que palpita em nossa intimidade é a bússola que nos conduz para o Norte angélico; e aquele que não descobre a imortalidade da alma em si mesmo, de modo algum poderá encontrá-la pelos compêndios, doutrinas ou pesquisas feitas pelos outros.[14]

PERGUNTA: — Explicou-nos certo médium que, às vezes, os espíritos guias deixam, de propósito, o seu médium prescrever medicamentos para criaturas inexistentes ou falecidas, a fim de ele ser provado em sua humildade. É verdade isso?

RAMATÍS: — Não cremos que os médiuns tornem-se mais humildes por terem sido iludidos e receitado para consultas mediúnicas de má-fé, assim como não seria nada reco-

---

14 Nota do Médium: Em certo trabalho mediúnico de "conversa ao pé do fogo", entre espíritos desencarnados e os freqüentadores, conhecido engenheiro curitibano, ateu, mas sarcástico, tentou submeter perguntas complexas à entidade conhecida por Nhô Quim, velho filósofo sertanejo falecido no Paraná. Então o referido engenheiro exigiu que Nhô Quim lhe "provasse" ou lhe "mostrasse", se ele, engenheiro, tinha ou era um espírito encarnado. Nhô Quim, caboclo fino e matreiro, riu, gostosamente, e respondeu-lhe, de modo divertido: "Mecê num tá bom do cérbero, seu doutô! - Não há de vê que eu devo encontrá por fora, o que mecê num encontra por dentro, isto é, o espírito de mecê? Adespois, de num ter certeza se existe, inda quê que eu prove isso?" Doutra feita, alguém alegou a Nhô Quim que não podia crer em Deus, por não vê-Lo e nem possuir meios de concepcioná-Lo". Nhô Quim então respondeu-lhe: "Quando mecê põe um grão de milho na mão, mecê tá vendo ali a espiga? Ah! Num vê? Pois então prante o grão pra vê se a espiga num aparece... Que é a consciência de mecê? Num é também um grão de milho no seio de Deus? Mecê creça então em consciência, que também há de vê Deus no momento certo, tar quar o grão de milho prantado acaba se achando no meio da espiga!".

mendável para os guias servirem-se de semelhante artimanha, para despertar virtudes ocultas nos seus pupilos. A nosso ver, muitos desses médiuns "testados" pela prescrição capciosa terminariam rompendo suas relações com os desencarnados, profundamente feridos no seu amor-próprio e na certeza de que os seus próprios mentores não lhes inspirariam confiança. As receitas apócrifas, já dissemos, resultam especificamente das dificuldades de relações entre dois planos de natureza tão oposta, como são o mundo espiritual e o material; das perturbações do próprio meio ambiente onde se situa o médium, interferências de forças estranhas no momento do receituário, assim como devido à incipiência dos médiuns e do seu animismo incontrolável.

Aliás, o principal objetivo da doutrina espírita não é o de convencer o homem de que ele é imortal através do fenômeno da receita espírita, à guisa de uma "prova" irrefutável. Os princípios imortais do espiritismo, em primeiro lugar, objetivam modificar a estrutura íntima do ser para alcançar condições de vida superior. O mundo está cheio de líderes religiosos e criaturas convictas de sua imortalidade; e, no entanto, não lhes é difícil meter uma bala no próximo, esbofetear um irmão ou lançar crianças ao abandono, apedrejar cães e gatos, prender pássaros, processar devedores infelizes, associar-se às indústrias belicosas ou dilapidar o erário. Sem dúvida, elas sabem que não viverão eternamente na Terra, pois algumas até divulgam a idéia da imortalidade confiando no céu para os justos e no inferno para os maus! A Inquisição, as Cruzadas, o massacre dos huguenotes pelos católicos, em Paris, sempre foram empreendimentos executados em nome da alma imortal e em defesa da Divindade!

Que importa, pois, o homem saber-se imortal, se ele nada fizer de proveitoso e justo para depois usufruir os frutos dessa condição venturosa?

11.
Os médiuns de cura e os curandeiros

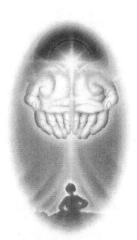

PERGUNTA: — Como poderemos distinguir os verdadeiros médiuns de cura e aqueles outros que são apenas ignorantes, palpiteiros ou interesseiros, e que, sob a legenda de espiritismo, exploram o sofrimento alheio? Às vezes, tais aventureiros astuciosos receitam com tal presteza e habilidade, à guisa de médiuns espíritas, que se torna bastante difícil distingui-los dos médiuns idôneos ou verdadeiros. Que dizeis?

RAMATÍS: — A mediunidade também obedece a um roteiro progressista que se impõe e aperfeiçoa tanto pela experimentação como pelo estudo sensato. Deste modo, é difícil, no princípio de sua manifestação, alcançar-se o êxito e a clareza desejada; pois em sua fase inicial ela se manifesta envolvendo o médium em dúvidas e confusões. E, assim, esse período é propício a que o médium incipiente, pela sua inexperiência e invigilância, incorra na distorção da ética rígida exigida no desempenho de tal função. No entanto, efetivamente, há os que se dizem receitistas, mas que, de fato, são curandeiros mercenários.

E os sucessos que, em alguns casos, lhes atribuem, é apenas aparente, pois os doentes que os procuram já estão, quase sempre, cumprindo prescrições médicas ou sentiriam melhoras em sua saúde independente de qualquer remédio.

As enfermidades, em sua maior porcentagem, são estados transitórios de reajuste fisiológico ou uma espécie de reação do metabolismo orgânico, no sentido de resguardar e evitar que o corpo sofra conseqüências mais graves, tal como a morte súbita;

assim como também se destina a apurar o grau espiritual do ser na sua resistência moral contra a dor.

Existem determinadas metamorfoses na vida animal, cujas manifestações também se assemelham a enfermidades, embora se trate apenas de fenômenos destinados a revigorar o equipamento orgânico. Citamos, por exemplo, o caso da "muda" das penas, nas aves, da pele, nos répteis, do pêlo, nos animais, ou da lã, nos carneiros. Mudanças físicas de aparência enfermiça, que são apenas transições processadas em épocas próprias. E graças a essa sábia disposição da Natureza, a "muda" resulta sempre num reajuste mantenedor de saúde mais vigorosa.

Notai que, no homem, à medida que ele cresce e se desenvolve, ocorrem certas crises fisiológicas produzidas no seu corpo, as quais, embora sejam naturais, também se manifestam com aparência de "moléstias". Referimo-nos ao período da puberdade nos jovens, à menopausa nas mulheres ou à inatividade das glândulas sexuais, nos velhos. Muitos sintomas desagradáveis ou incomuns, no ser humano, têm seu ciclo, sua curva ascendente ou descendente, mas desaparecem na época apropriada, sem qualquer interferência estranha. No entanto, se as manifestações e o desaparecimento desses incômodos coincidirem durante o tratamento receitado por algum curandeiro, certamente que o resultado seria tido como invulgar sucesso do mesmo.

Os enfermos que, por coincidência ou espontaneamente, se livram de seus incômodos, quando sob o cuidado de algum charlatão, acabam sempre por gabar virtudes terapêuticas que tais aventureiros não possuem. E são-lhes gratos porque se acreditam realmente curados por eles.

Ditos curandeiros, quando a sua terapêutica resulta em fracasso, alegam negligência dos pacientes quanto ao tratamento prescrito; ou, então, censuram-lhes a falta de fé na medicação. E quase sempre eles se saem bem, pois o homem comum não entende, a contento, o que seja a fé, nem sabe mobilizá-la em seu próprio benefício. Sendo do feitio humano que um acontecimento espetacular suplanta dezenas de outros sem sucesso, uma só cura de aparência miraculosa é suficiente para propiciar fama a qualquer de tais charlatões.

Há pouco tempo, certa instituição médica (dos Estados Unidos da América do Norte), ao efetuar autópsias e pesquisas em centenas de indigentes, comprovou que mais de um terço deles havia contraído doenças graves e resistido às mesmas durante longos anos, curando-se, até, espontaneamente, sem precisar de tratamentos médicos ou de medicamentos específicos, de ação fundamental. Esses indigentes recuperaram-se mobilizando suas próprias defesas e reservas orgânicas, sem necessidade de qualquer intervenção ou disciplina médica. Em alguns casos, as úlceras tinham cicatrizado, sumiram-se as metástases cancerígenas, os pulmões lograram sua calcificação espontânea e o pâncreas recuperara-se de graves atrofias. Residuais de tumores provaram que eles foram drenados naturalmente pelas vias emunctórias, assim como a circulação sangüínea vencera profundas anemias e o coração restaurara-se, evitando enfartos perigosos. Em dois casos de alcoólatras, o tecido conjuntivo hepático revelava indícios de cirrose regredida; e quatro por cento traíam vestígios de pronunciada amebíase nas paredes do cólon intestinal, espontaneamente restabelecido.

PERGUNTA: — *Haverá alguma correlação entre os casos desses indigentes e os dos curandeiros, charlatões ou falsos médiuns, que também promovem curas tidas como surpreendentes?*
RAMATÍS: — É evidente que, se algum curandeiro ou médium houvesse tratado desses doentes curados de forma espontânea, ele seria consagrado como famoso terapeuta que poderia devolver a saúde aos desenganados da medicina oficial. E, em breve, a imaginação exaltada do povo crédulo o tomaria como um ser possuidor de virtudes ou poderes sobrenaturais, atraindo multidões de sofredores.

O homem astuto e experimentado também pode simular a prática da mediunidade e até receitar com acerto, caso conheça a ação terapêutica dos medicamentos, orientando-se mediante as bulas e pela leitura dos "mementos farmacêuticos". Há indivíduos ledores de revistas médicas, que chegam a formular diagnósticos aceitáveis, em contraste com certos médiuns anímicos, incultos ou supersticiosos, cuja ignorância constitui sério obstáculo, que anula as benéficas intuições do seu guia.

Esse é um dos motivos que nos levam a insistir em concitar os médiuns a integrarem-se conscientemente nos postulados do espiritismo e estudar o mecanismo da mediunidade, assim como assimilar os ensinamentos básicos da própria ciência profana do mundo material. Só assim ser-lhes-á possível cooperarem com êxito no serviço terapêutico, em favor do próximo, e sanear o ambiente espírita, afastando os aventureiros e os pseudomédiuns.

PERGUNTA: — Gostaríamos de ressaltar a necessidade de se fazer a seleção na seara espírita, a fim de que o serviço mediúnico se livrasse dos pseudomédiuns e dos charlatões que oneram as tarefas dos médiuns dignos!

RAMATÍS: — É muito difícil distinguir, de início, o charlatão na seara espírita, pois o fenômeno mediúnico, principalmente o intuitivo, não demonstra sinais visíveis que comprovem a sua falsidade. Também não existe uma fiscalização oficial por parte do mundo espiritual a esse respeito, afora a advertência de que será dado a "cada um segundo suas obras"! Não há dúvida de que tanto o médium mercenário que negocia com o dom mediúnico, como o charlatão que o mistifica, igualam-se pelo serviço deficiente, censurável e interesseiro. Malgrado o protesto dos mais sentimentalistas, que não se conformam com o fato de a doutrina espírita sofrer a fiscalização da própria ciência terrena, no futuro, realmente, esta muito ajudará a demarcação definitiva dos trabalhadores espiríticos, definindo serviços mediúnicos reais e justos, em confronto com os que invadem a seara espírita para encetar o comércio perigoso com os mefistófeles do mundo oculto, ou prostituírem o dom mediúnico concedido para sua própria redenção espiritual.

O médium intuitivo, bom, honesto e benfeitor, ainda é instrumento preferido para o intercâmbio com os espíritos superiores, antes de qualquer médium sonambúlico ou mecânico excepcional, mas subvertido em sua conduta moral pelo ganho capcioso. Raras criaturas detiveram no mundo faculdade tão poderosa quanto Rasputin; e, no entanto, o seu intercâmbio com o mundo oculto foi apenas um serviço inferior e egotista. Malgrado ele ter sido utilizado pelo Alto com a finalidade de apressar a demolição do império russo faustoso e cristalizado pela cupidez, vaidade, orgulho e impiedade de uma aristocracia viciosa explorando o povo esfomeado, o dom mediúnico excepcional manejado por Rasputin não é o que mais beneficia o gênero humano. Qualquer tarefa comum e sem manifestações espetaculares é sempre superior a tal poder, caso esteja garantida pela assistência sublime de Jesus!

A faculdade mediúnica intuitiva, só em casos raríssimos oferece alguns resultados integralmente autênticos, pois os médiuns, durante o seu contacto com os espíritos, não abdicam de sua vontade, nem abandonam a bagagem de virtudes ou de pecados das suas existências pregressas. O médium intuitivo, evangelizado, repetimos, embora seja tecnicamente incipiente para transmitir a realidade do mundo oculto para os encarnados, pode revelar mensagem superior desde que a mesma mereça a chancela angélica.

PERGUNTA:— E que dizeis do curandeirismo que infesta o interior do país, onde pontificam criaturas completamente ignorantes dos preceitos mais elementares de medicina e de higiene e que, no entanto, conseguem promover curas impressionantes?

RAMATÍS: — Não condenamos a preta velha, benzedeira, a mulher do "responso", o homem das "simpatias" ou o caboclo analfabeto que, no meio do sertão, produzem benefícios receitando infusões de ervas, xaropes de raízes, emplastros ou pomadas "cura-tudo". Eles também podem ser médiuns autênticos, embora servindo noutras faixas vibratórias mais primitivas; e, pela vontade do Alto, socorrer as criaturas menos felizes, moradoras em lugares ermos, sem qualquer assistência médica. Seria absurdo exigirem-se desses curandeiros inocentes conhecimentos acadêmicos ou profilaxia rigorosa no seu modo de socorrer o próximo, pois é evidente que eles já fazem o melhor que podem dentro do pouco que sabem.

No entanto, os médiuns autênticos e ligados à seara da Codificação Espírita superam os aventureiros ou curandeiros anímicos, porque estes não possuem a faculdade mediúnica, enquanto os primeiros progridem no exercício positivo e incomum, impondo-se ao respeito público pelo desinteresse de proventos materiais. Alguns pseudomédiuns exploram o curandeirismo lucrativo à guisa de magnetismo, mas não tardam a trair-se no seu mistifório censurável, pela falta de assistência benfeitora, que não pactua com a venalidade.

PERGUNTA: — *Notamos que quase todos os médiuns de cura, quando em desenvolvimento mediúnico, iniciam o seu mister terapêutico receitando somente a homeopatia popular da quinta dinamização; e só mais tarde aventuram-se a outros gêneros de medicamentos. Isso é próprio da incapacidade do médium neófito iniciando sua tarefa curadora, ou a prescrição homeopática da "quinta" é realmente própria das fases preliminares do desenvolvimento mediúnico terapêutico?*

RAMATÍS: — Em geral, os médiuns novatos receitam a homeopatia da "quinta" dinamização por ser medicina menos perigosa e também de maior preferência dos pobres, assim como o fazem pela intuição dos guias mais prudentes. A homeopatia, conforme já dissemos,[1] é "medicina mais energia" e "menos medicamento", cuja ação terapêutica se efetua no limiar do mundo físico e espiritual, tornando-se acessível à influência perispiritual dos desencarnados.

É medicina ideal para a recuperação da saúde psicofísica dos enfermos, pois o seu "quantum" energético age como um ótimo catalisador na função do "chakra esplênico", que é o centro etérico situado à altura do baço, responsável pela absorção dos glóbulos de vitalidade do meio ambiente e das emanações solares, destinados à recomposição atômica e prânica do organismo etereofísico.

As doses infinitesimais são verdadeiros detonadores dinâmicos atuando nas reservas energéticas do corpo humano e que mobilizam as forças "etereoastrais" do próprio perispírito. Elas drenam e fazem baixar para o corpo carnal as toxinas produzidas e acumuladas pele psiquismo na mente, devido a emotividades descontroladas. É uma terapêutica mais eficiente para educar o organismo debilitado no ajuste de suas funções habituais, mas sem fazê-lo sofrer os estímulos violentos e próprios dos remédios alopáticos, cuja ação energética tem origem nos extratos de minerais, vegetais, animais, répteis e insetos que, embora dominem sintomas enfermiços, oneram o metabolismo humano com a carga indesejável dos seus resíduos tóxicos.

---

[1] Nota do Médium: Vide *Fisiologia da Alma*, de Ramatís, **EDITORA DO CONHECIMENTO**, capítulo "As Dinamizações Homeopáticas".

12.
O receituário mediúnico dos "pretos-velhos", índios e caboclos

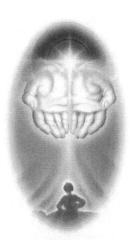

PERGUNTA: — *Que dizeis sobre as receitas mediúnicas formuladas pelos espíritos de índios, caboclos ou "pretos-velhos", os quais, embora sejam leigos em medicina, prescrevem ervas, remédios caseiros ou homeopatia, que às vezes produzem curas extraordinárias?*

RAMATÍS: — São espíritos que estiveram reencarnados nesses ambientes de costumes um tanto primitivos; portanto, é natural que ainda se mantenham seus hábitos e convicções anteriores. Então, receitam infusões de ervas curativas, xaropes, fortificantes, homeopatia ou demais tipos de remédios para debelar os males do corpo físico. Aliás, esses espíritos mais caritativos e serviçais, depois de desencarnados, mobilizam no Além todos os seus recursos, no sentido de aliviar o sofrimento dos terrícolas, praticando um curandeirismo tão pitoresco quanto o a que já se haviam habituado na Terra.

Muitos desses espíritos bondosos, mas ainda incapacitados para atenderem aos empreendimentos espirituais superiores, sublimam sua ansiedade caritativa na realização de tarefas a favor dos "vivos". Então, os guias espirituais aproveitam sua boa intenção e índole fraterna, embora ainda se trate de almas inexperientes e de graduação primária. Merecem-lhes todo o carinho e tolerância, uma vez que se devotam aos enfermos do corpo e espírito, quer ministrando-lhes o bom conselho, o medicamento e até protegendo-os contra o assédio das falanges trevosas.

Nas residências mais afastadas dos centros populosos, a homeopatia ainda é o socorro de urgência substituindo o médico ausente e atendendo desde o netinho endefluxado e o vovô reumático, até a titia vítima de pertinaz enxaqueca.

Embora reconheçamos sinceramente os benefícios salutares prestados pela medicina alopática, a verdade é que as crianças tratadas exclusivamente pela homeopatia livram-se das injeções dolorosas e das reações alérgicas e dos efeitos tóxicos causados pelos medicamentos corrosivos. A farmacologia alopática, malgrado o seu êxito, também, em certos casos, produz conseqüências agressivas e indesejáveis nos organismos mais sensíveis. Às vezes intoxica o fígado e provoca a inapetência, ou "falta de apetite"; doutra feita, congestiona os rins, anormaliza o estômago, afeta o intestino, contrai o duodeno, mancha a pele, produz urticárias ou cefaléias características das opressões sanguíneas.

Assim, a pobreza do vosso país prefere essa medicina pitoresca exercida pelos espíritos de índios, caboclos ou "pretos-velhos", que ministram ervas, remédios caseiros ou homeopatia, no desejo louvável e cristão de servir o próximo sem interesse ou vaidade pessoal. Ansiosos em proporcionar o maior bem possível, eles servem-se tanto dos médiuns de "mesa" como de terreiro, pois só lhes importa exercer um serviço benéfico. Embora a medicina acadêmica censure esses espíritos, que realmente ignoram os recursos avançados da terapêutica moderna, o certo é que eles seguem humildemente o Mestre Jesus, quando recomendava: "Ama o próximo como a ti mesmo" e "faze aos outros o que queres que te façam".

PERGUNTA: — Por que, embora se trate de espíritos bondosos e caritativos, nem sempre os "pretos-velhos" ou caboclos conseguem o êxito desejado nas suas prescrições medicamentosas? Porventura não gozam da faculdade de premonição durante a sua assistência espiritual junto aos enfermos da Terra?

RAMATÍS: — São almas que servem o próximo de modo incondicional, deixando a Deus o cuidado de promover o merecimento de cada criatura, pois o seu princípio fraterno é sempre o de "ajude e passe".[1] Aliás, sabeis que os próprios

---
1 Nota do Médium: Conceito de André Luiz na obra *Agenda Cristã*.

espíritos angélicos não podem sustar as provas cármicas dos encarnados, quando o sofrimento humano tem por fundamento principal a redenção espiritual do enfermo.

O artificialismo das drogas, às vezes não passa de um entrave à própria limpeza espiritual. A dor e o sofrimento, embora sejam condições indesejáveis por todos os seres humanos, constituem um processo eficaz para drenar as nódoas, crostas e emanações fluídicas que afetam o metabolismo delicadíssimo do perispírito. Eis por que Jesus, o inconfundível guia da humanidade, tanto exaltou o sofrimento na sua função redentora e o louvou de modo incondicional no sublime "Sermão da Montanha", destacando-o na sua memorável exortação: "Bem-aventurados os que sofrem, porque deles é o reino dos céus"!

Nesse conceito esperançoso o Mestre exaltou a dor como função purificadora do espírito enfermo, tendo esclarecido, depois, que o "reino dos céus" é semelhante a um "banquete divino", no qual só podem comungar aqueles que já vestiram a "túnica nupcial"![2] Indubitavelmente, só o perispírito diafanizado pelo expurgo das toxinas vertidas pela alma doente pode significar a "túnica nupcial" porquanto é ele, realmente, o envoltório do espírito eterno. Contudo, apesar dos louvores enunciados por Jesus, quando exaltou a ação redentora do sofrimento, Ele não aconselhou a indiferença diante da desventura alheia. A necessidade do amparo mútuo em nossos sofrimentos foi exemplificado pelo Mestre Divino ao aceitar a ajuda de Simão Cireneu para carregar-lhe a cruz na subida do Calvário. O socorro à criatura humana durante o seu padecimento é sempre oportunidade benfeitora, em que o homem pode exercitar os seus bons sentimentos e despertar a sua natureza angélica.

A atitude mais certa perante Deus ainda é a de "Amar o próximo como a si mesmo", quer mereça ou não. Em qualquer circunstância da vida terrena a indiferença diante da dor e do sofrimento alheio é sinal de crueldade, mesmo quando temos convicção de que o próximo se submete ao processo cármico de sua própria redenção espiritual. A caridade não é resultado de um programa aprovado em discussões onde primeiramente se julga do merecimento do necessitado ou do melhor aprovei-

---

[2] Vide capítulo XVIII, "Parábola do Festim de Bodas", obra *O Evangelho Segundo o Espiritismo*, de Allan Kardec, edição da **EDITORA DO CONHECIMENTO**.

tamento espiritual dos seus próprios idealizadores. Na verdade, é fruto de sentimento tão espontâneo quanto o da flor oferecendo o seu perfume sem qualquer interesse oculto. Quando Jesus afirmou que "Só pelo amor será salvo o homem", ele extinguiu definitivamente qualquer dúvida quanto à nossa verdadeira atitude diante do sofrimento alheio.

A sua recomendação dispensa comentários e elimina indecisões, pois revela o segredo de o homem alcançar mais breve a sua própria felicidade. O Mestre não fez exceções nem destacou privilégios, mas recomendou-nos um amor incondicional, desinteressado e puro! Eis por que os espíritos desencarnados, que realmente confiam nos ensinamentos do Cristo, curvam-se humildes e devotam-se ao bem alheio sem quaisquer julgamentos prematuros ou pretensões egoístas.

É o que acontece aos "pretos-velhos", caboclos e silvícolas benfeitores, que trabalham incondicionalmente a favor dos sofredores encarnados, pois, embora ainda não sejam diplomados pelas academias do mundo, eles se consagraram na escola do amor do Cristo![3] Assim, eles receitam o xarope, a erva, a mezinha caseira ou a homeopatia, despreocupados da crítica dos médicos ou cientistas terrenos, mas certos de que Deus saberá decidir quanto ao merecimento dos enfermos que forem socorridos.

E graças à condição de espíritos desencarnados, eles ainda podem servir melhor os enfermos encarnados, porque os examinam diretamente no perispírito e assim identificam-lhes a enfermidade, por vezes considerada incurável, quando sob os cuidados da vossa medicina.

PERGUNTA: — Não seria mais conveniente que todos os médicos desencarnados também só receitassem ervas e remédios caseiros, evitando a medicação alopática que pode ser perigosa, quando receitada por médiuns muito anímicos?

RAMATÍS: — Em primeiro lugar, esclarecemos que os espíritos desencarnados só receitam de acordo com o seu próprio conhecimento adquirido na Terra; e, além disso, a prefe-

---
3 Nota do Médium: Vide esse conceito e suas considerações mais amplas nos capítulos 33 e 34, "Definindo Rumos" e "Em Aditamento", que fazem parte da obra *Lázaro Redivivo*, ditada pelo espírito de Humberto de Campos a Chico Xavier, edição da Livraria da Federação Espírita Brasileira.

rência, a simpatia ou a tolerância dos enfermos variam quanto aos diversos tipos de drogas e medicamentos. Alguns são alérgicos a certos remédios, mas outros já os assimilam satisfatoriamente. Há doentes que se recuperam apenas pelo uso da homeopatia e são inócuos à medicina alopática, às infusões de ervas tóxicas ou à química farmacêutica. Há criaturas que se restauram facilmente pela terapêutica violenta das injeções, em perfeita afinidade com a sua constituição psicofísica mais densa. Finalmente, ainda existem pessoas de natureza magnética muito receptiva ou sensível, que logram a saúde pela terapia das "simpatias", dos benzimentos e exorcismos.

Em conseqüência, os espíritos de médicos desencarnados procuram receitar aos enfermos a medicação mais adequada ao seu tipo orgânico ou psíquico, atendendo mais ao doente do que propriamente à doença. Deste modo, o remédio miraculoso indicado pelo "preto-velho" a determinada criatura pode ser inútil e mesmo nocivo a outro tipo de indivíduo condicionado somente à homeopatia.

Esse é o motivo por que ainda existe no vosso mundo um arsenal tão heterogêneo e variado de medicamentos e os diversos tipos de dietas e sistemas de tratamento, a fim de se atender aos tipos humanos conforme os seus complexos biológicos e não de acordo com suas doenças.

PERGUNTA: — Que dizeis do sucesso do receituário de "pretos-velhos", silvícolas e caboclos nos terreiros de umbanda, enquanto já não lhes sucede o mesmo êxito nas suas prescrições junto à mesa espírita kardecista?

RAMATÍS: — Os "pretos-velhos", os caboclos e os índios logram melhor êxito nos trabalhos de umbanda, porque ali encontram o clima psíquico mais simpático e dinâmico à sua índole e aos costumes primitivos que lhes foram familiares na Terra. Nesse ambiente pitoresco, eles reavivam suas reminiscências terrenas, evocam suas experiências de curandeiros, quando, ainda encarnados, manuseavam a medicina ervanária ou o processo da magia de campo e de mato.

Não vos deve surpreender o melhor resultado terapêutico que eles obtêm no ambiente de umbanda, pois as ervas, as infusões caseiras, a homeopatia, os exorcismos, os benzimentos e as "simpatias" sempre foram os recursos de que se utilizaram na Terra para atender aos enfermos de corpo e de alma. Eles sentem-se mais à vontade no clima catalítico que os ajuda a dinamizar suas forças psíquicas pelas sugestões regionais eletivas, pelos cânticos ou "pontos", objetos, patuás e rituais, que lhes contemporizam o próprio saudosismo do orbe terráqueo. Ali associam os motivos e as condições já vividas na matéria e misturam-se entre os "filhos do terreiro", livres de quaisquer complexos ou constrangimentos, enquanto manifestam o seu temperamento no próprio linguajar de sua pátria terrena.

Junto à mesa espírita kardecista, os guias receitam quase somente pelo contacto perispiritual, enquanto os médiuns escrevem apressadamente pela via intuitiva; no sistema de umbanda, os "pais de terreiro" atuam pelos plexos e gânglios nervosos dos seus "cavalos", conversando, indagando, e até modificando a receita indicada anteriormente. Movimentam-se pelo terreiro, luz acesa e sem concentração, em que ajustam os médiuns à sua própria configuração perispiritual, os "pretos-velhos", os silvícolas e os caboclos "batem-papo" com os "filhos de umbanda", ouvindo-lhes as queixas, estudando-lhes os problemas, enquanto recomendam a medicação e a dieta mais adequadas a cada caso.

Embora louvemos a resolução sadia de Allan Kardec em escoimar o espiritismo das práticas supersticiosas e dos ritualismos inúteis e dispensáveis, o bom espírita deve respeitar o ensejo mediúnico dos terreiros de umbanda, em cujo ambiente fraterno os espíritos ainda afeitos às formas do mundo terreno, também encontram o ambiente espiritual eletivo para exercerem o Bem sob a Inspiração do Cristo!

PERGUNTA: — Mas não é estranhável, quando os "pretos-velhos" ou os caboclos também receitam alopatia, num desmentido à tradição ou ao receituário peculiar do mediunismo de umbanda?

RAMATÍS: — Não opomos dúvida a que o "preto-velho", o caboclo e o silvícola às vezes prescrevam drágeas, comprimidos, injeções, sedativos e até antibióticos, que não conheciam em vida, em flagrante contradição ao seu velho hábito de receitar ervas, infusões, xaropes ou homeopatia.

Mas isso explica-se facilmente pela interferência anímica dos próprios médiuns ou "cavalos" de umbanda, quando eles prescrevem a alopatia que é do seu conhecimento pessoal e lhe emerge do subconsciente associada à natureza da doença do consultante. Aliás, não existindo regra sem exceção em todo o Cosmo, há casos urgentes em que os "pretos-velhos" ou os caboclos decidem-se pela alopatia; mas eles assim o fazem sob a recomendação de espíritos de médicos desencarnados, que também os ajudam e os assistem do "lado de cá", uma vez que o serviço de socorro espiritual aos "vivos" é sempre efetuado por meio de equipes. Acontece, também, que, quando o "cavalo" de umbanda, além de médium, é médico, custa-lhe vencer o seu próprio condicionamento acadêmico, forjado na sua profissão escrava da medicina alopática.

Embora atuando sob a influência dos "pais de terreiro" e prescrevendo corretamente a medicação para combater as doenças dos consulentes, de início, o médium-médico substitui os remédios de ervas, infusões e mezinhas domésticas pela sua farmacologia alopática mais conhecida, a qual lhe inspira mais confiança.

Mas esses percalços não significam desdouro para o médico entregue à tarefa generosa e humilde de servir ao próximo, embora o faça no ambiente de umbanda, desde que se despreocupe de qualquer remuneração profissional. Em breve há de atrair para junto de si os espíritos de bom quilate espiritual, capazes de ajudá-lo no desempenho de suas tarefas caritativas. Quer o médico receite ervas, xaropes ou infusões sob o comando dos "pretos-velhos", e dos caboclos, ou seja, pela intuição acadêmica de outros colegas desencarnados, sempre há de lograr melhor sucesso, quando faça o bem pelo Bem.

Em verdade, a cura dos enfermos não se subordina somente à capacidade ou à fama dos remédios prescritos pelos médicos ou pelos espíritos desencarnados, mas o sucesso quase sempre depende da receita mais acertada. Não importa se é homeopatia, xarope, erva, injeção ou antibiótico, mas, sim, se a prescrição se ajusta perfeitamente às condições do enfermo. Quantas pessoas, no vosso país, depois da "via-crucis" pelos consultórios médicos, hospitais e tratamento de águas terapêuticas, aflitas por livrarem-se da úlcera gástrica ou duodenal, depois conseguiram restabelecer-se prontamente só pelo uso prolongado da famosa erva original do Brasil, denominada "Maytenus iliciforia martius", ou mais popularizada como "espinheira-santa"?

Assim, o médico que desenvolve sua faculdade mediúnica no intercâmbio humilde entre os espíritos de "pretos-velhos", caboclos ou silvícolas, mas preocupado apenas em servir o próximo sem qualquer interesse pessoal, não deixa de ser um espírito superior liberto do preconceito acadêmico do mundo transitório, para filiar-se às falanges do Bem inspiradas por Jesus!

PERGUNTA: — Explicam-nos alguns umbandistas que a figura do "preto-velho", do caboclo, ou mesmo do silvícola, às vezes esconde o espírito de avançado cientista ou famoso médico do passado, que então receita os medicamentos alopáticos de seu conhecimento e experiência nas existências anteriores. Que dizeis?

RAMATÍS: — Sem dúvida, o sábio incomum, o estadista famoso, o médico tarimbado ou o cientista genial, também costumam encarnar-se nos ambientes humildes do mundo e viver os ascendentes biológicos mais medíocres, quando desejam ou precisam olvidar a cultura, o poderio ou o prestígio de sua personalidade pregressa, por vezes tão comprometida pela prepotência, vaidade ou ambição. Sob o conselho dos seus mentores espirituais, eles então se decidem por uma linhagem carnal de ancestralidade biológica hereditária mais humilde, reencarnando num organismo deficiente ou de sistema nervoso rude. Escolhem os lares mais deserdados, em cujo ambiente fiquem impedidos de quaisquer relevos ou distinções incomuns entre os homens.

Mas não há desdouro nem desmentido no processo evolutivo da alma imortal, quando, apesar do seu avanço intelectual e científico no mundo terreno, depois precisa envergar o traje humilde do "preto-velho" ou do caboclo rústico, a fim de conseguir o seu reajustamento espiritual combalido e tão prejudicado no pretérito. Em verdade, trata-se apenas de um estágio ou espécie de descanso intelectual, em que o espírito superexcitado por excessivo nacionalismo efetua salutar decantação de sua personalidade humana que fora muito envaidecida com as lentejoulas brilhantes do cenário terreno!

Graças a um cérebro medíocre e incapacitado para os avançados raciocínios e concepções científicas na especulação das formas, ele evita aflorar os próprios conhecimentos incomuns adormecidos na memória espiritual de que abusou outrora. A existência terrena singela não funciona à guisa de expiação, mas na forma de um freio ao intelecto indisciplinado, pois, sem os atavios de superfície, ela também significa algo de repouso para o "ego" envaidecido pelos ouropéis transitórios.

Sem os louvores e o destaque que lhe nutriam a vaidade no passado, o sábio, o estadista, o médico ou cientista então efetuam verdadeiro "dreno" psíquico e o expurgo do tóxico intelectual produzido pelo orgulho ou vaidade da velha personalidade humana. A inteligência, a capacidade e a prepotência incomuns do passado atrofiam-se pela ausência de estímulos pessoais e relevos decorativos no seio da humanidade.

Eis por que não opomos dúvida, quanto à possibilidade de alguns espíritos cultos de sábios, cientistas ou médicos famosos manifestarem-se nos terreiros de umbanda ou mesmo junto às mesas kardecistas sob o traje humilde do "preto-velho" ou da vestimenta apagada do caboclo.

Mas embora o arquivo ou a memória das vidas anteriores não se apaguem na figura perispiritual do "preto-velho" ou do caboclo que já foi médico, é evidente que ele só poderá receitar as medicações do seu velho conhecimento, embora atualmente elas sejam obsoletas ou fora de moda, provavelmente passíveis de críticas sob os conceitos da medicina moderna.

Malgrado tenha sido médico na vida passada, o espírito do "preto-velho" ou do caboclo de umbanda precisa atualizar-se com a farmacologia moderna e familiarizar-se com as últimas descobertas científicas no gênero, caso pretenda atuar de modo sensato no receituário mediúnico. Embora ele seja um espírito desencarnado, há de precisar de um curso ou aprendizado pelos laboratórios distribuídos à superfície da Terra, sob a orientação sadia de algum médico do Espaço e sempre em dia com o progresso farmacêutico do mundo.

Insistimos em dizer que o fenômeno da morte carnal não é suficiente para proporcionar ao espírito desencarnado a sabedoria ou bondade que ele ainda não cultivou na vida material.

Sem dúvida, quando os médicos desencarnados comunicam-se através de médiuns sonambúlicos ou de incorporação total, eles chegam a receitar os mesmos medicamentos que já conheciam ou preferiam indicar nos seus consultórios terrenos. Em certos casos, os consulentes chegam a desanimar na procura dos remédios prescritos pelos médicos desencarnados há longos anos, devido a se tratar de medicação muito antiga, que só conseguem encontrar com muita sorte, ainda esquecida no fundo das prateleiras das farmácias dos subúrbios.[4] Isso explica o motivo por que o médico desencarnado também precisa atualizar-se com as últimas descobertas farmacológicas, caso pretenda receitar pelos médiuns kardecistas ou de umbanda, o remédio mais em dia e sem despertar a ironia ou censura da medicina moderna.

PERGUNTA: — Então explica-se por que o "preto-velho" pode receitar alopatia, uma vez que ele já foi médico no passado. Não é assim?

RAMATÍS: — O médico desencarnado que prefere atuar nos terreiros de umbanda, ou mesmo junto à mesa kardecista sob a indumentária do "preto-velho" ou do caboclo, é porque ele já se tornou avesso à terapêutica das injeções, das drágeas, dos antibióticos ou de quaisquer outros produtos químicos da medicina alopática. Desde que deliberou receitar do Espaço pelo curandeirismo de ervas, benzimentos, homeopatia, xaropes ou mezinhas domésticas, resguardado sob o anonimato do preto ou caboclo, isso demonstra a sua intenção de libertar-se do academismo do mundo terreno, talvez devido às decepções ou veleidades indesejáveis.

Depois de desencarnados e ao reconhecerem-se espírito imortal, alguns médicos bem-intencionados deploram sua estultícia e vaidade terrenas, preferindo então maior intimidade entre os "filhos de umbanda", ou freqüentadores do centro espírita, na tarefa humilde de socorrer os enfermos do mundo sob o anonimato do "preto-velho" ou do caboclo rude.

---

4 Nota do Médium: Realmente, em nossos trabalhos mediúnicos, um dos médicos desencarnados que atende ao receituário é identificado facilmente, porque ele só receita as mesmas drogas que lhe foram familiares ou simpáticas, quando há alguns anos ainda clinicava em nossa cidade. No entanto, outro espírito de médico, muito estudioso e atualizado com a medicina moderna, às vezes prescreve medicamentos tão recentes, que é preciso aguardar a sua venda nas farmácia, pois os laboratórios terrenos mal estão terminando o seu "lançamento" ou distribuição.

Mas também é incoerência o espírito apresentar-se nos trabalhos mediúnicos, depois de encobrir a sua personalidade de médico com a feição perispiritual de um escravo, "preto-velho", índio ou caboclo, para receitar novamente a mesma medicação alopática, que era própria de sua antiga profissão acadêmica. Da mesma forma, seria criticável o espírito do médico em atividade junto à mesa kardecista prescrever ervas, xaropes, tisanas domésticas ou recomendar benzimentos, cuja terapêutica é própria dos caboclos, dos "pretos-velhos" e dos índios habituados aos terreiros de umbanda.

13.
A terapêutica exótica dos benzimentos, exorcismos e simpatias

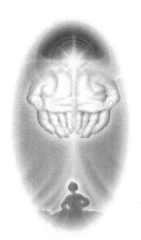

PERGUNTA: — *Ser-vos-ia possível dizer algo sobre o tradicional benzimento do "quebranto" das crianças, o qual é levado a sério em muitos lares brasileiros, embora repudiado como tolice pela ciência acadêmica?*

RAMATÍS: — Realmente, a maioria das mãezinhas brasileiras confia no sucesso do benzimento contra o chamado "quebranto", e o responsabilizam pela apatia, sonolência, melancolia, inquietação, tristeza e inapetência dos seus rebentos queridos. Trata-se de perturbações morbígenas, que são atribuídas à projeção de fluidos de inveja, ciúme ou despeito lançados pelas pessoas de "mau-olhado". Aliás, não vos deve ser desconhecido o caso de aves, animais e flores, que se abatem, adoecem e murcham depois que certas criaturas possuidoras de "olhos ruins", os desejam ou invejam.

Embora a medicina e os cientistas terrenos considerem o "quebranto" uma velha e tola superstição, o certo é que ele exerce-se disciplinado por leis tão lógicas como as que também coordenam o curso e a estabilidade das órbitas eletrônicas no seio dos átomos. Os fluidos etéricos e malfazejos projetados pelas criaturas invejosas, ciumentas ou despeitadas podem acumular-se no perispírito indefeso das crianças e chicotear-lhes o duplo etérico, perturbando o funcionamento normal dos "chacras" ou centros de forças etéricas.[1]

---
1 Nota do Médium: Existe em nossa família um caso algo singular nesse gênero comentado por Ramatís. Uma de nossas sobrinhas, menina robusta e atraente, foi vitoriosa num concurso de beleza e robustez infantil, aqui em Curitiba; e, no dia

O "chakra esplênico", situado à altura do baço, no duplo etérico, responsável pela vitalização e pureza sanguínea, é o centro etérico que mais sofre e se perturba sob os impactos ofensivos dos maus fluidos, pois reduz a entrada do fluxo prânico,[2] e afetando a saúde da criança, ela perde a euforia de viver, ficando triste e melancólica. Restringindo o tom energético do metabolismo etéreo ou magnético vital, o perispírito também é afetado no seu intercâmbio com a carne na sua defensiva natural. O fenômeno do "quebranto" lembra o que acontece com certas flores tenras e sensíveis, que murcham prematuramente sob as emanações mefíticas dos pântanos. E o benzimento é o processo benfeitor que expurga ou dissolve essa carga fluídica gerada pelo "mau-olhado" sobre a criança, ou mesmo exalada de certas pessoas inconscientes de sua atuação enfermiça sobre os seres e cousas. O benzedor do quebranto também bombardeia e desintegra a massa de fluidos perniciosos estagnada sobre a criança ou seres afetados desse mal, desimpedindo-lhes a circulação etérica. Embora os sentidos físicos do homem não possam registrar objetivamente o processo terapêutico de eliminação do quebranto, a criança logo se recupera.

PERGUNTA: — Há fundamento de que basta benzer a "touca" da criança afetada pelo quebranto, para então produzir-se o mesmo êxito terapêutico, como se ela estivesse presente ao benzimento?

RAMATÍS: — Considerando-se que a matéria é energia condensada, é óbvio que todos os objetos e cousas do mundo material emitem ondas "eletromagnéticas" e radiações do seu corpo ou duplo etérico, de cujo fenômeno originou-se a ciência da radiestesia, ou seja, o estudo e a pesquisa dessas emanações

---

seguinte, amanheceu triste, apática e sonolenta.
Recusou alimentos, rejeitou brinquedos e guloseimas, mostrando-se indiferente aos próprios afagos dos pais. Enfim, uma senhora idosa, nossa vizinha, achou que era "quebranto" de inveja e despeito alheio, pela vitória da menina no concurso infantil. O fato é que ela benzeu a doentinha. Então a tristeza, sonolência e apatia sumiram-se como por encanto.

2 Nota do Revisor: Fluxo prânico ou "prana" é a soma total da energia cósmica; as forças vitais do corpo, principalmente as energias recebidas pela função respiratória e através do "chakra esplênico". É palavra sânscrita, que significa sopro, hálito de vida, combinando-se o prana com as próprias energias ocultas do Sol, na Terra, e provindas de outras fontes siderais próximas.

radioativas. Conforme já explicamos nesta obra o radiestesista sensível consegue identificar até as doenças alheias e prescrever a medicação certa, quer o faça pelo exame pessoal, como pela auscultação de um pouco de cabelos, um anel, um lenço ou mesmo de qualquer objeto de uso pessoal do enfermo.

No caso do benzimento da touca da criança com quebranto, o benzedor potencializa o duplo etérico da mesma pelo exorcismo fluídico e acelera o seu circuito magnético para uma ação dispersiva no foco virulento. Atrai as energias fluídicas benfeitoras, concentra-as na touca e depois as dinamiza pela sua vontade e pelo treinamento incomum. Então, quando a touca é colocada na cabeça da criança com quebranto, o potencial vigoroso concentrado pelo benzedor dispersa as forças daninhas, tal qual o reator atômico ativa e acelera as órbitas eletrônicas no seio nuclear dos átomos.

Quando a ciência terrena aperceber-se da contextura sutilíssima do duplo etérico e da fisiologia dos chakras, cujo corpo imponderável é também fonte do ectoplasma mediúnico, ela então poderá solucionar inúmeras incógnitas na esfera da patologia humana, pois identificará desde o mecanismo oculto da ação hipnótica, o centro mórbido da epilepsia, a base imponderável das premonições e a natureza mais etérica de certos vírus e bacilos desconhecidos, muito afins a certas moléstias de cura dificultosa como o câncer.

PERGUNTA: — Em certo capítulo desta obra dissestes que o benzimento, a simpatia e o exorcismo também podem curar os doentes sensíveis a essa terapêutica exótica. Podeis explicar-nos melhor esses fenômenos de cura?

RAMATÍS: — Embora a medicina acadêmica explique cientificamente todas as vossas moléstias, há certas enfermidades, e em particular as de pele, que realmente são curáveis pelo processo de benzimentos, simpatias, exorcismos ou passes mediúnicos. Nada existe de misterioso nessa técnica terapêutica, pois o seu sucesso deve-se ao fato de o benzedor ou passista projetar sobre o doente o seu magnetismo hiperdinamizado pela sua vontade e vigor espiritual.

Em verdade, desde os tempos imemoriais existiram criaturas que benziam e curavam eczemas, impingens, "cobreiros", feridas malignas, manchas, verrugas, cravos e nódulos estranhos que afetam o corpo humano. Outras sabiam eliminar bicheiras, as doenças do pêlo do animal e também o "quebranto" produzido pelas pessoas de "mau-olhado", cujos fluidos ruins afetavam as crianças, os vegetais e as aves.

PERGUNTA: — *Mas os cientistas terrenos acham que tudo isso são lendas ou superstições tolas. Que dizeis?*
RAMATÍS: — No século atual, realmente, esse êxito terapêutico é bem mais reduzido porque o homem moderno, além de sua descrença habitual ou do seu vaidoso cientificismo do século atômico, "fecha-se" de modo negativo à ação benfeitora dos fluidos e das energias que lhe são projetadas no processo oculto de benzimentos, exorcismo ou simpatia.

O indivíduo demasiadamente racionalista é escravo de sua personalidade e vaidoso do seu intelecto. Deste modo, ele torna-se impermeável à terapêutica dos benzimentos, cujo processo esotérico é sensibilíssimo e exige muita receptividade magnética. Aliás, a atitude de "fé" ou de "humildade" favorece certas criaturas para o êxito dos tratamentos magnéticos ou homeopáticos, pois amplia ou aumenta a sua receptividade ou absorção do fluxo das energias curativas que lhes são transmitidas no tratamento.

Mas acontece que os enfermos, em geral, só procuram os benzedores quando já se encontram completamente desiludidos da farmacologia e da medicina do mundo. Só recorrem a essa terapêutica depois de saturados de injeções, pomadas, sulfas, antibióticos e drogas alopáticas, algumas das quais são ofensivas à própria natureza psíquica do homem. Então, já minados por remédios violentos que provocam novas intoxicações, tornam-se refratários ao processo delicado do tratamento fluídico. E assim, por exemplo, um eczema que é de natureza mórbida "mais fluídica" ou psíquica, também se torna mais resistente aos benzimentos, porque a sua erupção foi agravada pelas medicações agressivas ou irritantes.

Sem dúvida, devemos louvar a medicina moderna pelo seu esforço na solução das afecções cutâneas, e, também, pela tarefa profilática contra os tratamentos perigosos, anti-higiênicos e supersticiosos, próprios dos curandeiros ignorantes ou farsantes, que negociam com a dor humana.

No entanto, como os eczemas ou os "cobreiros" têm sua causa principal nos maus fluidos psíquicos produzidos pelo próprio enfermo, em geral, são incuráveis pelos métodos tradicionais da medicina acadêmica. Malgrado a crítica dos médicos contra o empirismo terapêutico dos benzedores ou passistas, essas infecções cedem e desaparecem sob a terapia dos benzimentos, passes ou exorcismos porque o magnetismo vivificante dispersa os fluidos ruinosos concentrados na parte afetada.

PERGUNTA: — *Como poderíamos entender melhor essa causa fluídica de certos eczemas ou "cobreiros" que resistem à terapêutica médica, mas são curáveis pelo benzimento ou simpatia?*

RAMATÍS: — O eczema é a velha afecção cutânea conhecida dos povos antigos como o "fervor do sangue"; uma erupção não contagiosa, que se manifesta sob diversos aspectos conhecidos da medicina, tais como eczema vesiculoso, eritematoso, pustuloso, nodoso ou de fendas. No próprio significado "fervor do sangue", isto é, "algo" nocivo e oculto no interior do homem, esses povos primitivos já ventilavam a suspeita de que a melhoria ou o agravo dos eczemas dependeria também dos estados emotivos ou mentais dos próprios enfermos.

Realmente, embora a medicina acadêmica desconheça o fenômeno, as afecções da pele como o eczema, o cobreiro ou a impingem, são fortemente agravadas pelos fluidos danosos que o doente mobiliza durante os seus momentos de cólera, injúria, irascibilidade, violência mental e emotiva.

Quando tais fluidos transbordam do perispírito em "descenso" para a carne, e os rins, o fígado ou os intestinos recusam-se a filtrá-los mediante o processo emunctório natural, então o corpo humano expele-os através da pele, com o auxílio da ação catalisadora do Sol e da própria atração gravitacional da Terra.

Assim, o eczema, o cobreiro e a impingem agravam-se na sua área de erupção de acordo com o volume das toxinas psíquicas que "baixam" do perispírito, e depois servem de alimento aos vírus atraídos ao local infeccionado. Trata-se de enfermidades que melhoram e mesmo se curam pelo processo magnético dos benzimentos e exorcismos, desde que elas sejam cuidadas antes de lhes serem aplicadas substâncias tópicas ou medicações, que, além de irritá-las, podem provocar cicatrizações prematuras. O simples fechamento ou obstrução do "canal de escape" do fluido mórbido não significa a cura positiva da moléstia cutânea.

PERGUNTA: — Conforme já temos comprovado, certas afecções da pele como o cobreiro, alguns eczemas e impingens, podem resultar da picada ou do contacto de alguns répteis, insetos ou "bichos de arvoredos", que depois causam erupções infecciosas. Porventura, isso não elimina a hipótese de uma causa fluídica ou de toxinas psíquicas que baixam do perispírito?

RAMATÍS: — Realmente, inúmeros insetos, répteis e bichos de arvoredos podem provocar infecções eczemáticas ou "cobreiros" pela sua picada e contacto virulentos, mas a ação e coesão do seu veneno material resulta da mesma essência fluídica do "éter físico",[3] quando, em sua intimidade, fica intoxicado pelo homem nos seus momentos de cólera, injúria ou irascibilidade. Aliás, algumas afecções cutâneas e de início inofensivas, também podem transformar-se em certos tipos de eczemas ou "cobreiros" depois de tratamentos muito corrosivos, ou mesmo por força das condições patogênicas do próprio organismo humano.

Repetimos, que, tanto no caso da picada ou do contágio de insetos e répteis venenosos, ou de certas afecções cutâneas provindas diretamente da intimidade do corpo carnal, há sempre uma "base fluídica" mórbida semelhante àquela que também produz os tóxicos psíquicos vertidos pela mente humana. No primeiro caso, essa base fluídica associa as moléculas da coesão físico-química do veneno material; no segundo, sustenta e liga o tóxico psíquico que, ao desagregar-se do perispírito em sua descida para a carne, termina agravando as enfermidades cutâneas.

---

3 Nota do Revisor: O "éter físico", muito conhecido dos rosa-cruzes por Éter da Vida, é tão importante como o fundamento das relações do mundo oculto com a matéria. A tal respeito, transcrevemos, abaixo, um trecho da pág. 29, da obra *Conceito Rosa-Cruz do Cosmos*, de Max Heindel (edição da Fraternidade Rosa--Cruz de São Paulo), o qual diz: "Como o Éter Químico, o Éter da Vida tem seus pólos positivo e negativo. As forças que trabalham sobre o pólo positivo são as que atuam na fêmea durante o período de gestação, tornando-a capaz de efetuar o trabalho ativo e positivo de criar um novo ser; e as forças que trabalham no pólo negativo do Éter da Vida tornam o macho capaz de produzir o sêmen".

Sendo o próprio éter "físico" emanado da Terra um receptor de emanações materiais ou psíquicas, é óbvio que as erupções eczemáticas ainda mais se exacerbam quando são bombardeadas pelos dardos mentais deletérios produzidos pelo enfermo irascível e violento. Assim como existem certas doenças específicas, que se agravam pelo tipo de fluidos daninhos baixados do perispírito depois de um ataque do ciúme, enquanto outras pioram apenas pelo morbo psíquico resultante da inveja, do ódio ou da perversidade, os eczemas, "cobreiros" e quase todos os processos enfermiços da pele, se irritam ou agravam sob os impactos violentos da cólera! Em sentido oposto, tais enfermidades também regridem, melhoram ou curam-se durante os estados espirituais tranqüilos e otimistas dos pacientes, assim como cedem sob o processo magnético dos benzimentos e passes, que lhe atacam diretamente a base fluídica da sua coesão tóxica e da formação "endógena", virulenta.

PERGUNTA: — *O que poderíamos entender por essa formação "endógena" virulenta do eczema?*

RAMATÍS: — Enquanto a picada e o contágio dos bichos venenosos causam infecções "exógenas", ou seja, que se manifestam de "fora para dentro" e imediatamente visíveis e sentíveis na pele, as erupções "endógenas" são as que resultam de "dentro para fora", ou seja, da intimidade do corpo físico para a sua epiderme. Estas demoram mais algum tempo no seu curso mórbido invisível antes de atingirem a pele, pois na sua descida do perispírito para a carne elas incorporam pouco a pouco os fluidos danosos causados pela cólera, pelo ódio, vingança e outras emoções deprimentes, produzindo maior ou menor virulência psíquica. Esse tóxico nocivo e imponderável, conhecido no Espaço como o "fluido rancoroso", desce ou baixa diretamente do perispírito para o sangue, alastrando-se na pele porque a sua circulação é mais delicada ou vulnerável.

Nos dias de intensa irritação mental de certos enfermos eczemáticos e descontrolados, aumentam os edemas colaterais e as crostas ou escamas dos eczemas aumentam a exsudação da serosidade infecciosa. Daí, a sabedoria do povo antigo em denominar o eczema de "fervor do sangue", pois sendo moléstia que se alastra e se exacerba sob as emoções violentas do espírito, a sua "ebulição" resulta de uma espécie de "fervura" mental e emotiva do próprio doente.

Sob a Lei Sideral que impõe ao espírito encarnado a luta de expurgar os seus venenos psíquicos através da sua própria carne e sofrer-lhe os efeitos danosos, então, a pele é, justamente, o "dreno" de escoamento dos fluidos tóxicos que se vão desprendendo da vestimenta perispiritual.

As infecções eczemáticas, cuja origem mórbida é de natureza psíquica, resistem às pomadas, à medicação tópica ou injetável da medicina comum; e só regridem e desaparecem sob a terapêutica dos benzimentos ou passes porque estes processos, sendo de natureza psicomagnética, atacam a causa.

PERGUNTA: — Tratando-se de um fenômeno complexo, poderíeis esclarecer-nos mais um pouco a respeito dessa "virulência psíquica", que alastra os eczemas e os "cobreiros", e que resulta da associação físico-química do veneno material dos bichos, ou da "explosão" do tóxico mental que o próprio homem emite em seus estados de rancor?

RAMATÍS: — Quando as aranhas, os répteis e os insetos agressivos põem-se em guarda, para desferir o ataque ou para defesa, eles "eriçam-se", pondo em ebulição o éter "físico" do veneno que irão expelir ou injetar no "inimigo".

O éter "físico" é um fluido de teor neutro; porém, devido à sua especificidade absorvente, repercutem e imprimem-se nele as vibrações dos fenômenos, tanto os da vida física como da espiritual. Flui da intimidade do orbe através de todos os seus reinos; interpenetra e molda-se na forma dos minerais, dos vegetais, dos animais e do homem, compondo o "duplo etérico" de todas as coisas e de todos os seres do mundo físico. O dito éter é hipersensível, plástico e facilmente influenciável pela mente do homem, na projeção de seus fluidos psíquicos. Combina-se, pois, às energias do meio físico ou do mundo oculto e às próprias "exalações" magnéticas dos corpos siderais e dos astros mais próximos. É, portanto, energia sutilíssima, que também se "eriça" pela violência mental e emotiva do homem, à guisa do que fazem os insetos, os répteis e os bichos ante a perspectiva de um ataque ou defesa, quando então excitam e dinamizam o seu veneno. Em sentido oposto, as erupções ou eczemas, nas pessoas calmas e de bom comportamento espiritual, reduzem-se facilmente sob um tratamento adequado porque elas não se "eriçam" ou encrespam ante as situações que, em outros, produzem a cólera e impulsos de injúria ou violência.

A grande diferença desse "eriçamento" é que, enquanto os bichos venenosos, depois de mobilizarem o seu veneno material, o expurgam para fora através da picada, o homem, sujeitado à lei sideral que lhe deu a razão, tem de reter em si mesmo o substrato tóxico produzido pelas suas emoções malignas. A verdade é que o veneno-líquido produzido por certos répteis ou bichos venenosos, facilmente identificável nos laboratórios, possui a mesma essência fluídica que compõe o tóxico psíquico mobilizado pela mente do homem violento e irascível.

Os médiuns de clarividência positiva[4] podem certificar que, em torno dos eczemas graves, na zona que lhe corresponde, no perispírito, processa-se uma aglomeração ou aura fluídica, algo parecida a uma grande ameba em crescimento, configurada por uma espécie de vapor de água, denso, sujo, de aspecto pegajoso, que se move, aderido às bordas da infecção. Os seus movimentos, por vezes, são lentos e doutra feita, agressivos, em incessante aderência ao tecido muito delicado do perispírito, o qual, sob essa carga incômoda e ofensiva, procura descarregá-la para a carne através do duplo etérico.

Em seguida a esse expurgo defensivo, os venenos do perispírito acumulam-se na região mais vulnerável da pele, em torno de alguma afecção incipiente, como sejam as muito comuns no couro-cabeludo, que é mais propício a infecções eczemáticas. Depois, a medicina as classifica, em sua terminologia acadêmica, de eczema pustuloso, esfoliativo, nodoso ou crimatoso.

Aliás, em ambos os casos, esses eczemas provindos da

---

[4] Nota do Médium: Ramatís considera "clarividente positivo" aquele que desenvolve sua faculdade psíquica através de estudos e experimentos esotéricos, conjugados à alimentação vegetariana, domínio das emoções e elevação espiritual; e, "vidente passivo", o médium que possui a faculdade inata, mas não a domina conscientemente. No primeiro caso, o clarividente vê aquilo que realmente existe e acontece no mundo oculto; no segundo, o médium só vê aquilo que o seu guia quer que ele veja, ou o que queiram certas entidades maléficas. Em nossos trabalhos mediúnicos, enquanto um vidente se fascinara pela indumentária de um hindu que lhe aparecia sorridente, mas intrigava os componentes, o clarividente identificou um astucioso faquir nessa aparência atraente, porém, de péssima qualidade espiritual.

intimidade psíquica do homem ou da agressão de bichos venenosos, os seus efeitos patogênicos, na pele, são semelhantes. Variam apenas quanto à natureza do agente mórbido; no primeiro caso, a infecção eczemática é oriunda de picadas e contágios venenosos; no segundo, é o próprio psiquismo do homem que a alimenta através do processo sideral de expurgo do perispírito. Nessa descida de toxinas virulentas, o duplo etérico é o elemento mais responsável por tais afecções, porque ele, ao receber a carga mórbida, reage, no sentido de libertar-se da mesma; e então, descarrega-a sobre a pele.[5]

PERGUNTA: — E que dizeis a respeito de certos eczemas tão renitentes, que não cedem a nenhuma espécie de tratamento, constituindo-se em uma espécie de doença crônica?

RAMATÍS: — Nesses casos trata-se de infecções da pele que, além de serem provocadas por fendas cutâneas, ferimentos malcuidados, picadas de insetos, répteis, ou pelo contágio de bichos venenosos, as suas vítimas são pessoas de caráter violento, rancorosas e vingativas. E, então, o temperamento agressivo de tais criaturas faz que o seu psiquismo seja um recalque de tal toxidez que destrói ou neutraliza a ação curativa de todos os remédios.[6]

---

[5] Nota do Revisor: O assunto ainda é complexo e criticável pelos profanos, pois exige um conhecimento mais amplo e profundo da ação, estrutura e função do éter "físico", o qual, no momento, é mais conhecido dos esoteristas, teosofistas, rosa-cruzes e iogues, e pouco investigado pela maioria dos espíritas ortodoxos. Já existem obras espíritas abordando o tema do "duplo etérico", dos chakras ou do éter físico, mas é assunto que passa quase despercebido, por tratar-se de ensinamentos de outras escolas espiritualistas. Mas, a nosso ver, a primazia desse estudo proficiente da fonte oriental, devemo-la principalmente a Edgard Armond, espírita avançado e investigador do mundo oculto. Para orientação do leitor, citamos a obra *Passes e Radiações*, principalmente o cap. "Os Chakras", pág. 36, assim como os tomos 20 e 21, da série *Iniciação Espírita*, intitulados, respectivamente, "As filosofias" e "Estudos e Temas". Vide, também, págs. 126 a 128, da obra *Entre a Terra e o Céu*, do espírito André Luiz a Chico Xavier. Edição da Livraria da Federação Espírita Brasileira.

[6] Nota do Médium: Em nossas tarefas de curas mediúnicas, pudemos comprovar o que Ramatís esclarece, quando tratamos do Sr. L. C., portador de um eczema úmido, que surgia e desaparecia amiúde, apesar dos tratamentos médicos modernos mais eficientes. O rosto do enfermo inchava num tom arroxeado e as suas orelhas cresciam de modo anormal, deixando pingar de suas pontas um líquido viscoso e pegajoso, que o obrigava a usar mechas de algodão sobre os ombros a fim de não enxovalhar as roupas. O Sr. L. C. vivia desesperado, irascível e preso ao lar, sem coragem de enfrentar o público. O espírito irmão Leferrière, nosso guia terapeuta e velho homeopata francês, classificou o caso de "eczema de injúria", resultante de um violento acesso de cólera ou de ofensa incontrolável, agravado

PERGUNTA: — *Podeis explicar por que a homeopatia exerce essa ação dinâmica e curativa?*

RAMATÍS: — A homeopatia, principalmente os específicos Rhus Tox, Grafites, Groton, Stafizagria e outros têm curado diversos tipos de eczemas produzidos pelos venenos psíquicos descidos para a carne, porque se trata de uma terapêutica imponderável ou fluídica, em que a energia profilática, atuando nos interstícios do perispírito humano, elimina os fluidos danosos ali acumulados e que nutrem os bacilos do mundo oculto. A sua dinamização energética bombardeia diretamente os núcleos "etereoatômicos" que constituem a fonte mórbida dos eczemas ou cobreiros.

No entanto, todas as moléstias físicas cedem mais facilmente ao tratamento medicinal ou psíquico, desde que o enfermo se disponha e se esforce por espiritualizar-se, no sentido de melhorar a sua conduta particular e social, pois nenhum tratamento é mais eficiente do que o remédio abençoado prescrito pelo Evangelho de Jesus. Sem dúvida, a evangelização do espírito enfermiço nem sempre chega a tempo de curar-lhe o corpo físico, já saturado de venenos psíquicos gerados em vidas pretéritas e na existência atual.

Porém, mesmo assim, o seu anseio espiritual por evangelizar-se proporcionará certo alívio na vida de Além-túmulo após sua desencarnação; e é também uma credencial para que lhe seja facultada, no futuro, uma reencarnação mais saudável. Torna-se, portanto, evidente que a saúde física depende muito da "saúde espiritual". Motivo por que a auto-evangelização, embora não produza uma cura miraculosa, resultará em sensíveis melhoras porque o doente deixou de gerar e verter os <u>venenos psíquico</u>s que, anteriormente, lhe agravavam a enferainda por um amor próprio muito suscetível de irritar-se ao extremo. Aliás, mais tarde, o paciente confessou-nos que, de fato, algumas semanas antes da doença eczemática, tivera um grave conflito moral com seu filho casado e o expulsara de casa sob atitude colérica. Enfim curamo-lo com a homeopatia de Stafizagria C. 1000, uma só dose" de XII/60, ingerida em duas vezes, e Chelidonium Maj. D3, durante 30 dias para drenar o fígado. Curiosos desse acontecimento, consultamos o *Guia de Medicina Homeopática*, do dr. Nilo Cairo, e lá encontramos, realmente, a Stafizagria, que entre outras aplicações assim era indicada: "Eczemas úmidos devidos aos maus efeitos de cólera ou de injúria. Hipersensibilidade. Indivíduo facilmente encolerizável; ofende-se por qualquer bagatela". Atualmente, o Sr. L. C. já identificou diversos acontecimentos que o irritaram profundamente no passado, e coincidiam também com as fases do aparecimento e virulência do eczema, que há alguns anos o incomoda de modo intermitente.

midade. Especialmente, tratando-se de eczemas, cobreiros ou impingens, o comportamento superior e uma conduta evangélica conseguem reduzir a sua virulência.

Nos seus dias felizes, quando o enfermo está em perfeita "calmaria", a infecção cutânea reduz a sua manifestação mórbida.[7]

PERGUNTA: — *Podeis explicar-nos como o processo de benzer alivia e cura eczemas, cobreiros ou demais afecções do gênero?*

RAMATÍS: — Deus serve-se das criaturas humildes e benfeitoras para, através da terapêutica exótica do benzimento, do exorcismo, do passe ou da simpatia, auxiliar os encarnados a expurgar de sua intimidade os miasmas e as toxinas perispirituais geradas pelo pecado. Os benzedores ou passistas desempenham a função de verdadeiros desintegradores vivos, cujas mãos, em ritmo e movimentos adequados, projetam a energia terapêutica sobre os núcleos dos átomos etereoastralinos, destruindo a virulência do atomismo físico.

O homem, em verdade, é uma usina viva que pode exercer função terapêutica em si mesmo ou no próximo, conforme as expressões da sua própria vontade, conhecimento e treino. Então, ele produz estados vibratórios semelhantes às ondulações dos modernos aparelhos de radioterapia ou eletroterapia da vossa ciência médica, que projetam raios de ultra-som, infravermelho ou ultravioleta. A mente ajusta e controla o comprimento

---

7 Nota do Médium: Tratamos de uma paciente, já idosa, com um grave eczema que lhe cobria todo o dorso do pé direito, o qual se "eriçava" por motivos tão ridículos, que nos deixou sumamente surpresos. Em certos dias a infecção aumentava a sua área eczemática, judiando da paciente de modo cruciante e vertendo um líquido de mau odor; noutros dias, mais raros, chegava a regredir quase pela metade. O eczema já resistira a pomadas, infusões de ervas, aplicações tópicas, injeções e até aos benzimentos. Sob o tratamento homeopático de Rhus Tox. C. 100, dose XII/60, em duas vezes, Grafites D3, 5 gotas em jejum e 5 gotas ao deitar, acrescido de Cardus Mar, 5 gotas às refeições, o eczema regrediu em grande parte. Mas já desanimávamos de conseguir uma cura radical, quando em conversa íntima com o genro da enferma, viemos a saber que ela se viciara fanaticamente ao jogo do bicho, cujo fato depois nos levou à seguinte observação curiosa e surpreendente: - quando a doente perdia no jogo do bicho, o seu eczema alastrava-se perigosamente pelo dorso do pé; mas se lograva bons lucros, numa "fezinha" satisfatória, o que só lhe acontecia em raros dias, a infecção eczemática reduzia-se proporcionalmente ao seu próprio contentamento. Tempos depois vimo-la na cidade, a pé, coisa que não fazia há três anos; e alguém de sua família informou-nos que a enferma havia melhorado bastante no seu temperamento e vivia mais despreocupada, depois da leitura das obras espíritas que lhe havíamos recomendado, assim como a infecção do eczema também ficara reduzidíssima.

de ondas, enquanto o coração age como fonte de energia curadora, cujo potencial é tão intenso quanto seja o grau amoroso e a pureza espiritual do seu doador.

Assim, a aura fluídica do eczema, do cobreiro, da impingem ou do quebranto desintegra-se sob o bombardeio da carga viva do magnetismo hiperdinamizado pelo passista ou benzedor. E os fluidos nocivos da infecção, desintegrando-se, retornam à fonte do astral inferior. No entanto, mesmo depois de curado pelo benzimento ou pelos passes, o paciente só evitará as recidivas caso também serene a sua mente e adoce o coração endurecido.

Quando os passistas, benzedores ou médiuns são criaturas abnegadas e desprendidas de quaisquer interesses mercenários, eles têm a assistência dos bons espíritos, que os ajudam a obter êxito na sua tarefa socorrista aos enfermos do corpo e da alma.

PERGUNTA: — Mas os médicos alegam que, em face do progresso admirável da "Dermatologia" moderna, eles podem curar todas as enfermidades da pele sem precisar das práticas ridículas ou tolas dos benzimentos, passes mediúnicos ou exorcismos. Que dizeis?

RAMATÍS: — Não opomos dúvida quanto ao êxito do tratamento moderno e benfeitor das "dermatoses", quer por via injetável, uso de pomadas, pós secativos ou medicações alopáticas aplicadas no local da pele ofendida. Porém, assim mesmo, os tóxicos psíquicos emitidos pelo homem de temperamento irascível ou colérico, depois de aderidos ao perispírito, transbordam pela carne produzindo moléstias e infecções cutâneas indesejáveis. E quando esses vírus ficam impedidos de ser drenados por um determinado eczema ou cobreiro, então, eles convergem para outra região orgânica mais debilitada, onde possam subsistir e proliferar.

A "cura" de obstrução, que a medicina efetua de "fora para dentro", pela cicatrização artificial ou prematura dessa válvula de escape aberta na pele, não assegura a cura verdadeira ou definitiva, pois o estancamento rápido do foco infeccioso não consegue extinguir o tóxico psíquico deletério, que prossegue, em efervescência, no mundo oculto da própria alma, para, depois, surgir "travestido" noutra moléstia equivalente à infecção primitiva, a qual apenas foi deslocada para outra zona do corpo.[8]

Então, em semelhante emergência, o doente busca novamente o médico para tratar-se de uma outra doença imprevista, ignorando que ainda sofre os efeitos do mesmo tóxico fluídico que ficou represado pelas pomadas e remédios cicatrizantes, mas não extinto.

PERGUNTA: — Mas não lhe parece que a nossa medicina tem curado satisfatoriamente diversas moléstias da pele?

RAMATÍS: — Certamente, pois a medicina é uma instituição sacerdotal protegida pelo Alto, a fim de que os médicos — os sacerdotes da saúde — proporcionem ao homem, pelo menos, as condições mínimas de vida capaz de permitir-lhe manter-se equilibrado no ambiente terrícola onde se encontra.

PERGUNTA: — Por que alguns benzedores usam o galho da pimenteira-brava, no ato de efetuar os benzimentos de "cobreiros" ou eczemas?

---

[8] Nota do Médium: Corroborando os dizeres de Ramatís, certa vez atendemos em nossas tarefas mediúnicas uma senhora portadora de vultosa inchação generalizada por todo o corpo; suas pernas eram arroxeadas com a pele tensa e retesada; a face embrutecida, pálida e úmida; o coração dilatado, em movimentos dificultosos, correspondendo à diagnose médica de "coração de boi". A respiração arfante e os lábios azulados denunciavam profunda intoxicação sangüínea. O nosso guia receitou-lhe certa medicação homeopática de baixa dinamização, que fez regredir, de modo surpreendente, a inchação; mas, de modo inexplicável, na perna direita da enferma abriu-se um eczema que se reduzia ou se alastrava na sua área morbígena. Enfim, soubemos que dois anos antes ela se livrara de um eczema cicatrizado à custa de pomadas e substâncias tópicas; mas, por estranha coincidência, a sua enfermidade "cardioepatorrenal" também surgira de conformidade com o desaparecimento gradual do eczema. Submetemo-la a novo tratamento homeopático sob a indicação do nosso guia, porém, a doente, ora apresentava melhoras satisfatórias, ora, de súbito, piorava outra vez. Em resposta às suas queixas constantes, psicografamos, do nosso guia, a seguinte advertência: "A irmã F. é espírito de um amor-próprio excessivo; ofende-se por qualquer bagatela, é impaciente, irascível e coleciona ingratidões alheias refugiando-se habitualmente num mutismo enfermiço". No seu organismo, como válvula de escape para dar saída a esses fluidos deletérios desagregados da vestimenta perispiritual, abriu-se um eczema virulento. E então, o veneno acumulado no perispírito difundiu-se pelo corpo físico, atacando o coração, o fígado e os rins; e como produto dessa nova infecção generalizada, a diagnose médica constatou insuficiência cardioepatorrenal. Submetendo, então, a enferma a um tratamento específico, homeopático, de ação equilibrante, surgiu o "canal drenador" dos venenos psíquicos alojados no seu perispírito, constituído por um novo eczema. Porém, como a paciente não modificou o seu temperamento, o dito eczema permanece sob alternativas de melhorar ou piorar consoante as suas emoções de calma ou de nervosismo.

RAMATÍS: — Apesar de a medicina oficial ironizar o empirismo do benzedor ou do curandeiro, em sua terapêutica exótica, esta chicoteia e desintegra os fluidos virulentos que alimentam os vírus de certas infecções da pele. Inúmeras pessoas podem comprovar-vos que lograram a cura de eczemas e cobreiros renitentes, mediante o processo do benzimento, da simpatia ou do exorcismo.

Aliás, o eczema, o cobreiro e certas infecções características da epiderme, que se alastram de forma eruptiva, também queimam como brasas ou fogo. Assim, consoante a lei de que os "semelhantes atraem os semelhantes", os benzedores usam o galho verde da pimenteira-brava ou de outros vegetais cáusticos, para efetuarem sua tarefa benfeitora. Sob a vontade treinada desses curandeiros, a aura etérica dos vegetais tóxicos e queimantes, como a pimenteira-brava, chicoteiam com violência o fluido mórbido e ardente que sustenta o eczema ou cobreiro, desintegrando-o pelos seus impactos magnéticos.

É óbvio que, depois de extinto o terreno mórbido fluídico, que alimenta os germens infecciosos, estes desaparecem por falta de nutrição apropriada. Aliás, é tradição dos benzedores mandarem os pacientes enterrar o galho da pimenteira que eles usaram nos benzimentos, assegurando que o cobreiro ou o eczema desaparecerá assim que o dito galho secar. Embora essa providência pareça ridícula ou fruto de qualquer superstição tola, trata-se de um processo eficiente de magia oculta, em que a contraparte etérica[9] do galho da pimenteira usado no benzimento ainda continua ligada à aura etérica do eczema ou cobreiro, arremessando-lhes fluidos dispersivos que atacam a sua base morbígena. O galho da pimenteira-brava, à semelhan-

---

[9] Nota do Revisor: Da obra *O Duplo Etérico*, de Powell, página 13, edição da Editora Teosófica Adyar S.A., de São Paulo, extraímos o seguinte trecho bem significativo às considerações de Ramatís: "Convém lembrar que a matéria etérica, embora invisível à vista ordinária, é, entretanto puramente física; daí ser afetada pelo frio e pelo calor, bem como pelos ácidos fortes. Os amputados queixam-se, às vezes, de dores nas extremidades dos membros cortados, isto é, no lugar que estes ocupavam. A razão disto é que a contraparte etérica do membro amputado não foi retirada com a parte física densa (carnal); o clarividente observa que a parte etérica continua visível e sempre no mesmo lugar; por isto, estímulos apropriados despertam, neste membro etérico, sensações que são transmitidas à consciência".
Ao leitor espírita estudioso, recomendamos esta obra de real valor para o melhor conhecimento da realidade do ser humano, e, também, *Os Chakras*, de C. Leadbeater, em excelente edição da Livraria do Pensamento.

ça de um "fio-terra", depois do benzimento, continua a precipitar para a intimidade do solo terráqueo os fluidos tóxicos que alimentam esse tipo de doença eruptiva.

PERGUNTA: — Podeis dar-nos algum exemplo a respeito da predisposição ou imunização do homem quanto aos fenômenos ocultos, responsáveis pelas infecções eczemáticas e que, conforme dizeis, a sua causa reside na matriz ou duplo etérico do paciente?

RAMATÍS: — Efetivamente, há criaturas que são propensas às infecções da pele; enquanto outras são refratárias às mesmas. E algumas — embora sejam casos raros — são quase imunes a todo gênero de tais infecções, mesmo até às que resultam de picadas de bichos, insetos ou répteis venenosos. A disparidade do fenômeno, em seus efeitos, tem sua causa ou origem no padrão psíquico das criaturas. Em tais condições, as pessoas muito coléricas, irascíveis, de temperamento exaltado, que vivem sobrecarregadas de fluidos agressivos produzidos pelos seus estados emotivos e violentos, são mais dispostas à infecção dos venenos injetados pelos insetos e répteis; e também ao contágio das moléstias, cujos vírus se afinam com o tipo de toxinas psíquicas de maior carga residual no seu corpo. No entanto, os homens pacíficos, mansos de coração, humildes e resignados, refratários às emoções da violência ou da injúria, são naturalmente mais resguardados ou imunes às afecções cutâneas de caráter rebelde.

Aliás, a respeito da predisposição às infecções da pele, há um fenômeno (no setor vegetal) de efeitos alérgicos singulares. É o seguinte: — Existe uma árvore conhecida pelo nome de "pau-de-bugre",[10] a qual, devido às irradiações magnéticas,

10 Nota do Médium: A árvore "pau-de-bugre" é muito conhecida no sul do Brasil, e, principalmente, no Paraná. Em Curitiba, há 35 anos, mais ou menos, a Prefeitura plantara um "pau-de-bugre" na Rua Iguaçu, confundindo-o com outro vegetal de arborização pública. Lembramo-nos de inúmeras pessoas que foram infestadas pelo mesmo, até que o derrubaram evitando novos casos de alergia. Em nossa família já vimos parentes adoecerem pelo simples toque num fragmento dessa árvore virulenta. Conhecemos, também, casos surpreendentes de pessoas que são atacadas de alergia do "pau-de-bugre", apenas ouvindo outros referirem-se a esse arvoredo tóxico, da mesma forma como certos "sujets" entram logo em hipnose, só em ouvirem o nome do objeto, da coisa ou palavra, isto é, do "signo-sinal" ou "chave", que foi fixado pelo hipnotizador durante o transe hipnótico. Aliás, no Rio Grande do Sul o "pau-de-bugre" é mais conhecido por "aroeira-brava", cuja infusão é boa para curar úlceras, tal qual o chá de urtiga queimante serve para algumas moléstias da pele. O pitoresco da

deletérias e inflamáveis emanadas do seu "éter físico", causa afecções edemáticas em certas criaturas quando passam debaixo dela. A infecção que ela produz tem sido confundida com o "edema de Quink", doença resultante da ingestão de amendoim, pinhão, chocolate e outros afrodisíacos ofensivos às pessoas alérgicas. Mas a terapêutica de dessensibilização muito usada pelos médicos, no caso do "edema de Quink", principalmente à base de gluconato de cálcio injetável, é de completo insucesso para solucionar a alergia provocada pelo estranho vegetal "pau-de-bugre", em que a pessoa contamina-se ao passar sob sua aura magnética, embora sem tocá-lo.

No Brasil, país tão vasto e sem assistência médica nas zonas mais afastadas, o benzimento da preta velha ou do caboclo experiente, ainda é a medicina mais eficaz para eliminar o surto infeccioso do "pau-de-bugre". O contágio mórbido processado pela ação do éter físico exalado do orbe através desse vegetal, combinado com outras energias do próprio arvoredo, produz-se na forma de um chicoteamento sobre a aura das criaturas e na intimidade do seu duplo etérico, resultando em alterações posteriores no metabolismo dos sistemas endocrínico, linfático e sangüíneo.

PERGUNTA: — Pelo que nos explicais a respeito da ação molesta produzida pela irradiação magnética do "pau-de-bugre", deduzimos que as criaturas pacíficas e de nobres sentimentos, no caso de passarem sob a copa dessa árvore, estão naturalmente resguardadas ou livres de sofrerem o impacto dos seus fluidos maléficos. Que nos dizeis?

RAMATÍS: — Realmente, dois irmãos gêmeos transitando sob a aura do arvoredo "pau-de-bugre" podem apresentar resistência biológica e magnética diferentes, entre si, pois o tóxico dos fluidos ruinosos dessa árvore agressiva só ofende e contagia as pessoas de certa vulnerabilidade no seu "duplo etérico", ou na fisiologia dos "chakras".[11] Embora o estudo de

"aroeira-brava" da terra gaúcha é que as pessoas antigamente alérgicas deixam de ser infeccionadas novamente, caso tornem a passar debaixo do arvoredo e o "cumprimentem" com expressões contrárias ou seja: - se é dia, dirão boa-noite! e se for noite, dirão bom-dia! E o caso ultrapassa a idéia de sugestão ou superstição, pois nós conhecemos pessoalmente criaturas que se imunizaram definitivamente contra o "pau-de-bugre" do Paraná, usando tal "cumprimento ou simpatia" adotado pelos gaúchos.
11 Nota do Revisor: Insistimos em recomendar *Os Chakras* de C. Leadbeater e

"Toxicologia Transcendental" seja assunto corriqueiro aqui no Espaço, não podemos alongar-nos em minúcias sobre o assunto dos arvoredos virulentos, em que destacamos o "pau-de-bugre". Cumpre-nos apenas esclarecer que não se trata de uma infecção essencialmente física, mas de uma ação fluídica hostilizante, capaz de repercutir no equilíbrio da fisiologia humana.

Durante o contacto etereofísico do homem com os fluidos exalados do "pau-de-bugre", processa-se violento choque no eletronismo vital do seu sangue; é algo semelhante a um chicoteamento magnético ou elétrico de natureza violenta e agressiva. Sob esse impacto fluídico contundente, então o sangue do homem perde o seu tom peculiar e se altera em sua especificidade físico-química, resultando a edematose, ou uma inchação provocado pela infiltração do soro albuminoso nos tecidos orgânicos.

Infelizmente, devido à sua sistemática obstinação ou ignorância, o homem terreno ainda é o principal culpado de sofrer certas hostilidades do reino mineral ou vegetal, pois ele subestima demais a ação poderosa das forças ocultas, que constituem a base da vida do orbe e da própria contextura da carne humana. Quando o médico, no futuro, conhecer essas realidades íntimas da vida, ele compreenderá que, tanto a saúde como a enfermidade do homem são estados em equivalência com as boas ou más atitudes e expressões morais do próprio espírito.

Atualmente, a cura das enfermidades do corpo físico exigem o estudo de complexos tratados de fisiologia e patologia, mas aproxima-se a época em que a ciência médica fixará como base fundamental da sua terapêutica a saúde moral do espírito ou alma. Então, a técnica mais eficiente, que orientará os médicos, para curarem seus doentes, será a das fórmulas ou "receitas" contidas no sublime compêndio que se chama o Evangelho de Jesus!

Malgrado a censura dos cientistas terrenos aos nossos dizeres, cada homem apresenta reações e defesas psicofísicas, em particular, que variam até de conformidade com o período do seu nascimento. Durante os meses em que o corpo físico gera-se na matriz feminina, ele também incorpora em si o éter

---

o *Duplo Etérico* de Arthur Powell, e, também, a obra *Passes e Radiações*, de Edgard Armond, cap. "Os Chakras", página 36.

físico exalado do próprio orbe terreno, o qual é indispensável para o espírito formar o seu duplo etérico, e assim ligar o seu perispírito à carne. A dosagem de fluidos magnéticos emanados dos demais corpos siderais e astros próximos atuando durante a fase de gestação do ser, também influi seriamente na constituição definitiva do corpo etérico. Deste modo, depois de nascer, cada homem apresenta tendências ou impulsos etéricos peculiares, ou reações que o fazem resistir ou debilitar-se sob a atuação das forças ocultas, que ativam-se em permanente transfusão pelo reino mineral, vegetal ou animal.

Quando o espírito desperta à luz do mundo físico, ele também sintetiza no seu corpo de carne e no seu duplo etérico um verdadeiro "coquetel" de fluidos etéreos, magnéticos e astralinos, que lhe aderiram durante os meses da gestação uterina, provindos da intimidade do planeta terráqueo e também dos orbes vizinhos. Assim, diante de certas agressões magnéticas provindas do mundo oculto, cada homem reage de um modo especial, sem que, no entanto, esteja submetido a um fatalismo.

PERGUNTA: — Mas os cientistas terrenos, que pesquisam os fenômenos positivos do mundo físico, não admitem essas influências de outros planetas sobre os homens, e assinaladas pela ciência empírica da astrologia.

RAMATÍS: — Aliás, estamos referindo-nos unicamente à predisposição magnética ou etereofísica do homem no cenário da matéria, isto é, a sua inclinação ou tendência mais acentuada durante sua vida carnal. Em conseqüência, o que citamos nada tem a ver com os presságios astrológicos que indicam aos clientes da "buena dicha" os dias favoráveis para os bons negócios ou para aventuras amorosas, consoante a posição zodiacal dos astros. Não pretendemos assegurar que o espírito fique absolutamente sujeito às influências dos astros distantes, ou tenha de se mover conforme eles se combinarem magneticamente; mas aludimos, apenas, quanto à sua predisposição no tocante à sua maior ou menor defensiva no campo imponderável. Reconhecemos que as próprias tendências atávicas ou ancestrais biológicas da carne, que atuam de modo vigoroso no homem, podem ser dominadas ou até corrigidas pelos "princípios" superiores do livre arbítrio do espírito encarnado. Salvo quando se trata de aleijão, moléstia ou idiotismo congênitos.

Mas é Lei Sideral, que o espírito, ao encarnar-se, tem de suportar as características e influências do ambiente físico onde passa a viver. Parte de sua vida, no orbe terráqueo, desenvolve-se em permanente defesa contra as energias magnéticas ou fluidos ocultos, que interferem durante a materialização do seu corpo de carne. O homem "espírito imortal" baixa de sua moradia eletiva, que é o mundo espiritual, e, sem desligar-se dela, corporifica-se na carne, formando a figura do "homem-físico", transitório. Considerando-se que, de acordo com Einstein, a matéria é apenas energia condensada ou "força oculta" estagnada em nível inferior, o corpo físico do homem é o instrumento ou veículo para que o espírito imortal possa descer à Terra e ajustar-se às diversas contingências do seu ambiente.

Durante o trajeto que o espírito percorre, baixando do mundo espiritual até surgir no cenário do orbe, ele incorpora os mais estranhos e heterogêneos fluidos que se irradiam ou exalam das esferas ocultas, asteróides e astros, em combinação com o fluxo magnético terráqueo. Inúmeras vezes o ser humano acredita agir exclusivamente pelas decisões de sua própria mente ou emoção, ignorando que sofre a influenciação das forças astrofísicas atuando-lhe no próprio temperamento psíquico. Muitos homens, havendo cometido certos atos sob impulsos estranhos, depois, em meditação espiritual, não conseguem compreender os motivos de suas fraquezas.

Não é que os astros obriguem o homem a praticar "pecados" contra sua vontade. Não há um fatalismo astrológico insuperável às reações do livre-arbítrio da própria consciência; todavia, assim como há indivíduos inclinados para o bem, há também os que sentem propensão íntima, que os induz a serem avarentos, vingativos, jogadores, invejosos, sensuais ou alcoólatras. E para dominar ou extinguir estas aberrações do caráter são necessários a autovigilância do "orar e vigiar" e o comando de uma vontade forte.

Assim como um dia chuvoso, frígido e triste, predispõe certas pessoas à melancolia, ao mal-estar, porque são facilmente influenciáveis pelo ambiente onde vivem, também os fluidos magnéticos que palpitam na intimidade do duplo etérico do homem podem despertar-lhe certos impulsos, aos quais, ele obedecerá automaticamente, caso não os examine e considere previamente, tendo em conta os seus efeitos bons ou maus.

Aliás, de que modo o espírito aperfeiçoaria a sua consciência, a não ser através dessa luta heróica no mundo, enfrentando as forças ocultas caldeadas e atraídas em sua própria intimidade espiritual? A partir do instante em que o espermatozóide lança-se à conquista do óvulo materno, até ao derradeiro minuto em que o homem cerra os olhos findando a sua existência física, ele é sacudido e tentado por todas as forças e influências que o cercam, o interpenetram, causando-lhe impulsos instintivos, que afetam ou perturbam a evolução do seu espírito imortal.

PERGUNTA: — Ser-vos-ia possível dar-nos alguns detalhes mais objetivos desse assunto?

RAMATÍS: — Repetimos: ao livrar-se da placenta materna, isto é, ao nascer e respirar o oxigênio do orbe físico, o homem também consolida em si um padrão vibratório magnético peculiar, que define e marca as características morais da sua personalidade. E se o seu espírito é de bom quilate, ele, pouco a pouco, consegue impor os princípios espirituais superiores, subjugando as influências nocivas da carne. Exerce comando sobre o corpo que lhe serve de ação na matéria, tal qual a muda da planta "civilizada" se impõe ao vigor selvático do vegetal inferior, ou "cavalo selvagem", onde se firma o enxerto.

Conforme já dissemos, o duplo etérico é sustentado pelo éter-físico; e também, de acordo com a maior ou menor absorvência desse éter-físico, ou de sua melhor qualidade, há pessoas mais robustas, vigorosas e potentes de eterismo circulatório, enquanto outras se mostram anêmicas e debilitadas na sua circulação etérica. Assim como há criaturas fisicamente saudáveis e outras enfermas desde o berço, também acontece o mesmo com relação ao duplo etérico, isto é: — no primeiro caso, o sangue mais puro proporciona mais saúde e resistência ao meio ambiente; no segundo, o éter-físico mais puro também favorece a saúde etérica e dá mais resistência no contacto com as forças do mundo oculto.

Eis o motivo por que algumas pessoas são vulneráveis ao magnetismo tóxico exalado pela árvore "pau-de-bugre", e outras resistem-lhe à influência perniciosa.

Contudo, embora o espírito possa interferir até na sua

gestação carnal, quando já é algo evoluído, quer apurando a conformação de certos órgãos, sensibilizando o sistema nervoso ou aprimorando a contextura cerebral para maior sensibilidade sensorial, ele não se livra das características fisiológicas e das reações fisioquímicas, peculiares ao tipo familiar escolhido para modelo da sua figura humana.

Embora o espírito do homem se distinga como o "alter-ego"[12] independente da existência física, com bagagem própria e estrutura individual à parte, os ascendentes biológicos e hereditários da carne sempre lhe influenciam o organismo físico até o seu derradeiro minuto de vida. Submergindo-se no seio denso da matéria, o espírito, amordaçado pelos fatores vigorosos e instintivos do ambiente físico, assemelha-se ao viandante que vai demorar a alcançar a sua meta final, devido a diversos obstáculos que se encontram no caminho.

Apesar da profunda emancipação do espírito sobre a matéria, há sempre semelhança na linhagem carnal de cada família humana, pois os filhos, os netos e os demais descendentes, quase sempre repetem e em novas "cópias carbono", certas características físicas motoras e fisiológicas já vividas pelos seus antepassados. Aqui, o filho é canhoto, penteia-se e escreve com a mão esquerda, como era hábito do seu avô; ali, a filha ri, tosse e gesticula de modo peculiar, conforme sua velha tia; acolá, os gestos bruscos e a prepotência do moço são cópia fiel dos pais. Não há, enfim, disparidade absolutamente entre o espírito e a carne dos componentes de cada família.

Uma das funções educativas da matéria-corpo é, justamente, restringir a liberdade do espírito que a comanda, forçando-o a seguir determinados rumos em benefício do seu próprio desenvolvimento consciencial.

Tal situação ou contingência é idêntica à da limitação compulsória imposta aos alunos dentro da escola, prendendo-os no horário destinado à instrução e impedindo-os de manifestarem-se livremente quanto aos impulsos ou recalques da sua personalidade costumeira, que eles demonstram quando se encontram fora da escola.

Oxalá, o terrícola já merecesse fazer jus a revelações mais avançadas do Alto e reconhecer, definitivamente, a sua realidade

---

[12] "Alter-ego", o outro eu, amigo íntimo, em quem se confia.

espiritual no seio da vida cósmica. Então, ele compreenderia que todos os fenômenos do mundo material que cercam o homem, considerados em sua essência e amplitude, são forças educativas sob o Comando Divino. Porém, como a Terra ainda é uma escola de "instrução primária", a serviço de espíritos inferiores e indisciplinados, os seus "alunos" não podem, por enquanto, conhecer nem dominar certas forças ocultas do mundo invisível, pois, se o terrícola dominasse amplamente certas forças potenciais que comandam os fenômenos do Cosmo, ele terminaria por destruir o seu orbe terráqueo, devido, justamente, às alucinações do seu orgulho, cobiça, egoísmo, prepotência e crueldade!

No entanto, assim que se efetuar a seleção profética no limiar do próximo milênio, em que as "ovelhas" serão afastadas dos "lobos", e estes serão expulsos para mundos elementares onde o ambiente moral e físico está em concordância com a sua mentalidade, então, a nova humanidade tomará conhecimento de segredos e maravilhas do Cosmo, que farão da Terra o pórtico de um paraíso!

14.
As receitas mediúnicas remuneradas

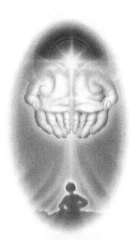

PERGUNTA: — *O médium de cura ou receitista, quando enfrenta grandes dificuldades para sustentar sua família, tem o direito de cobrar as receitas mediúnicas daqueles que o consultam?*

RAMATÍS: — O médium em prova na matéria não deve esquecer que a sua faculdade mediúnica é apenas o sagrado ensejo de ele renovar-se espiritualmente; portanto, não deve prestar-se a qualquer especulação mercenária. Se, além de sua função de médium, ele ainda é obrigado a sacrifícios para prover a família debatendo-se mesmo na extrema miséria, não há dúvida de que na existência pregressa tanto fez mau uso do seu poder ou de sua inteligência, como também delinqüiu devido ao mau uso da riqueza.

A Lei Cármica, apesar de sua função retificadora, é também de ação educativa, pois não só favorece o espírito para o resgate mais breve dos seus débitos passados, como ainda o situa na carne em condições de evitar-lhe novos desatinos, graças à redução prudente dos seus bens ou poderes materiais no mundo físico. Mercê da bondade do Alto, o espírito endividado recebe o aval da mediunidade para ressarcir-se das culpas pretéritas, mas a sabedoria da Lei ainda o protege no apressamento de sua liquidação cármica, impedindo-o de possuir os mesmos valores de que tanto abusou no passado.

Algumas vezes, o médium de cura, que enfrenta graves dificuldades econômicas e se aflige para manter a família, é o mesmo espírito do médico negligente e faltoso de outrora, o qual fazia da dor e do sofrimento alheio a tábua de negócios para o seu enriquecimento condenável. A Lei então o fez retornar ao mesmo mundo onde ele cometeu esses deslizes e o sobrecarrega de obrigações no seio do espiritismo, além de forçá-lo a manter a família sem direito a quaisquer pagamentos pela sua tarefa mediúnica curadora, a qual não passa de compromisso espiritual de prova, em vez de encargo messiânico de eleição superior. É serviço a ser efetuado gratuitamente em favor da humanidade, para cobertura das dívidas pretéritas, por cujo motivo não o credencia a cobrança ou ressarcimento material.

Considerando-se que todos os homens são médiuns, e, portanto, credenciados a transmitir a voz do mundo espiritual em qualquer circunstância, muitas criaturas de palavra fácil, raciocínio sensato e sentimentos altruísticos, às vezes produzem mais benefícios ao próximo do que certos médiuns negligentes que operam em serviço oficial sob a égide do espiritismo. Há médiuns que se submetem à disciplina doutrinária do desenvolvimento mediúnico somente para evitar que adoeçam ou destrambelhem os nervos pela falta de atividade psíquica controlada. Nem todos aceitam a tarefa mediúnica à guisa de um bem espiritual, pois a maioria mal suporta a obrigação de permanecer jungido à mesa espírita para atender ao próximo.

Em conseqüência, sempre resulta em agravo espiritual para o médium curador a cobrança pelos seus serviços mediúnicos, mesmo quando a paga é na forma de presentes espontâneos oferecidos por aqueles que o consultam. Allan Kardec adverte constantemente, em suas obras fundamentais do espiritismo, quanto à responsabilidade do médium mercenário no exercício de sua faculdade mediúnica, embora seja ele um necessitado. Ele foi o primeiro a exemplificar a sua advertência, uma vez que renunciou a todos os direitos autorais de suas obras em favor do bem coletivo, assim como demonstrou profunda discordância com os que pretendem explorar os valores do Alto.

PERGUNTA: — Qual deveria ser a atitude dos médiuns, em face das criaturas que, movidas pelo sentimento de gratidão fraterna pela própria cura ou a de seus parentes, os presenteiam espontaneamente? É incorreto esse gesto dos beneficiados, ou apenas merecem censura os médiuns que aceitam presentes?

RAMATÍS: — Quando o médium tem realmente consciência de ser um espírito endividado, em processo de retificação espiritual ou resgate cármico, ele nunca espera qualquer pagamento ou compensação pelos seus serviços mediúnicos. Embora claudiquem os seus interesses no seio da família e deve ele prestar socorro aos infelizes que lhe batem à porta, rejubila-se sempre pelo feliz ensejo de sua redenção espiritual, certo de que não se trata de alguma injustiça de Deus, mas de que é a Lei que exige prestação de serviços maiores devido às suas negligências pretéritas.

Muitos médiuns sofrem, posteriormente, as mais dolorosas decepções no Além, quando verificam ter confundido o ensejo mediúnico de sua renovação espiritual na Terra com o desempenho de missão excelsa e incomum, que ainda lhes permita boa posição financeira. Examinando-se o cortejo de compromissos cármicos de responsabilidade humana, quantos serviços mediúnicos ainda terão de prestar à humanidade os espíritos daqueles vândalos que saquearam e destruíram lares pacíficos, trucidaram criaturas indefesas e cumpriram com satisfação as ordens sanguinolentas de Gêngis Khan, Átila, César, Aníbal, Napoleão, Alexandre, Tamerlão, Nero, Torquemada, Tibério ou Catarina de Médicis?

Evidentemente, a tarefa sacrificial e gratuita em favor dos seres desgraçados e enfermos pode facultar a esses espíritos muito endividados o ensejo de se recuperarem das tropelias homicidas praticadas no passado. Mas quando tais espíritos, em função mediúnica na Terra, mercadejam e conspurcam a sua mediunidade redentora no interesse vil do lucro fácil, terminam por assumir novos compromissos graves sob a lei implacável do resgate do "último ceitil".

PERGUNTA: — Mas é justo o sacrifício do médium pobre e exausto que, depois de atender ao seu labor cotidiano, e só dispondo de poucas horas para o seu repouso sagrado, ainda deve atender gratuitamente aos seus consulentes insatisfeitos? Porventura o médium que se descura dos deveres domésticos, pressionado por força das solicitações alheias e da responsabilidade do seu trabalho mediúnico, ainda merece censura dos seus guias?

RAMATÍS: — A concessão da faculdade mediúnica ao indivíduo não o isenta de cumprir as suas obrigações junto à família, pois esta ainda é o seu principal compromisso assumido no Espaço antes de encarnar-se. O lar, a veste, o alimento e a educação da prole representam a primeira responsabilidade do médium. O provérbio de que "o exemplo vem de casa" é de profunda aplicação na vida dos médiuns, pois ninguém inspira confiança na tentativa de solucionar os problemas e as angústias alheias se, de início, fracassa em sua vida particular no cumprimento dos princípios mais comezinhos de higiene, alimentação, vestuário e demais obrigações cotidianas.

É sempre falho o serviço do médium que atende multidões aflitas à porta de sua casa, mas deixa à retaguarda a sua família arrasada em luta heróica para sobreviver à penúria e ao sofrimento. O trabalho de receitar xaropes, tinturas, água fluidificada ou aplicar passes aos consulentes não o exime de proporcionar a veste, o pão, o asseio e a educação aos componentes do seu lar. De modo algum, a família do médium deve ser sacrificada para que este atenda aos mais descabidos apelos dos que o procuram, muitos dos quais são comodistas, curiosos, e até incrédulos, transformando os médiuns em meros fornecedores de mercadorias da "marca espírita" para serem experimentadas.

Embora a mediunidade seja uma graça concedida pelo Alto aos espíritos faltosos, para diminuírem suas dívidas pregressas, eles devem exercê-la com ânimo e dignidade, mas sem o holocausto da família, que são obrigações essenciais da vida humana. Merecem censuras quando, em seu egocentrismo de evolução espiritual, esquecem que o médium no exercício de sua mediunidade em favor alheio é apenas ele quem realmente colhe os benefícios, e não a família que o acompanha na jornada terrena.

Os espíritos superiores nunca sobrecarregam os médiuns além de sua própria necessidade ou purgações espirituais compensativas; nunca os obrigam a sacrificar a família para atender ao serviço mediúnico, mas tão-somente lhes permitem servir-se do tempo disponível para aproveitá-lo em seu favor. É por isso que alguns médiuns preferem manter-se solteiros no mundo carnal, a fim de atenderem com mais eficiência à severa responsabilidade de sua própria redenção espiritual mediante o exercício da faculdade mediúnica.

PERGUNTA: — Mas acreditamos que não é preciso o homem ser absolutamente pobre para ser bom médium. Não é assim?

RAMATÍS: — Sem dúvida, também existem excelentes médiuns situados nas classes mais favorecidas e completamente despreocupados de quaisquer exigências econômicas, mas sem gozar de privilégios especiais por parte da hierarquia espiritual. Embora comprometidos pela mediunidade de prova, eles desfrutam certos favorecimentos materiais porque o teor moral do seu carma é menos culposo.

No entanto, não podem fugir de sua tarefa mediúnica redentora assumida no Além, da mesma forma como acontece com o médium pobre. É certo que poderão cumpri-la de modo mais fácil, uma vez que se encarnam isentos do penoso "ganha-pão" de madrugada à noite, visto terem menor débito na contabilidade divina.

PERGUNTA: — Quando se trata de médium que vive em completa miserabilidade, incapaz de manter sua própria família, porventura será ele responsabilizado espiritualmente, no Além, caso as suas dificuldades insuperáveis não lhe tenham permitido cumprir sua tarefa mediúnica na Terra?

RAMATÍS: — Os mentores espirituais não decretam situações punitivas nem impõem estados de miserabilidade aos espíritos delinqüentes, que buscam a sua redenção espiritual e aceitam o serviço mediúnico da matéria, pois isso seria condenável sadismo e agravo à prova cármica dos encarnados. É o Carma, em sua legislação retificadora e educativa,[1] que realmente determina quais as conseqüências ou frutos que o médium colherá pela boa ou má semente ira que efetuou no seu passado. A quem contraria a Lei de Causa e Efeito, que

---

[1] Vide a obra *Fisiologia da Alma*, de Ramatís, **EDITORA DO CONHECIMENTO**, cap. "Considerações Gerais sobre o Carma".

disciplina os movimentos ascensionais do espírito na sua trajetória pelos mundos físicos, só resta submeter-se à retificação compulsória para ajustar-se novamente ao caminho certo do aperfeiçoamento.

Assim, o homem que além de exaurir-se para manter a família encarnada, ainda precisa devotar-se à tarefa mediúnica em favor do próximo, é o único culpado dessa situação deplorável, da mesma forma como o jardineiro que planta urtigas, de modo algum deve guardar a esperança de colher maçãs ou laranjas! A mediunidade de prova, em verdade, é o "aval" piedoso que o Alto concede em garantia da mais breve recuperação espiritual do espírito faltoso. Em conseqüência, ele se utiliza desse aval se quiser ou se puder, mas não tem o direito de sacrificar sua família ou parentes para seu exclusivo proveito.

PERGUNTA: — Não seria mais sensato que o médium paupérrimo aproveitasse todas as horas que lhe sobejam do trabalho obrigatório cotidiano para se aplicar a algum outro serviço capaz de ajudá-lo a melhorar o padrão econômico do seu lar e atender à educação dos filhos, em vez de empregá-las no serviço mediúnico tão trabalhoso? Cremos que em lugar de atender aos consulentes que o ocupam até altas horas da noite, ser-lhe-ia mais sensato prover a esposa e os filhos com melhores recursos financeiros. Não é assim?

RAMATÍS: — Embora nem todos os familiares de médiuns paupérrimos possam compreender o processo inflexível da Lei do Carma, que retifica os espíritos através das reencarnações sucessivas, o certo é que não há injustiça na sua vida humana. A esposa, os filhos e os demais parentes, cujo chefe do lar é pobre e ainda médium, são espíritos afins, convocados para viver em comum, atraídos pelas mesmas necessidades cármicas evolutivas. Não se trata de descuido do Alto nem de qualquer penalidade iníqua; é a Lei benfeitora que ajusta ao mesmo roteiro de provas os velhos comparsas, cujos débitos semelhantes os submetem ao mesmo tipo de correção espiritual.

Desde que os efeitos ruinosos de hoje são apenas os resultados de causas semelhantes geradas no passado, é evidente que a família sofredora do médium pobre compõe-se dos mesmos sequazes responsáveis por mútuos prejuízos e desatinos pretéritos. Onde há identidade de delitos é indubitável que também deve haver reparações idênticas.

As famílias terrenas resultam de estudos laboriosos procedidos no Espaço e disciplinados por um mesmo programa de educação coletiva conjugados eqüitativamente com o próprio progresso da humanidade. Os espíritos descem à carne atados por compromissos assumidos mutuamente, existência por existência, que os ligam desde séculos ou milênios, e não por ajustes de última hora ou decisões inesperadas dos mentores espirituais que presidem a essa seleção. Nenhuma família terrena deve considerar-se injustiçada por Deus, quando verificar que o seu chefe, além de paupérrimo, ainda precisa cumprir os seus deveres mediúnicos. Em verdade, tudo o que acontece enquadra-se num mesmo programa de mútua responsabilidade e de proveito coletivo para a ascese espiritual coletiva.

PERGUNTA: — Porventura todo médium paupérrimo, e ainda agravado com as pesadas obrigações da família terrena, é sempre um espírito culpado de graves delitos no passado?

RAMATÍS: — No processo cármico reencarnatório, o alto não usa de uma só medida para todos os casos de retificação espiritual. Comumente, aqueles que mais se queixam ou se rebelam no cumprimento de suas obrigações mediúnicas só demonstram a sua qualidade inferior espiritual, pois os seres de melhor estirpe são corajosos, resignados e otimistas em qualquer situação da vida. Os primeiros vivem sem ânimo e sem ideal, refletindo na fisionomia sempre amargurada o fracasso prematuro dos seus empreendimentos cotidianos. Atravessam a vida física à maneira de sentenciados infelizes, cujos deveres espirituais eles transformam em punições imerecidas. Então, contagiam os mais débeis mediante seu incessante pessimismo.

Renascem na carne prometendo socorrer e confortar os mais desgraçados, mas, infelizmente, invertem o seu programa espiritual e terminam requerendo o conselho, o auxílio e a assistência alheia para se manterem até o final de sua azeda existência física. Embora sejam receptivos aos fenômenos do mundo espiritual e sintam o apelo constante dos seus amigos invisíveis, eles se furtam às promessas feitas no Espaço e fogem dos ambientes que possam convocar-lhes os serviços mediúnicos tão detestados. Incuráveis pela sua teimosia, obrigam os seus guias a assediá-los com fluidos dos espíritos mais rudes e coercivos, a fim de mantê-los na proximidade da área espírita e provê-los de conselhos ou advertências corretivas. Em sua estultícia e rebeldia, lembram a figura do boi que só avança sob o aguilhão do boiadeiro.

Esses espíritos quase sempre tomam a graça da mediunidade concedida pelo Alto, para fins de renovação moral, à guisa de penoso fardo de amarguras e sofrimentos, que mal suportam no mundo material. Tudo o que os cerca e os incomoda é esmiuçado em detalhes melodramáticos e sentimentalismos suspirosos; apregoam o seu drama de desenvolvimento mediúnico como um acontecimento incomum no mundo. Vencidos pelo desânimo, indolentes e avessos ao estudo, eles passam pela vida física quais escravos algemados à fonte do seu próprio bem.

PERGUNTA: — Como poderíamos distinguir entre os médiuns paupérrimos e onerados por encargos pesados da família terrena aqueles que não são espíritos sob doloroso resgate cármico?

RAMATÍS: — Jesus foi pobre e crucificado injustamente, mas não era merecedor de qualquer reajuste cármico; Buda, príncipe afortunado na corte de Kapilavastu, tornou-se um iluminado depois de trocar as vestes recamadas de pedras preciosas pelo traje de estame do pária hindu; Ramakrisna, filósofo de elevada categoria espiritual, mal sabia soletrar; Ramana Maharishi, cujos discípulos se extasiavam ao simples contacto de sua aura espiritual, vestia simples túnica de algodão apenas para cobrir-lhe os rins; Gandhi libertou a Índia, porém deixou de herança apenas um par de tamancos, um par de óculos e uma concha em que se alimentava. Pedro, o apóstolo, nasceu em humilde cabana de pescadores; Paulo de Tarso, o apóstolo dos gentios, consagrou-se no serviço do Cristo depois de trocar as gloríolas acadêmicas pelo traje pobre de tecelão.

Inúmeros espíritos de escol realizaram os mais heróicos empreendimentos de libertação espiritual no mundo terreno, enquanto viviam em lares paupérrimos e suportando as dificuldades mais espinhosas no cumprimento de sua tarefa messiânica. Mas todos eles demonstraram pessoalmente a possibilidade de o homem cumprir os labores mais difíceis ou gloriosos em favor do progresso do mundo, mesmo quando destituído dos poderes políticos ou situado no seio da pobreza mais triste. Quase sempre, o espírito heróico e benfeitor é desapegado dos tesouros do mundo material, preferindo enriquecer-se com os bens definitivos do espírito imortal.

PERGUNTA: — *Considerando-se que a mediunidade inativa e não desenvolvida afeta o equilíbrio psíquico e chega a prejudicar a saúde física, é justo que o médium demasiadamente pobre, e até impossibilitado de cumprir o seu mandato espiritual, ainda adoeça devido à sua estagnação mediúnica? Se o médium não deve sacrificar o sustento do lar e a educação dos filhos, embora comprometido para com a faculdade mediúnica de prova, como há de agir a criatura quando, além de sobrecarregada pelos problemas mais dificultosos, ainda precisa desenvolver-se mediunicamente para evitar conseqüências mais graves à sua saúde psicofísica?*

RAMATÍS: — Repetimos: quando vos encarnais na matéria com as obrigações severas para o sustento da família terrena e ainda comprometidos pelo exercício da mediunidade, não se trata de qualquer providência punitiva do Alto, mas de oportunidade benfeitora para a redenção do passado culposo. Isso é deliberação pessoal e espontânea aceita em sã consciência durante a vida no Além-Túmulo, para a elevação do vosso padrão espiritual. Já dissemos que a faculdade mediúnica significa o acréscimo avalizado pelos espíritos protetores em favor dos seus pupilos demasiadamente comprometidos para com a Lei da Evolução.

A Administração Sideral não pode ser censurada nem responsabilizada por isso, uma vez que os espíritos que são beneficiados com o usufruto da mediunidade na vida física deixem depois de cumpri-la porque o seu carma os situa na mais deserdada pobreza. Nenhum espírito renasce na matéria com a obrigação de carregar uma cruz mais pesada do que a sua capacidade de suportação, porquanto os psicólogos siderais conhecem todas as fraquezas, as escamoteações e as negligências dos seus tutelados faltosos.

As provas redentoras são ajustadas no Espaço dentro do limite suportável para o melhor aproveitamento psíquico e redenção espiritual, sem que ultrapassem a necessidade de graduação espiritual aconselhada para o momento. Em conseqüência, o médium pode usar do seu livre-arbítrio, quer agravando sua prova mediúnica como suavizando-a nas relações educativas do mundo carnal.

PERGUNTA: — Porventura não existem espíritos que se encarnam inconscientes de si mesmos, conforme já tivemos conhecimento através de algumas obras espíritas?

RAMATÍS: — Só os espíritos dominados completamente pela animalidade inferior encarnam-se inconscientes de si mesmos.

Eles são atraídos pelo magnetismo vigoroso da carne humana, em seguida ao ato sexual, e obedientes à própria lei de "os semelhantes atraem os semelhantes". Em sentido oposto, os espíritos mais conscientes e de melhor graduação espiritual são obrigados a um auto-esforço intenso e vigoroso para encarnar-se, mobilizando heróica vontade que os faça mergulhar nos fluidos densos do mundo físico e fixarem-se no cenário de um mundo de vibração tão letárgica.

Sob tal condição, é o próprio médium quem decide e aceita dos seus maiorais o mandato mediúnico, embora às vezes ele mesmo se reconheça quase incapacitado para cumpri-lo integralmente ante a necessidade de uma vida paupérrima e os compromissos graves do passado. A faculdade mediúnica então significa-lhe uma "possibilidade" oferecida pelo Alto, e ele há de exercê-la na carne, se assim o exigirem suas obrigações inadiáveis e de grande responsabilidade.

PERGUNTA: — Mesmo em nossa atual condição de habitantes de um planeta ainda primário, como é a Terra, a mediunidade de prova pode favorecer-nos para melhor graduação espiritual?

RAMATÍS: — Evidentemente, essa melhor graduação espiritual dependerá fundamentalmente da melhor aplicação e do bom uso que fizerdes da faculdade mediúnica, pois o terrícola, em geral, ainda é muito desleixado para consigo mesmo e bastante despreocupado de conhecer o seu próprio destino no seio da vida cósmica. Ele vive demasiadamente escravizado aos fenômenos prosaicos e imediatistas da vida animal instintiva; e, por isso, desinteressado do que lhe poderá acontecer após a morte do corpo físico. Em geral, atravessa a existência física inconsciente de suas próprias necessidades espirituais; é o cidadão perdido no seio da floresta inóspita e perigosa que, em vez de empregar o seu tempo precioso à procura da saída libertadora, prefere entreter-se com as coisas inúteis e tolas que o cercam.

Em conseqüência, devido ao vosso grau espiritual e necessidade de ainda viverdes num planeta tão instável na sua estrutura geológica, como é o globo terreno, assim como participardes de uma humanidade bastante dominada pela cobiça, avareza, violência, crueldade ou sensualidade, a concessão da faculdade mediúnica de "prova" significa o ensejo de apressamento angélico em favor daqueles que estão realmente interessados em sua mais breve libertação espiritual.

O médium de prova é o homem amparado pela Bondade do Senhor, usufruindo uma condição psíquica especial, que o ajuda a liquidar seus débitos mais graves do passado, ao mesmo tempo que tenta melhor sementeira para o futuro. E se puder analisar suas próprias vicissitudes atuais ou desventuras cotidianas, ele também conseguirá avaliar o montante e a natureza dos seus pecados do pretérito, porquanto, na regência eqüitativa da Lei do Carma, os efeitos de hoje correspondem exatamente às causas de ontem.

PERGUNTA: — Não seria mais conveniente e sensato que o homem paupérrimo nascesse sem o compromisso da mediunidade, desde que muito raramente ele consegue desobrigar-se a contento dessa responsabilidade?

RAMATÍS: — Comumente o médium pobre e dominado por desesperado pessimismo quase sempre se esquece de que, apesar de sua triste sorte, ele continua alvo do carinho e da proteção dos seus amigos desencarnados. Estes movimentam-se continuamente para socorrê-lo tanto quanto lhes permita a concessão cármica; porém, enfrentam inúmeras dificuldades vibratórias dos seus protegidos, devido à sua invigilância e imprudências espirituais.

Reconhecemos que o médium pobre, inábil, desanimado

e aflito vive sob terrível espada de Dâmocles suspensa sobre sua cabeça, pois enquanto precisa aproveitar todas as suas horas disponíveis para sustentar a família, ele é acicatado no seu psiquismo quando abandona suas atividades mediúnicas, acumulando fluidos tóxicos no perispírito superexcitado. Quase sempre, mal podendo manter-se acima de suas próprias necessidades materiais, enfrenta a paradoxal obrigação de ser o instrumento que ainda deve aliviar o fardo do próximo. Pobre ou rico, imprevidente ou cauteloso, inteligente ou analfabeto, com saúde ou enfermo, o médium em prova é sempre o espírito que, ao se encarnar, submete-se, no Espaço, a um processo de hipersensibilização perispiritual.

Contudo, não pode eximir-se do serviço mediúnico redentor, mesmo quando se vê em apuros para exercer a sua tarefa espiritual. A sua situação caótica, porque é pobre ou doente, e ainda médium, só se resolverá com a sua desencarnação, uma vez que não pode eliminar de si o "aceleramento perispirítico" que lhe é absolutamente indispensável para redenção de sua própria alma.

PERGUNTA: — Os mentores espirituais não poderiam prever a impossibilidade de certo espírito exercer a sua mediunidade, desde que o seu Carma lhe impõe uma existência de extrema pobreza? Porventura isso não evitaria desperdício de tempo com a agravante de o próprio espírito ainda ser, depois, responsabilizado por negligência ou fracasso devido à impossibilidade de cumprir tão grave compromisso?

RAMATÍS: — Os mentores espirituais não ignoram as dificuldades que se interpõem na prática mediúnica aos médiuns responsabilizados carmicamente com a prova da pobreza. No entanto, penalizam-se dos seus rogos e súplicas, ansiosos para "descerem" à carne em busca de sua redenção espiritual mediante a prática da mediunidade. O livre-arbítrio é respeitado em qualquer condição; por isso, o Alto não nega o ensejo de trabalho evolutivo aos que asseguram lisura, devotamente e heroísmo no curso de aperfeiçoamento, que solicitam. O espírito, antes de reencarnar-se, pode escolher aquilo que lhe parece melhor, visando adiantar sua evolução espiritual. Porém, fica condicionado à sua abnegação, perseverança e capacidade de renúncia, o êxito do que solicita para o seu bem; não cabendo, pois, aos seus guias a culpa dos seus fracassos e na campanha redentora a que se propôs.

Durante a infância ou mocidade, o homem terreno costuma, geralmente, desbaratar tudo que lhe cai às mãos, despreocupando-se completamente de qualquer providência sensata para a sua segurança econômica na maturidade. Ele esbanja o seu salário no usufruto de todos os prazeres ou vícios da mocidade, quer em vaidades e luxo supérfluos. Assim, quando mais tarde assume a responsabilidade de chefe de família, em geral, mal possui um mínimo para a cobertura de suas necessidades cotidianas.

Sem dúvida, organizando o seu lar em bases tão precárias e devendo ainda cumprir a mediunidade de prova, com os incessantes acréscimos de despesas e obrigações pelo aumento da família, é evidente que terá de enfrentar um destino penoso e aniquilante. Mas não cabe ao Alto a culpa dessa situação aflitiva, só porque atendeu ao espírito na sua reiterada solicitação para reencarnar a fim de reduzir a sua dívida cármica. É de senso comum que todo homem improvidente na sua mocidade há de ser um desafortunado na sua velhice.

PERGUNTA: — *Qual a principal razão de que a inatividade mediúnica perturba a saúde do médium?*

RAMATÍS: — O médium de prova é um espírito que antes de descer à carne recebe um "impulso" de aceleração perispiritual mais violento do que o metabolismo do homem comum, a fim de se tornar o intermediário entre os "vivos" e os "mortos". Assim como certos indivíduos, cuja glândula tireóide funciona em ritmo mais apressado — e por isso vivem todos os fenômenos psíquicos emotivos de sua existência de modo antecipado — o médium é criatura cuja hipersensibilidade oriunda da dinâmica acelerada do seu perispírito o faz sentir, com antecedência, os acontecimentos que os demais homens recepcionam de modo natural.

Compreende-se, então, o motivo por que o desenvolvimento disciplinado mediúnico e o serviço caritativo ao próximo, pela doação constante de fluidos do perispírito, proporciona certo alívio psíquico ao médium e o harmoniza com o meio onde habita.

Algo semelhante a um acumulador vivo, ele sobrecarrega-se de energias do mundo oculto e depois necessita descarregá-las num labor metódico e ativo, que o ajude a manter sua estabilidade psicofísica. A descarga da energia excessiva e acumulada pela estagnação do trabalho mediúnico, fluindo para outro pólo, não só melhora a receptividade psíquica como ainda eleva a graduação vibratória do ser.

O fluido magnético acumulado pela inatividade no serviço mediúnico transforma-se em tóxico pesando na vestimenta perispiritual e causando a desarmonia no metabolismo neuro-orgânico. O sistema nervoso, como principal agente ou elo de conexão da fenomenologia mediúnica para o mundo físico, superexcita-se pela contínua interferência do perispírito hipersensibilizado pelos técnicos do Espaço, e deixa o médium tenso e aguçado na recepção dos mínimos fenômenos da vida oculta. Deste modo, o trabalho, ou intercâmbio mediúnico, significa para o médium o recurso que o ajuda a manter sua harmonia psicofísica pela renovação constante do magnetismo do perispírito, à semelhança do que acontece com a água estagnada da cisterna, que se torna mais potável quanto mais a renovam pelo uso. Na doação benfeitora de fluidos ao próximo, o médium se afina e sensibiliza para se tornar a estação receptora de energias de melhor qualidade em descenso do plano Superior Espiritual.

15.
Ponderações a respeito do médium enfermo

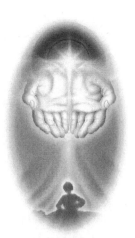

PERGUNTA: — *O médium enfermo "deve" ou pode transmitir passes?*

RAMATÍS: — Não recomendamos a ninguém que receba passes mediúnicos ou magnéticos de criaturas com moléstias contagiosas, de moral duvidosa ou de costumes viciosos e censuráveis. É tão absurdo alguém pretender dar aquilo que ainda não possui em si mesmo, qual seja a saúde física ou espiritual, quanto ensinar aquilo que desconhece.

E isso ainda se torna mais grave no caso do passe mediúnico ou magnético, pois desde que o médium se encontra enfermo, a sua tarefa mediúnica se torna contraproducente, uma vez que ele projetará algo de suas próprias condições enfermiças sobre os pacientes que se sintonizarem passivamente à sua faixa vibratória "psicofísica". Nos contágios acidentais entre pessoas sadias e enfermas, que ocorrem na vida cotidiana, aquelas que são assaltadas pelos germens, às vezes, ainda conseguem mobilizar à última hora as suas energias defensivas e então reagir em tempo, eliminando o potencial virulento alheio.

Conforme há milênios ensina a velha filosofia oriental, "aquilo que está em cima também está embaixo", ou então, "assim é o macrocosmo, assim é o microcosmo", ou seja, a mesma coisa ou a mesma verdade está no infinitamente grande e da mesma forma no infinitamente pequeno. As leis que regem as atividades do mundo físico são equivalentes das leis semelhantes do mundo oculto, tal como no caso do equilíbrio dos líquidos nos vasos comunicantes, em que o vasilhame mais cheio flui o seu conteúdo para o mais vazio. Entre o médium enfermo e o paciente mais vitalizado, a lei dos vasos comunicantes do mundo "etereoastral" transforma o primeiro num vampirizador das forças magnéticas que porventura sobram no segundo, ou seja, inverte-se o fenômeno.

Em vez de o médium transmitir fluidos terapêuticos ou vitalizantes, ele termina haurindo as energias alheias, em benefício do seu equilíbrio vital. Assim acontece quando certas pessoas sentem-se mais enfraquecidas depois de se submeterem aos passes mediúnicos ou magnéticos, ignorando que, em vez de absorverem os fluidos vitalizantes para recuperar a saúde, terminaram alimentando a própria fonte doadora de passes, pois esta encontrava-se mais debilitada.

Deste modo, seria absolutamente contraproducente o fato de uma criatura submeter-se aos passes magnéticos ou fluídicos do médium tuberculoso, epiléptico, variolado ou com febre tifóide, malgrado justificar-se a mística de que "a fé remove montanhas". O próprio Jesus assegurou que não viera derrogar ou subverter as leis do mundo material, por cujo motivo não basta uma atitude emotiva de fé ou confiança incomuns para essas leis serem alteradas e semearem a perturbação na estrutura íntima do próprio homem.

PERGUNTA: — Mas existem provas de que a fé pura e inabalável, como fator capaz de provocar acontecimentos miraculosos, já conseguiu salvar moribundos?

RAMATÍS: — Sem dúvida, quando na criatura domina essa convicção sincera e pura lembrada por Jesus no exemplo do grão de mostarda", ou da "fé que remove montanhas", ela mesma já pode dispensar o curandeiro, o médico famoso ou o médium curador, e assim recuperar-se completamente. Desde que possua a convicção irredutível de que as energias terapêuticas palpitam dentro de si mesma e com todos os recursos essenciais para sua cura, evidentemente, não necessita requerer a qualquer intermediário para ser o "élan" produtor do "milagre".

"A cada um conforme suas obras" ou então, "Buscai e achareis", são as fórmulas da "química" espiritual deixadas por Jesus, a fim de que o homem necessitado do socorro angélico mobilize suas

próprias energias ocultas e sublimes, em vez de recorrer a outrem.
Mas não é segura a fé que ainda necessita da interferência alheia para uma ação miraculosa pois, em geral, o intermediário ainda é o menos credenciado em espírito para conseguir o êxito desejado porque, faltando-lhe a fé para curar-se a si mesmo, obviamente não possui forças para curar o próximo. Aliás, uma simples afirmação de fé mobilizada à última hora pelo médium ou paciente de passes não é bastante para destruir as coletividades microbianas exacerbadas no organismo físico, pois elas também obedecem às mesmas leis da Criação, que no seu mundo infinitesimal coordenam-lhes desde a gestação, o crescimento, a procriação e a velhice microbiana. Na verdade, elas garantem o sustentáculo da vida orgânica do homem, pois é de suas trocas e renovações incessantes de átomos, moléculas, células e tecidos que se compõe a maquinaria viva do corpo carnal. Disse-vos certa entidade do "lado de cá" que "a matéria, que nos obedece ao impulso mental, é o conjunto das vidas inferiores que vibram e sentem, a serviço das vidas superiores que vibram, sentem e pensam".[1]

Malgrado a fé sincera e pura do médium doente, desleixado ou irresponsável, ele não evita contaminar os seus pacientes com os germens nocivos de que é portador. Não duvidamos de criaturas que, desde o berço de nascimento, são imunes à tuberculose, ao tifo, à varíola e às demais moléstias graves e contagiosas; mas isso significa exceções próprias da qualidade intrínseca e defensiva do seu perispírito, e que não devem servir de encorajamento para os trabalhos mediúnicos dos médiuns enfermos em prejuízo da saúde do próximo. O próprio milagre ainda é um fenômeno submisso às leis imutáveis que no mundo invisível regem os acontecimentos de química ou física transcendental.

PERGUNTA: — Explicam alguns espíritas que é bastante a presença de um espírito superior junto ao médium, mesmo quando este se encontra enfermo, para então eliminar-lhe todo o morbo psíquico ou físico existente e neutralizar os perigos do contágio. Que dizeis?

1 Nota do Médium: Ramatís refere-se à mensagem do espírito de Lourenço Prado, em comunicação pelo médium Chico Xavier. É o capítulo "O Pensamento", inserto na obra *Instruções Psicofônicas* publicado pela Livraria da Federação Espírita Brasileira.

RAMATÍS: — Não há dúvida de que todos nós podemos haurir na Fonte Divina e Criadora dos fluidos curadores de que necessitamos para a nossa saúde. E os médiuns, justamente por serem criaturas hipersensíveis, ainda são os mais credenciados para absorver o "quantum" de fluidos terapêuticos de que precisam para transmitir aos seus pacientes. Mas não devem esquecer que, embora sejam intermediários entre o mundo espiritual e o físico, a sua função é parecida ao que acontece com a água na mistura da homeopatia, em que, quanto mais água é adicionada à medicação infinitesimal, tanto mais se enfraquece o energismo da dosagem terapêutica.

Da mesma forma, os médiuns também poluem ou enfraquecem, pela sua estrutura "psicofísica", humana e energismo ou a pureza dos fluidos que lhes são transmitidos do mundo superior, e que depois eles doam aos pacientes encarnados. Embora Deus seja Onipotente, Onisciente e Onipresente, o certo é que na intimidade espiritual de todos os médiuns, sejam doentes ou sadios, germinam micróbios que podem enfermar a carne. Malgrado a presença da Divindade no âmago de nossas almas, os micróbios proliferam tanto no mundo físico quanto no astral, destroem-nos pela moléstia humana, quando lhes proporcionamos as condições eletivas para se multiplicarem. Os médiuns, pois, não devem fiar-se, exclusivamente, nos fluidos puros que lhes podem transferir os guias invisíveis, pois a sua própria natureza perispiritual pode poluí-los. E os micróbios, repetimos, não produzem, especificamente, a enfermidade, mas proliferam depois que se manifestam no homem as condições eletivas e vulneráveis para eles viverem![2]

Aliás, seria um precedente muito censurável o caso de os guias submeterem os seus médiuns a urgente profilaxia médica e purificação fluídica à última hora, só porque se encontram enfermos e pretendem dar passes. Na certeza de serem saneados pelos espíritos superiores, que lhes anulariam as doenças físicas, as mazelas espirituais e as desarmonias emotivas prejudiciais ao serviço mediúnico, então raríssimos médiuns teriam cuidados ou preocupações com a higiene física ou moral para o melhor desempenho de suas obrigações socorristas.

---

[2] Vide a obra *Fisiologia da Alma*, de Ramatís, **EDITORA DO CONHECIMENTO**, cap. "As Moléstias do Corpo e a Medicina".

PERGUNTA: — *Considerando-se que o médium enfermo não deve dar passes, a fim de não contagiar os seus pacientes, não poderia ele, no entanto, receitar ou comunicar a palavra dos espíritos desencarnados aos doentes?*

RAMATÍS: — Em verdade, não devemos esquecer que muitas criaturas cuja saúde física é exuberante não passam de espíritos gravemente enfermos. No entanto, outras que a medicina já condenou por fisicamente incuráveis, além do seu louvável otimismo construtivo são capazes de mobilizar as forças ocultas do espírito para amparar os sadios de corpo. Há leitos de sofrimento que se transformam na tribuna de estímulo e do estoicismo espiritual, pois conseguem reanimar os visitantes saudáveis de corpo, mas ainda doentes da alma. Nesse caso os papéis se invertem, pois os enfermos da carne passam a doutrinar os doentes do espírito porquanto, se a tuberculose, a lepra, o câncer, o pênfigo ou o diabetes são doenças da carne, a crueldade, a ambição, a avareza, o ódio, o orgulho ou ciúme são moléstias da alma.

Desde que o corpo físico é o instrumento fiel que pode transmitir para o mundo exterior a safra boa ou má do espírito, é evidente que a cura definitiva de qualquer enfermidade humana deve primeiramente processar-se na intimidade da própria alma. Assim, os médiuns prudentes e sensatos, embora evitem dar passes, praticar o sopro magnético ou fluidificar a água porque estão enfermos, podem no entanto transmitir o conselho espiritual benfeitor, o estímulo que levanta o ânimo daqueles que se encontram moralmente abatidos. Embora convictos de que os seus guias hão de ministrar-lhes fluidos balsâmicos ou curativos para eliminarem sua doença, mesmo quando só endefluxados, os médiuns ainda deveriam moderar a transmissão de seus passes ou fluidificar a água, uma vez que o contágio é mais fácil porque os seus pacientes também se apresentam debilitados em suas defesas orgânicas. Nem sempre o médium está em condições psíquicas ou morais dignas, para recepcionar com êxito os fluidos sadios enviados pelos seus protetores desencarnados, por cujo motivo, em tal circunstância, assemelha-se a um vasilhame poluído.

É certo que os espíritos benfeitores tudo fazem para elevar o padrão vibratório e psíquico dos seus intermediários, enquanto processam longas e exaustivas técnicas de purificação ou ionização nos ambientes de trabalho mediúnico. Mas eles não podem "impor" ou "insuflar" à força, nos encarnados, as energias curativas a que eles se mostram refratários, quando ainda estão envolvidos por verdadeiros cartuchos de fluidos daninhos absorvidos nos seus descontroles emotivos e desatinos mentais cotidianos.

PERGUNTA: — Mas não basta o apelo ao Alto e o desejo sincero de o médium servir ao próximo, para que ele também seja bem assistido?

RAMATÍS: — Se só isso bastasse para os espíritos benfeitores substituírem os fluidos ruins dos encarnados por seus fluidos bons, obviamente também poderiam dispensar a intervenção dos próprios médiuns no serviço de socorro espiritual. Seria suficiente a presença das entidades terapeutas junto aos homens enfermos, para fazê-los recuperar imediatamente a sua saúde física, apesar de suas costumeiras insânias mentais e descontroles emotivos.

Assim como não se coloca água limpa em vasilhame sujo, quem pretende gozar da saúde psíquica ou física pela assistência dos bons espíritos deve também esforçar-se por modificar os seus pensamentos e abandonar os costumes viciosos, a fim de ficar mais apto a captar os fluidos transmitidos do mundo espiritual.

O médium enfermo, que não vive cotidianamente os princípios da doutrina que esposa e divulga, também não é receptivo ao socorro da luz sideral, cujos "fótons" impregnados das emanações curativas do Alto extinguem facilmente a flora microbiana patogênica.

Conseqüentemente, ele é quem melhor sabe quando está em condições favoráveis para cumprir o seu dever mediúnico com o máximo aproveitamento, sem prejudicar o próximo. Embora, até certo ponto, seja louvável o anseio dinâmico de os médiuns "fazerem caridade" a todo o transe, nem por isso eles devem causar danos alheios nessa luta ou campanha em busca da sua salvação. Tentar curar meia dúzia de enfermos, com risco de contaminar cinqüenta, não é prova de sensatez espírita.

O médium, quando enfermo, contente-se em ser o intérprete fiel dos conselhos e intuições superiores para transmiti-las aos seus companheiros menos esclarecidos, orientando-os nos atalhos difíceis da estrada da vida humana.

Devemos ainda, ressaltar que o serviço mediúnico de caridade é de proveito quase exclusivo para quem o pratica e pouquíssimo vantajoso para a criatura que o recebe. O pedinte é sempre uma espécie de novo cliente solicitando à "Contabilidade Divina" abertura de crédito ou prorrogação de prazo para liquidar o seu débito pretérito. Assim, quando recebe favores do próximo, ele contrai "nova conta" ou compromisso a ser resgatado mais tarde com serviços compensadores, que beneficiem a humanidade.

16.
A psicotécnica espírita nas operações cirúrgicas

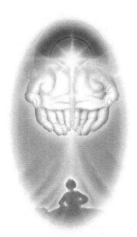

PERGUNTA: — *As operações cirúrgicas feitas mediante a irradiação de fluidos projetados dos trabalhos mediúnicos a distância, logram o mesmo efeito das que são efetuadas diretamente pelos espíritos materializados, utilizando o ectoplasma dos médiuns de fenômenos físicos?*

RAMATÍS: — Embora o êxito das operações mediúnicas dependa especialmente do ectoplasma a ser fornecido por um médium de efeitos físicos e controlado pelos espíritos de médicos desencarnados, há circunstâncias em que, devido ao teor sadio dos próprios fluidos do enfermo, as operações, embora processadas somente no perispírito, produzem resultados miraculosos no corpo físico.

No entanto, quer se trate de operações mediúnicas feitas diretamente na carne do paciente ou mediante fluidos irradiados a distância, pelas pessoas de magnetismo terapêutico, o sucesso operatório exige sempre a interferência de espíritos desencarnados, técnicos e operadores que submetem os fluidos irradiados pelos "vivos", a avançado processo de química transcendental nos laboratórios do "lado de cá".

PERGUNTA: — *Existe alguma diferença de eficiência entre as operações efetuadas com a presença do doente e a cooperação de médiuns de fenômenos físicos, doadores de ectoplasma, e as que são realizadas utilizando fluidos irradiados a distância?*

RAMATÍS: — No primeiro caso, das operações "diretas", os técnicos desencarnados utilizam o ectoplasma do médium de fenômenos físicos e também os fluidos nervosos emitidos pelas pessoas presentes; e esta aglutinação polarizada sobre o enfermo presente possibilita resultados mais eficientes e imediatos. Mais adiante estudaremos, em detalhes, a técnica do processo "direto". Agora vamos referir-nos às operações mediante fluidos projetados a distância.

Neste processo, os espíritos operadores procuram reunir e projetar sobre o doente os fluidos magnéticos emitidos pelas pessoas que se encontram reunidas a distância, no Centro espírita. Porém, tratando-se de fluidos bem mais fracos do que os do ectoplasma fornecido pelo médium de fenômenos físicos, são submetidos a um tratamento químico especial pelos operadores invisíveis a fim de se obterem resultados positivos. Mesmo assim, os fluidos transmitidos a distância servem apenas para as intervenções de pouco vulto, pois sendo fluidos heterogêneos exigem a "purificação" que referimos. Há, porém, outros fatores que se refletem na "corrente" e impedem que a sua eficácia seja tão segura como a obtida pelas intervenções "diretas". É que, a muitos desses voluntários "doadores" de fluidos, falta a vontade disciplinada e a vibração emotiva fervorosa, que potencializam as energias espirituais. Também, alguns deles não gozam boa saúde, fumam em demasia, ingerem bebidas alcoólicas em excesso, ou abusam de alimentação carnívora. Aliás, nos dias destinados a esses trabalhos espirituais, os médiuns deveriam submeter-se a uma alimentação sóbria, porquanto, depois de uma refeição lauta e, por vezes, indigesta, o indivíduo não tem disposição para tomar parte numa tarefa que exige segura concentração mental. E justamente, para neutralizar, em parte, os inconvenientes que deixamos apontados, é que os fluidos de tal ambiente têm de ser purificados ou "curtidos" pelos técnicos siderais.

Em trabalhos de tal natureza, a boa intenção não prescinde de conhecimento, prudência e sensatez como requisitos fundamentais para o seu sucesso. Muitos freqüentadores de tais sessões e certos médiuns comodistas supõem que é bastante agruparem-se em torno da mesa dos trabalhos, para jorrarem de si os fluidos de eficácia terapêutica.

Igualmente, para suprir as deficiências que referirmos,

os espíritos benfeitores não se limitam a utilizar os fluidos terapêuticos dos "espíritas"; eles também se socorrem das vibrações espirituais dos fiéis de outras crenças ou religiões, quando os encontram reunidos nos seus templos, irmanados em preces, cânticos ou devoções. E, desta forma, eles conseguem aglutinar um potencial de fluidos sadios, em condições de produzirem resultados benéficos mais seguros a favor dos enfermos a distância.

PERGUNTA: — Todavia, já comprovamos sucesso em tratamentos mediúnicos por irradiações de fluidos a distância, como sejam, o desaparecimento de tumores, febres malignas, dores cruciantes e outras crises mórbidas dos enfermos. E a única recomendação aos doentes consistia em que eles se mantivessem em oração durante a hora aprazada para o socorro fluídico. Como explicar o êxito de semelhantes casos?
RAMATÍS: — Tal êxito terapêutico resulta de segura sintonia vital e psíquica entre os enfermos e os doadores de fluidos, pois esse equilíbrio conjugado à fé viva tem um poder energético capaz de produzir reações curadoras, que classificais de "milagres".

Esse processo de "refluidificação" terapêutica mediante o aproveitamento dos fluidos do próprio doente, lembra algo do recurso de cura adotado na hemoterapia praticada pela medicina terrena, em que o médico incentiva o energismo do enfermo debilitado, extraindo-lhe algum sangue e, em seguida, injetando-o no mesmo; processo que acelera a dinâmica do sistema circulatório. Além disso, também há casos em que o enfermo, devido a circunstâncias de emergência e que não alteram o determinismo do seu resgate cármico, recebe assistência de seus guias espirituais.

PERGUNTA: — É fundamental que o enfermo se prepare psiquicamente ou se concentre no momento em que lhe serão enviados os fluidos curadores irradiados pelas reuniões espíritas?
RAMATÍS: — Efetivamente, durante o tratamento fluídico operado a distância, a cura depende muitíssimo das condições psíquicas em que forem encontrados os enfermos durante a

recepção dos fluidos. Em geral, os espíritos terapeutas enfrentam sérias dificuldades no serviço de socorro aos pacientes cujos nomes estão inscritos nas listas dos Centros espíritas. Além das dificuldades técnicas resultantes de certo desequilíbrio mental do ambiente onde eles atuam, outros empecilhos os aguardam em virtude do estado psíquico dos próprios doentes. Às vezes, o enfermo assinalado na lista de "caridade" tem a mente saturada de fluidos sombrios devidos a um livro obsceno, cuja leitura foi o seu "passatempo" do dia; ou então, manteve, com seus amigos visitantes, uma conversa de anedotas indecentes; outro, ei-lo em excitação nervosa devida a violenta discussão política ou desportiva; acolá, os espíritos terapeutas encontram o doente envolto na fumarada intoxicante do cigarro ou na bebericagem de um alcoólico. Também, certas vezes, os abençoados fluidos irradiados das sessões espíritas penetram nos lares enfermos, mas encontram o ambiente carregado de fluidos agressivos provenientes de discussões ocorridas entre os seus familiares. Por conseguinte, é evidente que os desencarnados têm pouco êxito na sua tarefa abnegada de socorrer os enfermos quando estes vibram recalques de ódio, vingança, luxúria, cobiça ou quaisquer outros sentimentos negativos.

Assim como, para jogar fora a água suja que está num copo, o processo mais sensato é despejar-se essa água suja e depois encher o copo de água limpa; e não misturá-las até que a água suja se torne limpa, os espíritos também logram melhor êxito na sua assistência aos enfermos quando estes se encontram "limpos" de emanações fluídicas perniciosas.

PERGUNTA: — Podereis referir mais algum pormenor a respeito das operações cirúrgicas processadas a distância?
RAMATÍS: — Em tais casos os técnicos siderais operam no perispírito do enfermo; e o "duplo etérico" se encarrega de transferir para o corpo físico todas as reações específicas da intervenção processada naquele.

O "duplo etérico", conforme já esclarecemos, exerce a função de veículo intermediário ou mediador plástico entre o perispírito e o corpo físico. O perispírito, como matriz ou molde "preexistente" do corpo físico, controla, mediante o energismo e sensibilidade do duplo etérico, todas as suas contrapartes dos órgãos carnais. Assim, as intervenções efetuadas pelos espíritos nas matrizes etéricas do perispírito, depois, obedecendo a leis ocultas que regem esse fenômeno de "repercussão vibratória", manifestam seus efeitos, lenta e gradualmente, no corpo de carne.

Cada átomo e molécula "etereoastral"[1] modificada na operação efetuada no "lado de cá" repercute integralmente em cada átomo ou molécula do corpo físico.

No futuro, quando a vossa instrumentação cirúrgica for produzida sob a técnica de dinamização "eletroetérica",[2] então, os médicos poderão operar o perispírito e conseguir resultados surpreendentes. Tal processo será indolor e rapidamente cicatrizante.

PERGUNTA: — As intervenções efetuadas no perispírito com o aproveitamento do ectoplasma do médium de fenômenos físicos também podem ser feitas diretamente no corpo de carne ou seja, no organismo dos pacientes?

RAMATÍS: — Tudo depende da capacidade e potencial do ectoplasma[3] fornecido pelo médium de efeitos físicos. Em tal caso, os espíritos operadores incorporam-se no próprio médium que dispõe dessa faculdade; e este, como autômato, opera o paciente com os mesmos instrumentos da cirurgia terrena, porém, sem anestesia e também dispensando qualquer precaução de assepsia.

Em certos casos, embora raros, o espírito incorporado logra o mesmo resultado cirúrgico, utilizando como instrumentos operatórios, utensílios de uso doméstico, como facas, tesou-

---

1 Nota do Revisor: Vide a obra *Obreiros da Vida Eterna*, de André Luiz, capítulo "Fogo Purificador", em que o padre Hipólito assim se expressa sobre o assunto: "Como você não ignora, as descargas elétricas do átomo etérico, em nossa esfera de ação, fornecem ensejo a realizações quase inconcebíveis à mente humana".

2 Vide Seleções de abril de 1963, pág. 46, artigo "Luz de Esperança ou Terror", em que os técnicos da "Technology Markets Inc." descobriram um bisturi tipo "eletroetéreo", denominado "laser", capaz de destruir tumores na retina, podendo operar uma célula de pesquisas biológicas ou mesmo alterar a estrutura de uma molécula de proteína, confirmando, pois, o que Ramatís já descrevera na sua primeira obra, *A Vida no Planeta Marte e os Discos Voadores*, há mais de dez anos.

3 O psicanalista dr. Gustavo Geley, uma das maiores autoridades na identificação dos fenômenos espíritas, esclarece: — "A característica específica da ectoplasmia reside numa desmaterialização anatomobiológica do corpo do médium e em sua exteriorização no estado sólido, líquido e gasoso. Tal metamorfose resulta na liberação de considerável quantidade de energia vital".

ras, garfos ou estiletes comuns; e igualmente, sem quaisquer cuidados antissépticos.[4]

Então, o cirurgião invisível, incorporado no médium, corta as carnes do paciente, extirpa excrescências mórbidas, drena tumores, desata atrofias, desimpede a circulação obstruída, reduz estenoses ou elimina órgãos irrecuperáveis. E semelhantes intervenções, além de seu absoluto êxito, são realizadas num espaço de tempo exíguo, muito acima da capacidade do mais abalizado cirurgião do vosso mundo.

Em tais casos, os médicos desencarnados fazem os seus diagnósticos rapidamente, com absoluta exatidão e sem necessidade de chapas radiográficas, eletrocardiogramas, hemogramas, encefalografias ou quaisquer outras pesquisas de laboratório. Nessas operações mediúnicas processadas diretamente na carne, os pacientes operados tanto podem apresentar cicatrizes e estigmas operatórios, como ficarem livres de quaisquer sinais cirúrgicos. Em seguida à operação, eles erguem-se lépidos e, sem quaisquer embaraços ou dores, manifestam-se surpresos pelo seu alívio inesperado e eliminação súbita de seus males.

PERGUNTA: — *Os espíritos de cirurgiões desencarnados, que incorporam diretamente em médiuns especiais a fim de efetuarem essas operações mediúnicas, são ajudados por outros espíritos?*

RAMATÍS: — O espírito quando opera incorporado no médium é sempre auxiliado por companheiros experimentados na mesma tarefa, os quais cooperam e o ajudam no controle da intervenção cirúrgica.[5] O diagnóstico, seguro e rápido, é

---

[4] Nota do Médium: É o caso do médium Arigó, que depois de incorporado pelo espírito do dr. Adolfo Fritz, desencarnado na guerra de 1918, na Rússia, faz operações com instrumentação primitiva, obsoleta e até imprópria, sem anestesia ou cuidados de higiene. Aliás, percebi que ele só operava os pacientes sobre os quais descia uma luzinha branca, que era uma espécie de autorização do Alto. Arigó erguia a mão com um punhado de algodão e rogava a Jesus: "Senhor, água que anestesia!" Imediatamente os espíritos técnicos do "outro lado" umedeciam esse algodão numa retorta com um líquido esmeraldino, o qual depois se materializava, escorrendo pelo braço de Arigó. Após operar o paciente, o médium novamente erguia outro punhado de algodão ao alto e pedia: "Senhor! Água que cicatriza!" Desta vez, os assistentes desencarnados envolviam o algodão num líquido cor rosa-salmão, que depois também escorria pela mão do Arigó, às vezes efervescendo como água oxigenada, em cor branca.

[5] Nota do Médium: Em minha vidência junto ao médium Arigó, quando tive oportunidade de visitá-lo, em Congonhas do Campo, percebi que outros espíritos

fruto de troca de opiniões com outros médicos desencarnados que, antecipadamente, examinam as anomalias dos enfermos a serem operados. Entidades experimentadas na ciência química transcendental preparam os fluidos anestesiantes e cicatrizantes; e depois os transferem do mundo oculto para o cenário físico, materializando-os na forma líquida ou gasosa, conforme seja necessário.

PERGUNTA: — Que dizeis das operações que são praticadas pelos médicos desencarnados, no perispírito, sem ectoplasma do médium de efeitos físicos e, às vezes, processadas à noite, quando dormimos?

RAMATÍS: — Tais operações só atingem a causa mórbida no tecido etérico do perispírito; porém, depois de algum tempo, começam a desaparecer os seus efeitos mórbidos na carne, pelo mesmo fenômeno de repercussão vibratória.

Neste caso, como os enfermos operados ignoram o que lhes aconteceu durante o sono ou mesmo em momento de vigília e repouso, opõem dúvidas quanto a essa possibilidade.

Desde que esses doentes, após terem sido operados no perispírito, não comprovam, de imediato, qualquer alteração benéfica no seu corpo físico, geralmente, supõem terem sido vítimas de uma fraude ou de completo fracasso quanto à intervenção feita. Ora, acontece que a transferência reflexa das reações produzidas por essas operações processa-se muito lentamente, levando semanas e até meses, para se manifestarem seus efeitos benéficos no organismo.

PERGUNTA: — A fim de melhor aquilatarmos a natureza dos moldes ou "duplos etéricos" dos órgãos do corpo humano, podereis descrever-nos o processo de uma operação mediúnica

---

de médicos desencarnados o auxiliavam no seu trabalho, inclusive enfermeiros, técnicos, químicos e assistentes à guisa de estudantes.

As operações de olhos eram feitas por um médico japonês; e em certas intervenções delicadas intervinha um médico francês. O que me surpreendeu foi o espírito de um médico chinês, de túnicas amplas, enfeitadas de flores pretas e prateadas, sobre um fundo vermelho e amarelo sedoso. Ele apenas fazia exorcismos próprios da antiga medicina chinesa; mas os enfermos que atendia expulsavam de si, uns fluidos escuros, pegajosos e nauseantes, assim como larvas, formas aracnídeas, bacilos psíquicos, estranhos insetos fluídicos, como amebas coleantes, que se dissolviam sob a luz terapêutica, esmeraldina, que iluminava o ambiente. Compreendi, então, que tudo isso era produto dos pensamentos sujos ou infecciosos dos próprios enfermos.

feita só no perispírito, mas, à semelhança de igual intervenção efetuada pela cirurgia terrena, no corpo físico?

RAMATÍS: — A fim de poderdes compreender a nossa resposta à indagação que fazeis, convém abordarmos um determinado aspecto do problema. É o seguinte: Tratando-se de uma intervenção cirúrgica processada apenas no perispírito, os cirurgiões do "lado de cá" servem-se dos instrumentos operatórios do vosso setor utilizando a substância astralina do seu ambiente próprio, ou seja: — usam os moldes ou "duplos etéricos" das ferramentas adotadas pelos médicos terrenos. É que todos os objetos ou seres possuem o seu molde ou "duplo astral", seja o ferro, o ouro, o estanho, a semente, o pinheiro, a roseira, o milho ou também, do reino animal, o tigre, a águia e o próprio homem. Em resumo: — No mundo astral onde vivemos, existem as "matrizes" ocultas ou espécie de "negativos originais" de tudo aquilo que se encontra materializado ante vossos olhos. O mundo material em que viveis, conforme enunciou Einstein, é um conjunto de energias condensadas, ou seja, produto da energia invisível, que, pela sua degradação vibratória, baixou até à condição de substância compacta, por efeito de condensação. Assim, por exemplo, uma garrafa, embora seja um objeto material, constitui um "duplo" que é sustentado pela energia oculta do molde etérico que lhe dá a forma de garrafa. Em tais condições, a garrafa-matéria é a própria energia oculta pressionada pelo seu molde etereoastral, ou seja, por uma outra "garrafa invisível" aos vossos sentidos. Isto explica que a desintegração atômica é o processo em que a energia condensada na forma de matéria liberta-se e desaparece da focalização humana porque ela retorna ao seu mundo original e oculto.

Por conseguinte, como as ferramentas cirúrgicas são fabricadas com substância do reino mineral, elas também possuem a sua matriz astral gerada ou oriunda do referido setor.

Assim como o calor incidindo sobre o gelo, que é matéria sólida, transformado em água, depois em vapor e, ainda sob mais alta temperatura, pode levá-lo ao estado de radiação invisível, esse mesmo processo, em sentido contrário, fará retornar o fluido irradiante até à sua precedente forma compacta de gelo. Fenômeno semelhante também ocorre no plano espiritual, embora noutro estado vibratório, quando os espíritos materializam e desmaterializam a mesma energia, isto é, aquela que, ao condensar-se, compõe a matéria afetável ou tangível aos sentidos físicos; e quando, em liberdade, é o elemento da vida no mundo sutil das forças ocultas.

Agora vamos responder à vossa pergunta a respeito das operações feitas só no perispírito: — Admitamos, por exemplo, o caso de uma criatura com estenose duodenal, isto é, com estreitamente da porção do duodeno à saída do estômago, anomalia que a clínica terrena solucionaria pela extirpação dessa parte enfermiça, mediante a operação conhecida por gastrectomia. Neste caso, os espíritos operadores desmaterializam as ferramentas dos médicos terrenos e então, manuseando as matrizes etéricas das mesmas, seccionam a parte duodenal do corpo-perispírito, que se apresenta afetada. Em seguida, ajustam e recompõem os extremos seccionados. Porém, de imediato, o paciente não obterá alívio nem melhoras sensíveis porque a intervenção no molde ou matriz perispiritual somente, pouco a pouco, é que ela vai corrigindo a deformação do duodeno carnal, pois os seus átomos e moléculas físicas vão-se aglutinando lentamente sob o comando da referida matriz etérica, até a vitalização integral do órgão doente.

Sendo o corpo físico a materialização ou o "duplo" do perispírito, todas e quaisquer reações processadas neles têm efeitos recíprocos. E esta ligação ou interdependência é que justifica os sofrimentos cruciantes do espírito dos que se suicidam, pois, embora já não estejam ligados ao corpo de carne, eles continuam a sentir as mesmas dores provocadas pelo veneno ou pela bala que lhes extinguiu a vida física.

PERGUNTA: — Os médicos desencarnados podem operar mediunicamente, mesmo depois de já ter ocorrido a supuração ou peritonite?

RAMATÍS: — Os operadores não dispõem de poderes miraculosos, que contrariem as leis da Criação. No entanto, conseguem curar úlceras e até restabelecer tecidos cancerosos, desde que o departamento sideral que controla as provações cármicas dos encarnados, autorize a cura de determinado doente, pois há casos em que até um moribundo, já nas vascas da agonia, pode ser recuperado sob a ação ou interferência de assistentes desencarnados que dispõem dessa capacidade curadora e são autorizados a operar o "milagre".[6]

Jesus, somente com a sua presença, produzia curas; esterilizava e extinguia chagas, limpava os leprosos, restabelecia a vitalidade nos paralíticos, restituía a visão aos cegos e a palavra aos mudos. E levantou Lázaro do túmulo porque este ainda estava sustentado pelo energismo vital do fluido prânico, pois se ele, de fato, estivesse morto, não seria possível restituir-lhe a vida, porquanto os determinismos da Lei Divina são inalteráveis, não comportam exceções. Porém, quanto às curas que o Mestre realizou, trata-se de um fenômeno dentro das leis naturais e se, depois dele, outros têm conseguido os mesmos prodígios,[7] isto não deve ser motivo para espanto, pois Jesus advertiu que "no fim dos tempos, os homens fariam tanto quanto Ele e até muito mais"! Este detalhe "muito mais" é porque Ele não manifestou todo o seu potencial ou poder de captação da "Luz terapêutica" que é irradiada pela misericórdia do PAI.

---

6 Nota do Revisor: Eu mesmo posso comprovar a possibilidade de semelhante fenômeno, com o seguinte fato: Mais de doze anos atrás fui tomado por um grave distúrbio de saúde, conjugado a recalques de fundo psíquico tendo ficado doente e retido no leito durante dez meses. Nesse período tive uma crise profunda, resultando que, durante noventa dias, não ingeri alimento de qualquer espécie, nem mesmo água. O depauperamento físico reduziu-me o peso a menos vinte quilos. Quando a moléstia se agravou ainda mais, os três médicos chamados foram unânimes em que era um caso perdido. E concluíram que eu "não passaria daquela noite", pois já nem reconhecia os meus familiares. A pressão arterial baixou ao mínimo indispensável para manutenção da vida orgânica. Quanto à minha capacidade sensorial, meus ouvidos físicos deixaram de captar as vozes humanas. Eu as ouvia, sim, mas a grande distância, com os ouvidos do espírito. Então, quando toda a família já se encontrava reunida, aguardando o desenlace, ocorreu (segundo o relato da mesma) o seguinte: Minha esposa isolou-se num quarto separado e, aberta em soluços, suplicou a Jesus que fosse informada se, de fato, eu desencarnaria naquela noite. Momentos depois, ela, sorrindo, voltou ao lado dos filhos e sob a convicção de uma certeza absoluta, disse-lhes: "Fiz uma prece a Jesus e perguntei se o vosso pai ia morrer esta noite. Então, ouvi uma voz que disse: 'Ele não vai morrer. Será salvo'".
Logo depois, foram ao meu quarto e certificaram-se de que eu houvera caído numa letargia profunda, pois, embora respirasse, não conseguiram acordar-me. No entanto, algumas horas depois, certifiquei, em espírito, o seguinte: os assistentes invisíveis ligaram-me as pernas e os braços com umas anilhas de metal, pondo-me imóvel; depois por uma espécie de sucção magnética, fizeram emergir do meu corpo uma nuvem de fluidos enfermiços, os quais, como fumaça, eram expurgados pelo alto da cabeça. Em seguida, imergi num sono letárgico, que durou 32 horas. Afinal, quando acordei, adquiri, de repente, todas as minhas faculdades mentais e orgânicas. Estava integralmente curado.
7 É o caso do médium Arigó, pois consegue extrair tecidos cancerosos, corrige vesículas supuradas, cura graves infecções dos olhos enfermos e também já tem equilibrado a taxa de glóbulos vermelhos aos leucêmicos.

PERGUNTA: — *As curas que temos comprovado em diversas operações a que assistimos mediante incorporação dos cirurgiões espirituais e sem nenhuma assepsia ou risco de infecção, porventura são devidas também a algo dessa "luz terapêutica", que referis?* [8]

RAMATÍS: — Realmente, todo o equilíbrio vital da Criação tem seu sustentáculo nas vibrações dinâmicas de uma Luz Cósmica de Amor Infinito, que é Essência reflexa da Mente Divina. E assim como uma "usina piloto", embora condense a carga poderosa de milhares de "volts", este potencial de voltagem sendo graduado e reduzido por inúmeros transformadores, ajusta-se a fazer funcionar até um singelo barbeador elétrico, também, nas mesmas condições, a Luz Sidérea, que é uma irradiação da Sabedoria e do Amor infinitos do nosso Criador, flui e baixa a sua freqüência poderosa através de espíritos de várias graduações siderais, até chegar ao mundículo terreno, onde nutre e vitaliza o homem; o qual, por sua vez, manuseando-a com conhecimento de causa, efetua curas e operações cirúrgicas, obtendo resultados miraculosos. E o assombro dos que as testemunham é porque estes vêem o fenômeno somente pelo seu "exterior" ou superfície.

Na verdade, os "laboratórios químicos" do Cosmo superam os recursos terapêuticos do vosso mundo.

A aura resplandecente de Jesus, Buda, e de outros grandes líderes espiritualistas tinha grande ação profilática e terapêutica porque os seus fotônios siderais eram raios dinâmicos da

---

[8] Nota do Médium: Em visita ao médium Arigó, tive oportunidade de comprovar essa ação esterilizante da Luz, pois o aposento onde se faziam as operações estava iluminado por um cone de luz astralina, na forma de uma pirâmide luminosa cujo vértice era constituído por um grupo de quatro espíritos de túnicas alvíssimas, unidos por um amplexo iniciático, lembrando a "cadeia mágica" dos antigos sacerdotes egípcios. O dito grupo recebia a "Luz Branca" do Alto e, como "transformadores" angélicos, faziam que ela fluísse para o aposento do médium. E mais abaixo, em atitude de prece, estava um Francisco (mais tarde, soubemos que era Frei Fabiano de Cristo), o qual, também como "transformador vivo", captava a massa de luz irradiada pelos que estavam mais acima; e reduzindo sua freqüência, fazia que a sua cor se convertesse num matiz de "limão novo", lembrando a luz de sódio. Era uma luz claríssima e sedativa, a derramar-se por toda a área operatória de Arigó. O seu amarelo esverdecido higienizava ou esterilizava o ambiente e também as ferramentas que o dr. Fritz manejava, incorporado no médium. Em dado momento, tendo caído um instrumento da mão do médium, projetou-se fora da zona da luz. Então, o espírito do dr. Fritz fez uma súplica para o Alto; e Frei Fabiano, polarizando sobre o dito instrumento uma irradiação de sua própria luz, logo a ferramenta transferiu-se para junto do médium, que a apanhou e continuou a operar.

Fonte Divina ou seja, do próprio DEUS.

A Luz Sideral ou Luz Original, criadora da Vida, embora reduzida em sua freqüência para manifestar-se nos mundos inferiores, o seu potencial consegue impedir e neutralizar a procriação das coletividades microbianas de caráter enfermiço.

Conforme a freqüência em que é calibrada, ela cria, esteriliza, anestesia, cura e cicatriza.

A tradição religiosa sempre classificou Lúcifer como a entidade acovardada diante da Luz e da espada flamejante do Arcanjo Mickael, que o expulsa ou enxota para os mundos infernais. Lúcifer, no entanto, é apenas um símbolo que define as forças malignas do mundo instintivo ou animal. Lúcifer como negativo é a Sombra, é a Treva, é o oposto à Luz. É, enfim, o instinto animal a rebelar-se contra toda e qualquer ação superior e construtiva.

A Luz Sidérea, como essência íntima de Deus, é um atributo imanente aceso no seio de todas as coisas e criaturas; e em certos casos, a sua freqüência, por determinação superior, pode ser ajustada ao tipo humano, em condições de propiciar curas e fenômenos surpreendentes, considerados como verdadeiros milagres. Há casos singulares de curas radicais de moléstias graves, que se produzem só pelo contato ou absorção dessa "Luz terapêutica", que existe em vibração etérica, no local onde foram sepultadas criaturas cuja vida terrena foi pura, sublime e santificante.[9]

A Luz Sideral, sendo a Fonte da Vida de todos os seres, não só extingue os vírus pelo seu efeito esterilizante, como também purifica a aura magnética dos ambientes. E tanto nutre a pulsação etérea do anjo, como sustenta o equilíbrio vital do sangue em todos os seres até ao homem.

Deste modo, os espíritos e os médiuns que possuam a faculdade de mobilizar algumas vibrações de Luz sidérea terapêutica, estão aptos a fazer operações cirúrgicas com êxito. Sob tal recurso, a materialização e desmaterialização atômica torna-se possível aos desencarnados, uma vez que a "liga" ou a base das

---

[9] Nota do Revisor: É o fenômeno que tem ocorrido em Lourdes, na França, também junto ao túmulo de São Francisco de Assis, de Santa Teresinha, Buda e inúmeros santos iogues da Índia, cujos lugares são considerados miraculosos porque, efetivamente, paira no seu ambiente uma irradiação de "Luz terapêutica" que foi absorvida e irradiada por esses seres de elevada graduação espiritual.

formas materiais e astrais do mundo físico ou oculto é combustível energético da própria Luz Sideral.

Ainda quanto ao potencial cósmico da Luz, as lendas e os relatos religiosos do vosso orbe mencionam que a Luz tem sido considerada o atributo fundamental de todas as fases principais da Criação e da evolução espiritual do ser. Já no capítulo 1, vers. 3 ,4 e 5 do Gênesis, a Bíblia refere: "E disse Deus: 'Faça-se a Luz!' E foi feita a Luz. E viu Deus que a Luz era boa; e separou a Luz e as Trevas. E chamou à Luz, Dia; e às trevas, chamou Noite". Jesus também afirma: "Eu sou a Luz do Mundo; e o que me ama não anda em trevas, mas terá a Luz da vida eterna".

Em toda essa enunciação de aparência simbólica palpita a realidade cósmica de que a Vida, em suas múltiplas manifestações, é fruto da Luz; e a Alma, nos diversos estágios de sua ascensão moral e espiritual até à hierarquia dos arcanjos, absorve luz, inunda-se de luz, irradia luz porque ela é um reflexo direto da Luz Foco absoluto do Universo, ou seja, do próprio DEUS!

17.
A assistência mediúnica aos moribundos

PERGUNTA: — Para a criatura doente e já em estado pré-agônico, o socorro de passes mediúnicos produzirá quaisquer efeitos benéficos?

RAMATÍS: — Em semelhantes casos os passes de um médium que disponha de vibrações magnéticas balsamizantes conseguem acalmar os sofrimentos do enfermo; porém, em nenhuma hipótese evitarão que se processe o determinismo da Presciência Divina quanto à sua vida ou morte. Se, na ficha cármica do espírito que comanda o corpo doente, "estiver escrito" que este, apesar de moribundo, recuperará a saúde e se salvará, tal fato se realizará infalivelmente ainda mesmo que a ciência humana preveja e assevere o contrário.

São comuns em vosso mundo os casos em que os médicos assistentes de um doente em estado grave asseguram que ele não escapará; e afinal, de modo imprevisto, o enfermo se recupera e não morre. Noutras vezes dá-se o inverso: — a vossa ciência afirma que o doente está salvo; e logo depois, a moléstia se agrava e ele falece.

PERGUNTA: — Mas o socorro calmante produzido pelos passes não prolonga a vida do moribundo?

RAMATÍS: — Em certos casos pode sustentar-lhe a vida vegetativa por mais algum tempo; pode, enfim, contribuir para prolongar-lhe o estado comatoso ou agonia, pois o passe magnético é uma transfusão de fluido vital. Em tais condições, o que, na realidade, se consegue com tais passes é prolongar-lhe o sofrimento. Portanto, não é, propriamente, um benefício. Será mais acertado dizer que os passes vitalizantes prolongam o tempo do sacrifício da desencarnação.

Aliás, a propósito do estado pré-agônico do corpo físico, há um fenômeno psicomagnético que a vossa ciência médica ainda não identificou; e, por conseguinte, não pode corrigir os seus efeitos. É o fato de alguns doentes já condenados à morte, às vezes, permanecerem em estado pré-agônico durante dias, embora o desenlace fatal esteja sendo aguardado a todos os momentos. Tal fenômeno tem sua causa na efervescência do ambiente mental criado pelos próprios familiares do enfermo, pois o forte sentimento afetivo de todos, opondo-se à sua morte, constitui uma "chave" ou oração potencial, que retém o espírito preso ao corpo moribundo, impedindo-o de ele se desligar e libertar-se definitivamente da prisão carnal onde está encarcerado.[1]

1 Nota do Revisor: Como prova de tal fenômeno, permitimo-nos relatar um fato bastante edificante a respeito da assistência mediúnica aos moribundos. Ocorreu como segue:
Muitos anos atrás, estando nós na cidade de Juiz de Fora, fomos solicitados para ir a uma residência levar palavras de conforto a uma família que se encontrava presa de grande angústia, devido a que o seu filho único, um moço de 27 anos, tuberculoso e sem esperança alguma de ser salvo, jazia numa cama sob o ambiente dramático daquela situação em que a ciência humana assevera: "o doente não passará desta noite"!
Tratava-se de família de recursos. Todos os parentes, alguns vindos de outros estados, já há dias se encontravam na dita residência, aguardando o desenlace. O doente, segundo as previsões médicas do "não passará desta noite", já, há dez dias permanecia na situação do "morre, não morre".
Chegando lá, "palpando" o ambiente, certificamos que uma corrente magnética de amor afetivo, humano e fervoroso, "contra a morte", vibrava em "alta tensão", no coração de toda a família ali reunida; e por isso, a alma do enfermo estava prisioneira do corpo moribundo, sem, de nenhum modo, conseguir libertar-se. O que havia a fazer era "desligar", cortar esse circuito magnético, mediante uma prece de ação interruptora, a fim de que o espírito conseguisse sair, libertar-se da "prisão".
Nesse sentido, implorando socorro do Alto, decidimos que algumas das moças e senhoras ali presentes (que não fossem membros da família) entrassem no quarto do doente. Entraram seis. Fechamos a porta; depois, todos, de mãos dadas, formamos em círculo, envolvendo a cama do enfermo. Em seguida, dirigindo-nos a ele, dissemos: "Meu irmão Francisco: Nós estamos aqui, em nome de Jesus, para dizer-lhe: os médicos afirmam que o irmão está muito mal; mas nós lhe perguntamos: acredita no poder infinito de Deus? Conhece os milagres realizados por Jesus?..."
Em face da convicção que vibrava em nossas palavras, ele moveu a cabeça em sinal afirmativo. Então, prosseguimos: "pois afirmamos que o irmão vai ficar curado, vai ficar livre dessa doença, imediatamente! Acredita que Jesus é capaz de fazer esse milagre?..." Ele fitou-nos bem, e balbuciou: "sim". Finalmente, concluímos: "então, feche os olhos e com o pensamento em Jesus, acompanhe a prece que vamos dizer em voz alta".

Mediunidade de Cura

Em geral, os terrícolas ainda encaram a morte física como se Deus tivesse cometido alguma falha no sistema da Criação. A morte do corpo carnal parece-lhes um equívoco divino, pois ninguém se conforma de morrer ou de perder os seus familiares. Ante o cadáver do ente querido chovem as queixas e os desesperos inconformáveis devidos à ignorância humana a respeito dos verdadeiros objetivos da vida espiritual.

Por isso, os encarnados mobilizam todos os recursos e providências dolorosas ou drásticas para salvar o moribundo na hora de sua partida, por suporem que nunca mais o verão depois do seu sepultamento. Aqui, o ancião nas vascas da agonia, depois de ter cumprido o seu labor junto à família e à sociedade, é impedido do seu descanso espiritual devido ao bombardeio da medicação tóxica a que o submetem; ali, o enfermo de nervos destrambelhados e já incapaz da vida física, sofre a mutilação cirúrgica de urgência a fim de sobreviver mais alguns dias; acolá, bombeiam oxigênio na criatura liquidada e já inconsciente, prolongando os seus padecimentos atrozes.

Embora se louve o intuito de "salvar" o moribundo a todo transe e quando ainda parece existirem condições de vida, o desespero do que "parte" e dos que "ficam" é causado exclusivamente pelo pavor da morte ou medo do desconhecido. No entanto, a vida dos que ficam, continua; e em breve o esquecimento beneficia a todos, possibilitando-lhes prosseguirem no atendimento aos seus deveres e interesses do mundo material. Porém, o tempo corre e a morte não tarda a reuni-los novamente junto ao leito doutro familiar enfermo, que vai morrer, reproduzindo-

---

Em seguida, fizemos uma prece, em que o vocabulário das lágrimas vibrou nos olhos de todos. Terminada a oração, dissemos às irmãs presentes: — "Agora, chamem por ele". "Francisco! Francisco"! clamaram algumas. E o nosso irmão não respondeu. Estava "curado". A sua alma conseguira libertar-se. Logo, abrindo a porta, dissemos aos pais: "Vosso filho acaba de expirar"! A mãe expandiu-se em soluços dolorosos; mas, pouco depois, abraçando-nos, desabafou, dizendo: "Ah! Eu já não tinha coragem de entrar nesse quarto. Seja feita a vontade de Deus"!
Em futuro próximo, além dos ambulatórios de assistência a domicílio que prestam socorro aos corpos doentes, haverá, também, ambulâncias destinadas a levar socorro psíquico às almas dos corpos moribundos. Não nos referimos a assistência do socorro moral, que consiste na confissão e absolvição da alma do enfermo, supondo que, depois da morte do corpo, ela vai direitinho para o Céu. Os ambulatórios de assistência psíquica a que nos referimos, atenderão a um objetivo humano, mas, ao mesmo tempo, de finalidade psíquica e espiritual, no sentido de acalmar o ambiente dramático dos lares quando a morte chega lá e, também, para suavizar o traspasse do espírito desencarnante na sua luta por libertar-se da prisão carnal onde está aprisionado.

-se outra vez as mesmas cenas de desespero e, até de revolta ou inconformação por parte de alguns.

No entanto, passada a crise aflitiva, todos mergulham novamente nas preocupações do mundo provisório, continuando desinteressados de investigarem as incógnitas do fatalismo da morte e o mistério da vida. Pouco lhes importa saber o que são, de onde vêm e para onde vão, embora, uma vez ou outra, o pavor do "outro mundo" ou do "nada" surja em sua mente como um espectro a perturbar-lhes os seus planos a respeito da vida do "amanhã". E se não fosse a pesquisa, o devotamento dessa intrépida e luminosa falange de almas crentes na existência de DEUS e na Alma imortal, que se ocupam em despertar a humanidade, advertindo-a de que a vida dos filhos de Deus não se restringe a essa rápida passagem da existência terrícola, então, já estariam mortas, entre vós, todas as esperanças de reformar as consciências, de modo a surgirem, no futuro, os homens "escolhidos" que serão o gérmen e o fundamento moral e social, em condições de fazer com que o vosso mundo deixe de ser o vale-de-lágrimas em que o transformastes pela vossa rebeldia em atender e cumprir os mandamentos do Emissário Divino que, há dois mil anos, esteve entre vós.

A dúvida cruel, em vez da crença positiva e confortadora na imortalidade da alma, é, pois, o verdadeiro motivo das aflições desesperadas de salvar-se o parente ou amigo moribundo, que presumem estar condenado a desaparecer para sempre! Mas, se é censurável em face da Lei Divina, a eutanásia, ou seja, a "morte fácil", liquidando a vida física daquele que sofre atrozmente, também é preciso evitar-se cair no extremo oposto da "distanásia", ou seja, provocar a "morte difícil", tornando-a demasiadamente dolorosa mediante um retardamento compulsório e artificial, impondo ao moribundo mais algumas horas ou dias de vida completamente inútil.

Para o espírito já condenado a abandonar o seu corpo esfrangalhado e submetido às dores mais pungentes, pouco lhe adianta fazerem-no respirar mais alguns dias à custa de injeções, vitaminas, tônicos cardíacos, soros vitalizantes ou excitadores da respiração artificial em tendas de oxigênio. Geralmente, nesse estado de imobilidade física, onde só a alma parece existir, a criatura já vitalmente exaurida e desenganada da vida humana, só tem um desejo: — morrer! Por conseguinte, deitar mão de recursos compulsórios e artificiais, no sentido de prolongar a agonia do moribundo, é uma espécie de tortura inquisitorial, que leva o espírito, depois de liberto, a lamentar profundamente esse equívoco de seus familiares.

As estatísticas da medicina moderna afirmam que melhorou a média da vida humana, e que também já se pode prolongar a velhice. Mas essa providência só é justa e aconselhável quando a criatura ainda apresenta condições mínimas, orgânicas, que lhe permitem reviver. Certas vezes, é quase prova de um sadismo inconsciente o esforço mórbido de se manter vivo o frangalho humano, cujo espírito já anseia por sua libertação justa e venturosa. É algo de inquisitorial sustentar-se o moribundo, qual paliteiro vivo espetado pelas agulhas hipodérmicas, estropiado pelas operações, drenado pela bexiga, alimentado pelas narinas, bombardeado na circulação pela "metralha" vitamínico-mineral, pois os seus órgãos já se encontram arrasados pelas medicações violentas aplicadas durante as crises graves da moléstia.

PERGUNTA: — Mas a função da medicina não é, justamente, a de lutar contra a morte?

RAMATÍS: — Em tais casos a medicina não vence a morte, mas apenas prolonga uma vida incerta, cruel e desnecessária, adiando um acontecimento fatal a todos os seres. A morte, paradoxalmente, é um fenômeno que sustenta a própria vida, pois desde Lavoisier a ciência certificou a sua função transformativa e benfeitora com a finalidade de proporcionar as condições favoráveis e seletivas para a Natureza produzir outras espécies cada vez mais evoluídas. Graças aos objetivos sábios do Criador, a morte das coisas e dos seres enseja novas vidas, pois na crosta terráquea os frutos, as flores, os vegetais, as aves e animais nutrem-se pela decomposição ou morte de espécies antecessoras e ficam obrigados a também alimentar, no futuro, outras vidas ou seres, que vão nascer.

O cadáver quando se desintegra no seio da Terra, sob a ação profilática da fauna microbiana dos túmulos, apenas devolve à Natureza as energias e as substâncias que o espírito tomou provisoriamente para manifestar-se no plano material das formas transitórias. Depois de o espírito servir-se dos elementos físicos do mundo na confecção do seu traje carnal para desenvolvimento da sua consciência na matéria, ele fica obrigado a devolver ao seu verdadeiro "dono" o vestuário que usou por empréstimo.

Alguns espíritos desencarnados queixam-se das providências dolorosas de última hora, a que os seus parentes ou médicos os submeteram de modo inútil e até cruel, no derradeiro instante em que passavam para o "lado de cá". Outros censuram as explosões de desespero dos seus parentes aflitos ante a morte física. É óbvio que não estamos condenando o esforço heróico e justo do médico, nem mesmo a abnegação de certos médiuns tentando salvar o moribundo que ainda se apresenta lúcido e resistente aos impactos desintegradores da morte. Mas é um direito da criatura desencarnar em paz, depois de já ter desempenhado sua função proveitosa no mundo físico.

PERGUNTA: — Porventura seria mais recomendável e sensato abandonar o moribundo à sua própria sorte, se ainda lhe percebemos algum débil bruxuleio da vida?

RAMATÍS: — Evidentemente, o "moribundo" já é alguém no treino final para a sua libertação. Mas se lhe foge a vida, malgrado todos os recursos tirânicos dos parentes e dos médicos para salvá-lo, isso não é nenhum equívoco do destino, pois cumpre-se o determinismo cármico inacessível até ao milagre. De acordo com o aforismo de que "não se move uma folha e não cai um fio da cabeça do homem, sem que Deus não queira ou não saiba", quando falham todos os esforços fraternos e recursos médicos para salvar o doente, o homem deve então resignar-se à vontade do Pai, que tem direito absoluto sobre a vida e a morte das criaturas. Não resta dúvida que é crueldade abandonar o faminto, o nu e o doente à sua sorte cármica, mesmo quando estamos convictos de que ali se exerce uma provação redentora. Mas não é caridade o prolongamento artificial de um corpo exaurido de vida e que já perdeu todas as chances de viver e que palpita, exangue, amarrando o espírito à carne atroz! Referimo-nos, pois, ao prolongamento de um sofrimento "inútil", e não à função benfeitora da dor, que até o último instante de vida do ser atende aos desígnios do Alto. A vida humana, na Terra, é o desempenho de um programa doloroso para o espírito necessitado de recuperar a situação superior negligenciada no passado. Neste caso, a sua dor cumprir-se-á até o momento determinado pela Lei de Causa e Efeito, não havendo, pois, necessidade de prolongá-la além do limite natural. Malgrado os protestos e as louvaminhas ao sentimentalismo humano, nem sempre os gritos, os desesperos e as lágrimas vertidas sobre o moribundo revelam exatamente o estado de espírito dos seus familiares, pois às vezes, no subconsciente dos parentes aflitos do agonizante, domina-os o desejo maquiavélico de que se apresse o desfecho fatal, livrando-os dos quadros pungentes que já os fatigam, sem qualquer solução. Há doentes cuja moléstia complicada abala seriamente a economia do lar. Alguns esgotam os familiares impondo-lhes a função obrigatória de enfermeiros sem descanso; outros sofrem dores e enfermidades tão atrozes, que, em torno do seu leito, vibra o pedido silencioso e uníssono da morte mais breve! Enfim, há parentes que também choram ostensivamente sobre o moribundo rico, mas em sua intimidade rogam a Deus para que o faça "descansar" o mais breve possível, pois a sua fortuna é cobiçada.

PERGUNTA: — Mas é óbvio que o medo da morte e a dor que sentimos, no momento da partida definitiva dos nossos entes e amigos queridos, resulta do fato de ainda não podermos comprovar, de modo concreto, a realidade da vida espiritual que já viveis. Não é assim?

RAMATÍS: — Não discordamos de vossas palavras, quanto a essa dúvida cruel sobre a vida do espírito imortal, mas grande culpa disso cabe às próprias religiões dogmáticas do vosso orbe, que adulteram a realidade espiritual com os privilégios e as punições eternas, tornando a morte um acontecimento lúgubre e apavorante! O nascimento e a desencarnação do homem são apenas dois atos comuns e racionais na vida do espírito imortal; é a vestimenta do traje carnal para a jornada na matéria, e depois, a sua devolução ao "guarda-roupa" do cemitério. Sem dúvida, há diferença entre a criatura que, tendo sido digna e fraterna, desvencilha-se da carne qual um passarinho feliz, de outra que, de olhos esgazeados e antes de partir, já contempla os quadros expiatórios a que fará jus pela sua existência malfeitora.

O certo é que, num extremo, vivem os seres descrentes da imortalidade do espírito porque não podem crer nos postulados religiosos incongruentes e infantis; e doutro lado, há os religiosos infantilizados e temerosos do Inferno com que a Igreja assusta os pecadores e os infiéis. Estes últimos vivem à semelhança de crianças apavoradas, com a mente perturbada pelas imagens terrificantes ante a perspectiva da morte!

E como é muito duvidoso saber realmente qual é a nossa verdadeira classificação espiritual, pois todos nós somos bastante tolerantes para com os nossos próprios defeitos e pecados, somente alguns homens mansos de coração e integrados absolutamente nos preceitos do Cristo alimentam a ilusão de alcançar o céu sem terem de fazer um estágio retificador no purgatório, conforme ensinam as religiões católica e protestante. Assim, quando as criaturas atingem a hora nevrálgica de entregar o corpo à mãe-Terra, a idéia macabra infernal e o desespero as esmaga em suas fibras mais delicadas, por desconhecerem a sua verdadeira situação no mundo espiritual.

PERGUNTA: — Parece-nos que os espíritas são mais conformados com a morte e não temem tanto o Além-túmulo, em face de suas convicções mais sensatas quanto à vida do espírito ao deixar o corpo carnal. Não é assim?

RAMATÍS: — Apesar dos esclarecimentos salutares do espiritismo quanto à função benfeitora da morte e da inexistência do Inferno teológico inventado pelo catolicismo, muitos espíritas, ainda desatentos ao estudo fundamental da doutrina, também não escondem o seu pavor ante a morte de si e dos seus familiares ante o receio de enfrentarem o "purgatório" de sua própria consciência. No entanto, já é tempo de o homem terreno eliminar esse temor infantil da morte, pois, na verdade, Deus é o "pano de fundo" de toda consciência humana, promovendo a felicidade de todos os seus filhos.

O "inferno" é um estado de sofrimento transitório criado na própria consciência do ser em "queda" quando deixa o mundo material onerado por culpas de natureza censurável. Deus, o Pai Magnânimo, não se sente ofendido com os pecados de seus filhos, porque os considera apenas almas enfermas, necessitadas de tratamento retificador.

Aliás, no final de todo sofrimento ou vicissitude moral há sempre o bem resultante da certeza de que todos os sofrimentos ou provações são degraus para se alcançar o trono da angelitude.

A morte é um processo liberatório que faculta ao espírito imortal o seu retorno à pátria verdadeira, ampliando-lhe, também, a área de sua compreensão espiritual da vida além da morte física. Quando isto for compreendido em toda sua plenitude, desaparecerão os choros, os desesperos e as revoltas junto dos esquifes funéreos do mundo, dando lugar ao sentimento de amor pelos que partem, mas que voltarão a encontrar-se pela certeza de que eles são imortais! — E o espírita tem por obrigação precípua aprofundar-se no estudo de sua própria imortalidade, libertando-se das muletas das opiniões alheias condicionadas aos temperamentos indecisos, ociosos e demasiadamente ortodoxos. Quando o homem se descobre a si mesmo, ele é o vencedor da morte, pois desperta para a vida imortal do espírito.

PERGUNTA: — Então a aflição dos familiares reflete-se no espírito daquele que desencarna. Não é assim?
RAMATÍS: — O desespero sobre o moribundo só lhe agrava o estado de espírito e as angústias próprias da hora tão espinhosa do desencarne, prendendo-o ainda mais fortemente aos laços da matéria. Os gritos estentóricos, os clamores desesperados e as inconformações aflitas da família terrena sobre o "morto" querido perturbam-no de modo a exauri-lo em suas energias perispirituais, tão necessárias para ele empreender a grande viagem de retorno à sua pátria sideral.

Aliás, insistimos em dizer-vos que a lágrima nem sempre revela a dor sincera daquele que chora, pois o estado lacrimoso pode ser uma ação "mecânica", e isto se comprova pelas representações melodramáticas dos atores teatrais, que podem chorar convulsivamente sem participar realmente da emoção que fingem em público. Há criaturas que, diante das tragédias ou dramas em que participam ou presenciam, mantêm os seus olhos secos de lágrimas; e, no entanto, a sua dor é imensurável. Outras choram facilmente diante das novelas radiofônicas xaroposas, do filme vulgar ou se comovem ante a notícia trágica dos jornais, mas depois não vacilam em protestar a dívida irrisória do amigo pobre, aborrecem os sogros enfermos, enxotam o mendigo exigente ou encarceram o mísero ladrão--de-galinhas.

PERGUNTA: — *Mas desde que só Deus é quem sabe quando chega a hora derradeira do homem partir da Terra, não é justo conjugarmos todos os nossos esforços para retardar-mos-lhe a morte, visto nós ignorarmos a data exata do seu desenlace?*

RAMATÍS: — Sim, só Deus e os seus prepostos na Administração Sideral do planeta é que sabem realmente o instante exato de nossa partida da carne, e, também, quando o moribundo ainda deve continuar respirando o oxigênio do ambiente terrestre. Caso este deva continuar em suas atividades físicas, mesmo à última hora, surgem os recursos destinados a restituir-lhe a saúde e a vida.

Mas também é evidente que não justificaremos o nosso amor ao parente que parte, pelas correrias doidas que empreendemos no sentido de salvá-lo das garras da morte, pois isso tudo só é válido e reconhecido pela consciência espiritual, quando também o testemunhamos sinceramente em vida e sem qualquer interesse pessoal. Há filhos que berram estentoricamente sobre o cadáver dos seus progenitores à saída do caixão mortuário, mas durante a existência negaram-lhe o necessário respeito e afeição. Certos esposos desmaiam tragicamente sobre o corpo gélido da esposa, enquanto sempre viveram dividindo o lar com outras paixões prostituídas. Algumas esposas choram convulsivamente e fazem profundos dramas à partida do companheiro conjugal, mas esquecem a irascibilidade, afronta e humilhação a que o submeteram em vida!

Os cemitérios da Terra enchem-se de flores e os túmulos são pintados durante os festejos de "finados", em que as criaturas, sob desusado movimento comandado pelo preconceito humano, derramam lágrimas apressadas junto aos restos mortais dos mesmos parentes que hostilizaram em vida. Cumprindo apenas as tradições do mundo e procurando dar satisfações públicas de um sentimento que não alimentaram, a maioria dos seres humanos passa o ano inteiro indiferente à imagem daquele que partiu, para, depois, homenageá-lo às pressas, num dia certo do calendário terrícola!

PERGUNTA: — *Considerando-se o fatalismo da morte e o caso de só salvar-se aquele que ainda deve permanecer na matéria, ou que ainda revela a cota vital suficiente para viver, então deveríamos desprezar também o socorro dos espíritos junto aos moribundos nas vascas da agonia? Que cumpre fazer, nesse caso, quando verificamos que o próprio agonizante tudo faz para agarrar-se ao último "fio da vida"?*

RAMATÍS: — Se realmente estiverdes convictos de que a alma é imortal e a sua verdadeira moradia é nos planos da espiritualidade, tereis de reconhecer em todo moribundo um espírito eterno, que se despede para retornar ao seu lar definitivo. Deste modo, evitareis o drama lúgubre dessa partida derradeira. E a atitude mais certa é a confiança serena em Deus e a mobilização dos melhores sentimentos em favor do que parte. E não a inconformação trágica que perturba todo o ambiente espiritual do "lado de cá", e que impede a sua desencarnação mais suave e tranqüila.

Desde que se estabeleça um clima de confiança, de bons sentimentos, preces afetuosas e compreensão espiritual, em vez dos brados aflitivos ou das ladainhas movidas apenas pelos lábios, é óbvio que os espíritos desencarnados terão melhor ensejo de produzir a cura inesperada, se assim for da vontade do Alto. Sem dúvida, ser-lhes-á mais difícil tentar socorrer o moribundo mergulhado num oceano de fluidos mortificantes e ainda preso aos grilhões do magnetismo humano alimentado pelo desespero e pela turbulência dos familiares inconformados.

Se, apesar de todos os esforços médicos, o doente ainda agoniza em processo liberatório, é porque a Lei do Carma assim determina, nada cabendo de culpa ao médico ou médium que tudo fazem para salvar o paciente. Não será a medicação violenta e tóxica que poderá ajudá-lo no transe final; mas, se algo for determinado pelo Alto, podeis crer: a água fluidificada, o passe mediúnico ou a prece sincera mobilizarão as forças de urgência para a recuperação miraculosa! A interferência espiritual superior necessita de um ambiente tranqüilo para exercer sua ação benfeitora, tal qual a luz do luar só se reflete com nitidez na superfície do lago sereno, e não sobre a crista das ondas revoltas!

PERGUNTA: — Embora sem discordarmos de vossas deduções, já tivemos oportunidade de comprovar a cura de enfermos depois de desenganados tanto pela medicina oficial como por médiuns competentes. Que dizeis?

RAMATÍS: — Não tenhais dúvida: — o homem que, por ordem superior do Alto, ainda deve recuperar a sua saúde integral e sobreviver, ele se restabelece mesmo sem a presença do médico competente ou do médium famoso. Mas é necessário dar o justo valor a cada coisa, pois, se o médium tem podido recuperar doentes desenganados pelos médicos, a medicina tem corrigido aleijões do berço, restaurado corpos e fisionomias de acidentados e extinguido as infecções mais virulentas da humanidade. Não são raros os casos em que o médico salva o enfermo que o médium já recomendou à oração desencarnatória.

Aliás, o Alto procura confundir a vaidade humana no serviço terapêutico do mundo, pois tanto confunde o médico que é demasiadamente presunçoso e se julga um deusinho infalível, assim como o médium convencido de possuir poderes incomuns. O médico e o médium são homens, e, por isso, imperfeitos e falíveis!

O mais importante na vida humana e na senda educativa do espírito imortal não é a vitória do médium sobre o médico terapeuta, mas as qualidades morais e os sentimentos que ambos podem desenvolver em sua alma durante o serviço de cura junto aos enfermos do mundo. Médium pode ser todo aquele que exerce sua atividade na seara espírita, no tatwa esotérico, no terreiro de umbanda ou na loja teosófica. Assim, o médico paciente, amoroso e humilde também é um admirável instrumento mediúnico a serviço do Alto, no desempenho da missão sagrada de ajudar o terrícola a conduzir o seu fardo cármico pela senda da vida terrena. O homem não precisa ser médium para gozar das credenciais dos espíritos benfeitores, pois há criaturas que nunca ouviram falar em mediunidade e exercem serviço bastante generoso junto da humanidade.

A luz dos fatos dissipará
as trevas da dúvida
e da ignorância

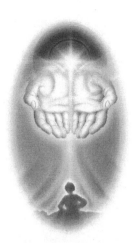

Um desafio à ciência mundial

O revisor desta obra, ao encerrar sua tarefa, sua atenção foi chamada a considerar um fato recente de psicocirurgia, o qual, tanto pelos seus aspectos como pela categoria dos que foram parte no mesmo, destina-se a ter repercussão no mundo inteiro, pois dois de seus participantes, figuras de alto mérito científico, estão dispostos a trazer ao Brasil uma equipe de cientistas norte-americanos com a função específica de observar, investigar e opinarem a respeito dos fenômenos psicoterapêuticos que ambos testemunharam, realizados por espíritos de médicos desencarnados e mediante as singulares faculdades mediúnicas de José Arigó, sediado em Congonhas do Campo, no Estado de Minas Gerais.

É que estamos na hora undécima e a humanidade tem de ser forçada pela evidência sensacional dos próprios fatos, a olhar de frente e a aceitar como absolutamente incontestáveis os fenômenos ou realidades aparentemente abstratos, do mundo invisível.

Na época que vivemos, tanto as revelações transmitidas ao mundo por uma equipe de psicógrafos idôneos, como os demais fenômenos conjugados ao plano astral, tendem a multiplicar-se e cada vez com maior sensacionalismo porque agora, no "fim dos tempos", é imperativo que até os "cegos" vejam e os "surdos" ouçam!

Passamos então, a transcrever os trechos principais de uma reportagem levada a efeito pela magnífica revista *Edição Extra*, nº 58, de 7 de setembro de 1963, editada em São Paulo, pois o conteúdo da mesma confirma plenamente as revelações expostas nesta obra por Ramatís. É como segue.

O autor desta reportagem levou a Congonhas do Campo dois norte-americanos: Wiliam Belk e o dr. Henry K. Puharich. Wiliam Belk é presidente da *Belk Research Foundation*, famosa instituição sediada em Nova Iorque, cujo objetivo é financiar e incrementar os estudos parapsicológicos em todo o mundo. É particular, mas está subvencionada pelo governo norte-americano. Trabalham nela eminentes cientistas americanos e europeus: físicos, químicos, psicólogos. Entre eles, além de Puharich, os professores Ducasse, Gardner Murphy, Morey Bernstein, Cayce, Tenhaiff (da Universidade de Utrecht, na Holanda), Bender, da Alemanha, etc. e também o célebre prof. Joseph B. Rhine, da Duke Universidade, considerado "o pai da Parapsicologia" e que, em breve, apresentará ao mundo um gigantesco trabalho patrocinado pela Belk Research Foundation.

Não tendo ainda o Brasil catedráticos em parapsicologia, explica-se a vinda do presidente da *Belk Foundation* e do cientista Henry Puharich. Arigó os atraiu.

Quem é o dr. Henry Puharich

O dr. Puharich é médico e tem cerca de 40 anos. Além de presidente da *Intelectron Corporation* (instituição científica com sede em Nova Iorque) é consultor do Instituto Nacional de Aeronáutica e Espaço dos Estados Unidos. Está ligado às pesquisas espaciais norte-americanas. Sua especialidade: eletrônica aplicada à medicina. Suas pesquisas são em torno das percepções sensoriais e extra-sensoriais e têm finalidade de oferecer novos meios de comunicação aos astronautas "nessas imensas áreas do universo onde os aparelhos eletrônicos se mostram por demais limitados.

Sua experiência em Congonhas do Campos foi inesquecível.

O fenômeno Arigó em ação

O dr. Adolfo Fritz, espírito guia de Arigó, nos havia dito: "traga o cientista aqui".

Wiliam Belk e Henry Puharich estavam na sala vizinha, onde acabavam de instalar seus aparelhos eletrônicos para testar os dons parapsicológicos do médium. Em seguida, os dois cientistas foram encaminhados à sala onde José Arigó, em transe, se encontrava.

O dr. Adolfo Fritz, já incorporado em Arigó, ao ver o dr. Henry Puharich, arregaçou-lhe a manga da camisa e, por alguns segundos, examinou um enorme lipoma. Depois, olhando os enfermos que se aglomeravam na sala, disse, com ar vitorioso:

"Quem tem um canivete?"

Os enfermos se entreolharam e ... imediatamente diversos canivetes foram colocados sobre a mesa de Arigó: pequenos, médios, alguns, enormes. Arigó pegou um de aço inoxidável, abriu-o, mandou que Wiliam Belk e o dr. Puharich o examinassem. Então, Arigó esticou o braço deste e, com o canivete na mão direita, começou a fazer a incisão; o canivete entrou na pele, perfurou a gordura, entrou na carne, o sangue apareceu, grosso. Cirurgia sem anestesia (e de pé), mas o dr. Puharich parecia não sofrer. Feito o corte, dr. Fritz, com apenas dois dedos e uma habilidade notável, pressionou o local e... o lipoma pulou sobre a mesa do médium. Duro, enorme e sangrento!

Olhando, vimos que diversos homens e mulheres choravam de emoção.

O dr. Puharich, surpreso, olhava o médium.

Arigó: além da parapsicologia

No hotel, entrevistamos o dr. Henry Puharich.
— dr. Henry: o senhor foi operado no braço pelo sensitivo Arigó. De que mal o senhor sofria?
— Lipoma.
— Já havia consultado médicos no seu país?
— Sim; meu médico particular. Fiquei em observação durante oito anos.
— Por que seu médico não o operou?
— Ele achava mais aconselhável não operar, pois o lipoma não tinha conseqüências funestas. Depois, também sou médico e não ignorava que nas proximidades do lipoma existe um nervo que comanda os movimentos do dedo mínimo. Um toque nesse nervo e eu ficaria paralítico da mão. Não sei porque deixei-me operar por Arigó...
— Como médico, pode dizer quanto tempo se gasta com essa cirurgia?
— Depende da habilidade do cirurgião, em primeiro lugar. Cirurgia, anestesia, uns quinze minutos. Se o cirurgião for hábil...
— E quanto tempo durou a cirurgia com Arigó?
— Cerca de vinte segundos. Menos de meio minuto...
— Sentiu dor durante a incisão?
— No princípio da operação apenas senti a sensação de que me tocavam com a unha no braço. Mas agora não estou sentindo nada.
— Qual o tamanho da incisão?
— O corte tem um centímetro de comprimento e o lipoma foi extraído inteiro, intacto, sem apresentar nenhuma incisão, nenhum corte! E tem cerca de três centímetros de comprimento e um e meio de largura!
— Se essa operação fosse feita por algum cirurgião norte-americano, como seria?
— Antes de tudo, ele teria de fazer a incisão do tamanho ou maior que o lipoma. Depois, usaria um

fórceps para separar os "lábios do corte" e, com todo o cuidado para não atingir o nervo localizado nessa região, extrairia o lipoma.

— E Arigó...

— Fez a incisão menor que o lipoma e conseguiu extraí-lo sem usar instrumento nenhum. Nada de fórceps!

— Como o senhor explica este ato cirúrgico sem anestesia?

— O mistério não consiste apenas na ausência de dor, e sim em todo o processo cirúrgico usado por Arigó.

— Qual sua impressão sobre o médium?

— Acho notável a maneira pela qual Arigó trata os enfermos e sou de opinião de que os médicos de todo o mundo deviam vir aqui estudar o fenômeno e explicar depois como ele se processa.

— Acha que Arigó devia ser levado às faculdades a fim de ser objeto de estudo?

— Arigó trabalhava maravilhosamente aqui, em Congonhas, e é suficientemente grande, fabuloso, para que os catedráticos venham até cá: não compete a Arigó ir atrás deles...

— Sendo o senhor um profundo conhecedor da parapsicologia, acha possível que essa ciência explique o fenômeno Arigó?

— Nós não temos ainda conhecimentos suficientes para explicá-lo, pois José Arigó ultrapassa os limites da parapsicologia norte-americana e européia. Mas pretendo, mais tarde, quando deixarem Arigó em paz, voltar a Congonhas com uma equipe de médicos norte-americanos a fim de estudar o fenômeno mais demorada e cuidadosamente. Arigó é um desafio à ciência mundial. Quem sabe se a equipe médica norte-americana resolverá o problema?

* * *

Aqui deixamos, portanto, adicionado ao texto desta obra o

relato de um fato de alto relevo e projeção, cujos aspectos, substância e resultados se enquadram e fortalecem a autenticidade e importância dos fenômenos do espiritismo.

E como fecho desta última página, cabe repetir o que deixamos acentuado no íntróito da mesma, afirmando que se aproxima a época em que a ciência médica identificará um novo campo de etiologia, diagnose e terapêutica, em face da interligação existente entre a alma, o corpo etérico denominado perispírito e o corpo físico do homem.

J. F.

Herculanum é mais um dos clássicos da literatura rochesteriana, tão apreciada por um enorme público — espiritualista ou não. Com seu estilo peculiar, Rochester escolhe como palco o glorioso Império Romano, à época de sua encarnação como Caius Lucilius, no primeiro século da era cristã, descrevendo com maestria o cenário e os costumes dos habitantes da antiga cidade de Herculanum que, juntamente com Pompéia, é destruída pelo Vesúvio no ano de 79 d.C. Numa narrativa envolvente, relata os laços de simpatia e animosidade que o ligam a familiares, amigos e companheiros de antigas jornadas, os quais, durante várias existências, caminham juntos em busca do progresso espiritual. E a grande surpresa: teremos o prazer de conhecer a trajetória espiritual de Allan Kardec — presente nesta obra através do venerável Pai João — e seu encontro com o amado mestre Jesus.

Ter acesso a esta brilhante obra histórica, é, além de viajar no tempo acompanhando Rochester em sua caminhada, desfrutar de valiosas lições sobre a verdadeira importância do amor e do perdão.

Herculanum
J. W. ROCHESTER
Formato 14 x 21 cm • 352 p.

MEDIUNIDADE DE CURA
foi confeccionado em impressão digital, em maio de 2025
Conhecimento Editorial Ltda
(19) 3451-5440 — conhecimento@edconhecimento.com.br
Impresso em Luxcream 70g - StoraEnso